Descartes' Secret Notebook

A True Tale of Mathematics, Mysticism, and the Quest to Understand the Universe

Amir D. Aczel

デカルトの暗号手稿

アミール・D・アクゼル
水谷淳【訳】

早川書房

デカルトの暗号手稿

DESCARTES' SECRET NOTEBOOK
A True Tale of Mathematics, Mysticism,
and the Quest to Understand the Universe
by
Amir D. Aczel

Translated by
Jun Mizutani
First published 2006 in Japan by
Hayakawa Publishing, Inc.
This book is published in Japan by
arrangement with
Broadway Books
a division of Random House, Inc.
through Japan Uni Agency, Inc., Tokyo.

装丁／山田英春

デブラへ

謝辞

私を正会員として受け入れてくれたジョン・サイモン・グッゲンハイム記念財団に、最大限の謝意を表したい。この本を書くことができたのはグッゲンハイム助成金のおかげであるし、助成を受けられたことは私の作家人生の中でも最大の栄誉である。出版社に受け入れられる前から私とこの企画を信用してくれた、本財団と役員の方々に感謝する。特に、私の著作に興味を持ってくれた上席副理事長のG・トーマス・タンセルに感謝したい。

デカルトと彼のノートの謎に関するオリジナルの文書や書類を閲覧させてくれた、パリのフランス国立図書館の司書の方々に感謝する。パリでは他に、広範な文書館の利用を許可してくれたフランス学士院とその司書の方々、そしてフランス科学アカデミー永年書記のジャン・デルクール博士にお世話になった。

ドイツ・ハノーファーのゴットフリート・ヴィルヘルム・ライプニッツ図書館とその役員のビルギット・ジムニーには、本書で採り上げた謎を解く鍵を握る、ライプニッツが写したデカルトの文書を利用させてくれた件で、大いに感謝する。ライプニッツの肖像を写真処理してくれたケヴィン・ウールとボストン・フォト・イメージングに感謝する。

ケプラーの宇宙モデルの図を提供してくれたウィリアムズ・カレッジのジェイ・M・パサチョフ教授と、その図の利用を許可してくれたウィリアムズ・カレッジ・チェーピン図書館のウェイン・G・ハモンドに感謝する。

ジェフ・ウィークス（www.geometrygames.org）には、ポアンカレの一二面体宇宙など宇宙の構造モデルに関する図を提供してくれ、また宇宙論に関する自らの研究成果を説明してくれた件で、大いに感謝の意を表したい。

ルネ・デカルトの幼少期に関する数々の重要な記録のありかを教えてくれた、トゥレーヌ州デカルトにあるデカルト記念館と役員のデイジー・エスポジートに感謝する。一七世紀に起こった街の包囲の様子に関する情報を提供してくれた、フランスのラ・ロシェルにあるプロテスタント博物館に感謝する。

デロス島に建つ神殿の写真を提供してくれた、ギリシャのアテネに住む写真家ツェリ・ハジジミトリウ（www.odoiporikon.com）に感謝する。

オーウェン・ギンガリッチ教授とハーバード大学科学史学科には、学科の客員研究員に任命してくれた件で感謝の意を表したい。

本書執筆中に研究員として一年間過ごした、ボストン大学科学哲学科学史センターに感謝する。著作活動を進める上で、アルフレッド・トーバーやデブラ・ドワティーをはじめセンターの数多くの人人と、ボストン大学図書館のさまざまな部局の方々に手助けをいただいた。

大いなる忍耐と知恵を持って私の作家人生を導いてくれた、私の代理人で友人でもある、ボストンにあるニーリム・アンド・ウィリアムズ社のジョン・テイラー（・アイク）・ウィリアムズに心から感謝する。

謝辞

また、本書の執筆と出版に関するあらゆる作業を根気強く手助けしてくれた、ニーリム・アンド・ウィリアムズ社のホープ・デネカンプにも深く感謝する。

ニューヨークにあるブロードウェイ・ブックス社の編集者ジェラルド・ハワードには、原稿を本にまとめる上で明晰な判断と知識と指図を与えてくれるとともに、この込み入った作業において私が道を踏み外さないよう導いてくれた件で、大いに感謝する。ラケシュ・サティアルには、この企画に関する作業、尽きることのないエネルギー、そしてこの企画を現実のものとするために払ってくれた努力に感謝する。

本書の取材や執筆を進める上で、数多くの同僚や友人が手助けをしてくれた。ジュディス・アルバレス＝ペリエール、ダン・ケイリー、スティーヴン・ゴークロジャー、クルト・ハヴリチェク、リチャード・ランデス、ケネス・マンダーズ、マイケル・マシューズ、ジェイコブ・メスキン、エヴェリン・パトラジャン、アーサー・スタインバーグ、マリーナ・ヴィル、以上の皆さんに感謝する。

最も感謝しているのは、原稿の編集や修正の手助け、写真撮影、そして数々の重要なアイデアの提供をしてくれた妻デブラだ。本書は妻に捧げる。

目次

はしがき

私はそのぼろぼろの古い手稿を手に取った。それを注意深く開くと、そこには次のように書かれていた。

序言

神への恐れが英知の起源だ。役者は舞台に上がるとき、赤面を隠すために仮面を身につける。同じく私も、今まで観客でしかなかった世界という劇場の舞台へとよじ登るのに、仮面をかぶる。若い頃、数々の独創的な発見を目《ま》の当たりにした私は、はたして他人の成果に頼らずとも自分だけで発明はできるのかと自問した。その後、自分が決められた規則に従って進んでいることに、徐々に気づくようになった。学問は女性のようなものだ。貞節を守って夫のそばにいれば尊敬され、誰にでも身を捧げれば軽蔑されるのだ。

文書はさらに続く。何ページか先には、以下のような文章の断片が読み取れる。

オリンピカ

一六二〇年一一月一一日　私はある賞賛すべき発見の糸口を思いついた。

これらの謎めいた言葉は、ルネ・デカルト（一五九六‐一六五〇）が残したものだ。それは決して、他人の目に触れさせるつもりで書かれたものではなかった。しかし、私が手にしているこの文書は、デカルトが書いたものではない。デカルトの秘密の文書を書き写したのは、誰あろうゴットフリート・ヴィルヘルム・ライプニッツ（一六四六‐一七一六）だった。史上最も偉大な数学者の一人であるライプニッツは、一六七六年にパリでデカルトのノートを写したわずか数年後に、微積分法を編み出した。

デカルトに関する本を書こうと思いついたのは、二〇〇二年一月初旬の真夜中近くに、オンタリオ州東部のケベック州との境に近いある場所で、吹雪のなか道に迷ったときだった。私たちは、休暇で訪れていたトロントの親戚の家からマサチューセッツ州のわが家へと戻る途中、旅の最後の夜をモントリオールで過ごそうとしていたのだが、突然の吹雪で深く積もった雪に車が立往生してしまった。吹雪をやり過ごす場所を探そうとハイウェイを降りたが、田舎道を何度も曲がっているうちに、完全に道に迷ってしまった。視界が悪く、信号も目に入らなかったので、どこで曲がればいいのかまったくわからなかったのだ。ガソリンが切れれば凍死してしまうことは目に見えていた。

運転していた私は、ダッシュボードに目をやった。そして、この車には今まで一度も使ったことのない装備があることを思い出した。ダッシュボードの上にあるちっぽけなボタンを見つけ、それを押した。すると、ある電話番号に自動的に電話を掛ける音がした。そして一〇〇〇マイルかなたから耳あたりの良い声が響いてきた。「今晩は、アクゼルさん。いかがお過ごしですか？　あなたは今、オンタリオ州コーンウォール郊外でグレン・ドナルド・ロードを南に向かっており、郡道二七号線との交差点の北〇・五マイルにいます」

「そうか……」私は、居場所を見失ったことを悟られないよう声を張って言った。「ホテルを探そう。……雪が強いからね」

「かしこまりました。どちらに行かれますか」

「モントリオールだ」

「おやすいご用です」と文明社会からの声は請《う》け合《あ》った。「次の郡道二七号線との交差点で左折してください。それを二マイル進み、交差点で右折すると、モントリオールに繫《つな》がるハイウェイ四〇一号線の入口が見えます。どちらのホテルをご希望ですか？　そちらから街に向かうと、ちょうどマリオット・ホテルがございます。予約をお取りできます。追ってさらにご案内いたします」

携帯電話の声は、雪に埋もれたオンタリオ州の人里離れた田舎道からモントリオールの暖かいホテルの部屋まで、曲がり角ごとに一晩じゅう道案内をしてくれた。指示を与えていた人物は、遠い場所から毎分ごとの私たちの位置を一〇フィートの精度で把握していた。それを可能にした技術こそが、小さな電波受信機（GPSレシーバーと呼ばれる）の位置を世界じゅうどこでも特定できる、全地球測位システム（GPS）だ。私の車に備えられた装置は携帯電話に繫がっており、このサービスを提供する企業が車の位置を特定できるようになっている。この驚くべきGPS技術は、哲学者で科学者、そして数学者でもあったルネ・デカルトが四世紀近く前に発明した、あるもののおかげで機能するのだ。

デカルトがわれわれにもたらしたのは、二、三、あるいはそれ以上の方向に延びて十文字に交差する一連の平行線から構成され、空間内の点の位置を数値的に表すためのシステム、すなわち彼の名に由来する「デカルト座標系」だ。GPSであれば、点（私の車）の位置は緯度経度で表され、それが地図上の位置へと変換される。GPSシステムは三次元でも機能する。緯度経度に加えて高度も知ることができ、それが飛行機の操縦に役立っている。

しかしデカルト座標系は、GPS以外にもさまざまに利用されている。コンピュータの画面上にあるピクセルはどれも、内部的には水平座標と垂直座標という二つの数で示されている。すべてのコンピュータ技術は、デカルトの発明に頼っているのだ。どんな種類のグラフや図表や地図もデカルト座標系に頼っているし、今や一般的になったデジタル写真、インターネットで送られる画像や文書、工学的設計、あるいは宇宙飛行や石油探査もそうだ。

その利用法は、画像やグラフや形といったわれわれの三次元的直観を超えてさらに広がっていく。日常生活で知覚できる三次元より多くの変数に基づいたデータが得られれば、それもデカルト座標を使って解析できるのだ。たとえばあなたの取引先の銀行は、あなたの収入、資産、勤続年数、家族の人数、年齢、教育水準などのデータを持っているかもしれない。こうした多次元データはデカルト座標を用いて多変数スケールの上にマッピングでき（そうした「マップ」は目で見ることはできず、コンピュータでデータを解析する際にしか意味をなさないが）、銀行はそれを統計的に解析することで、あなたのローンの申し込みを認めるかどうかを決める。多変数データを統計的・科学的に解析するアルゴリズムも、デカルト座標系を利用している。日常生活におけるデカルト座標の応用法は、計り知れないほど膨大だ。われわれが見たりやったり使ったりする、文字通りすべてのものが、デカルトの偉大な発明に関係しているのである。

面白いことに、デカルトによって発明され彼の名が冠された座標系は、もっと壮大な計画から生まれた一つの成果にすぎない。デカルトは今から四世紀前に、代数学と幾何学を融合させて解析幾何学をこしらえるという、現代数学理論にも通じる数学上の大きな躍進を成しとげた。解析幾何学とは、代数学における方程式や数式を幾何学における図形や形と結びつけるための方法だ。デカルト座標系は、この融合を進めるために彼が作り出した、単なる道具にすぎなかったのである。

　デカルトは、数学や物理学の分野、特に重力と落体の関係や光学において重要な発見をしたが、もちろん彼の輝かしい名声は、それだけではなく彼の哲学によるものだ。デカルトの「我思う、ゆえに我あり」という言葉とその裏に横たわる哲学は、現代哲学の大黒柱になっており、彼の唱えた合理主義（デカルト主義）は、哲学的思想の発展において極めて重要な役割を果たしたと考えられている。デカルトはしばしば現代哲学の創始者と見なされる人物だ。彼は一六四一年出版の『省察』の中で、『「私は存在する」という断定は、それを断言したり心の中で考えたりする限り、必ず正しいと認めなければならない』と書いている。『デカルトとその同時代人』の編者であるM・グリーンとR・アリューは同書のはしがきの中で、このデカルトの言葉が西洋思想の転換点になったと述べている。「われわれは突然、新たな認識の段階へと至り、自らに関する思索的問いを発せられるようになった。われわれは意識から外界へと手を伸ばせるのか？　肉体に相対する心としてのわれわれは、いったい何者なのだろうか？」[1] 学者の中には、人間の意識の中に自己を導いたデカルトの哲学が現代心理学の理論を開いたと主張している者もいる。[2] つまり、デカルトの推論手法が内省を生み、それによって哲学の中に現代心理学の要素が取り込まれたというのだ。デカルトは、形而上学《けいじじょうがく》的探求の先駆けになるとともに、肉体と魂との関係に関する仮説をも導いた。彼は理性や論理を使って、自らが信じる神の存在を証明しようとしたのだ。

　哲学に対するデカルトの論理的理性的取り組みは、数学に関する彼の業績と直接関連している。というのもデカルトの哲学は、古代ギリシャ人が不朽《ふきゅう》の幾何学を作る上で用いた正確かつ論理的に厳密な原理を土台にして、人類のあらゆる知識を構築しようという、野心的試みに基づいているからだ。

数学や物理学や哲学、そして生物学や解剖学や音楽理論といった、この唯一無二の人物が研究した分野における彼の業績は、論理という見えない糸で一つに繋がれていると思う。この深遠なる内的合理性こそが、デカルトのデカルトたる所以《ゆえん》だ。デカルトはその知性の隠された深い部分において、基本的に優れた数学者だった。数学に秀《ひい》でていたからこそ、自らの数学的手腕や手法をあらゆる分野の学問に適用できると信じるようになったのである。

デカルトは、歴史上最も騒然としつつも学問に関しては多産な時代に生きた。デカルトが活躍した一七世紀前半は、カトリックとプロテスタントが数々の血なまぐさい戦いを情け容赦なく繰り広げた、三〇年戦争の時代だった。この時代にはまた、ガリレオに対する異端審問、コペルニクスの理論を支持する思想家たちに対する教会の弾圧、そして教会による焚書《ふんしょ》といった出来事からわかるように、カトリック教会が科学や哲学の新たな考え方を徹底的に弾圧していた。しかしこの時代はまた、ルネッサンスが科学や数学や哲学にまで広がった、知性の大いなる復活の時でもあった。ヨーロッパじゅうの知識人たちが、これらの分野における古典古代に源を持つ理論を研究して発展させた。デカルトの業績は、この時代の産物であるとともに、現代にまで至る数学や哲学の進歩の先駆けでもあったのだ。

パリの中でも私が一番好きなカフェは、サン＝ジェルマン＝デ＝プレという古い教会に面した〈レ・ドゥ・マゴ〉である。このカフェは、ヘミングウェイ、フィッツジェラルド、サルトル、ボーボワールのおかげで、文学界の象徴として有名になった。雪中のカナダ旅行の六カ月後、私は友人の歴史家リチャード・ランデスと一緒に、日の光の下、このカフェに座っていた。私たちはアイスコーヒーを飲んでいた。私がこの都に来ていたのは、かの哲学者兼数学者の人生について調べるためだった。リチャードは私に、パリにある〈デカルト・センター〉の所長に引き合わせる件について話をしていた。

私はマレー地区にあるアパルトマンを借りていた。そこはパリでも最も古い、中世から残る地区であり、一九世紀にジョルジュ・オスマン男爵が、今日《こんにち》のパリを象徴する広く華麗な並木道を造る計画の一環としてパリじゅうを取り壊したときも、この一角だけは破壊を免《まぬが》れた。古くからの狭い通りが走るこの地区は、デカルトの生きた時代の街の姿にそっくりだ。ブール＝ティブール通りに面する私のアパルトマンは、一六二九年に作られた建物の中にある。この建物もアパルトマンも、どうしても必要な補修を除いては、過去何世紀ものあいだほとんど手を加えられていない。デカルトは一六四四年の短いあいだ、ここから角を曲がったところの、ロワ・ド・シシル通りとロジェ通りのあいだ(3)を走るエクッフ通りに住んでいたが、この建物は、まさにこの通りを彼が歩いたときに見たはずの姿とほとんど変わっていない。

アパルトマンにはキッチン・コーナー付きの大部屋とバスルームがあり、その高い天井は、一七世紀のフランス建築に特徴的な、当時のままのこげ茶色の木製の梁《はり》で支えられている。小さな窓が並んだ薄暗く狭い螺旋《らせん》階段が分厚い石壁にはめ込まれており、それがアパルトマンまで繋がっている。建物を外から見れば、パリ風の背の高い窓に目を奪われ、この古い建造物の外壁を支える鉄の支柱が突き出しているのが見て取れる。デカルトがこの通りを歩いていた当時もこの建物がここにあったことを思うと、当時のままの現実を取材しているのだという実感がさらに強まった。

私はパリにある図書館や文書館で何日も過ごし、デカルトと彼の業績に関する資料を調べた。デカルトはヨーロッパ大陸の大部分を知る旅行好きだったので、私も彼が訪れたり住んだりしたヨーロッパじゅうの地を訪問した。そして、一六四七年にデカルトがブレーズ・パスカルと数学に関して議論した、ヴォージュ広場のへりに建つ古いアーチの下にも歩いていった。私の手には、デカルトが友人のマラン・メルセンヌに宛てて書いた手紙の現物があった。私は何世紀にも及ぶ無数の文書を読み通した。一六六四年に出版されたデカルトの本の初版まで購入した。しかし取材の途中、私は驚くべき発見をした。デカルトは秘密のノートをつけていたのだ。

デカルトが長期間パリに滞在するときいつも好んで住んでいた、当時も今も時代の最先端を走るサン＝ジェルマン＝デ＝プレ地区の中心に、私たちは座っていた。リチャードはデカルトとパリの歴史について早口で語っていたが、彼の携帯電話が鳴るたびにそれはしょっちゅう中断した。私は目の前の古い教会に目をやった。それは非常に古いもので、建造は六世紀に始まった。教会には一〇世紀に遡《さかのぼ》る優美な塔があり、それは今でも当初の姿を留《とど》めている。その教会はフランスの片田舎でよく目にする素朴な美しさを備えているが、実際かつては街を守る城壁の外に広がる野原に建っていた。「デ・プレ」（近くの）という名前はそのためだ。この教会については、他にも知っていることがあった。中にルネ・デカルトの遺骨が収められた地下聖堂があるのだ。しかし、フランス人が崇拝するこの偉大な哲学者兼数学者の遺体には、頭部がない。デカルトの頭蓋骨、正確に言えばこの哲学者のものとされている頭蓋骨は、パリの別の場所に展示されているのである。デカルトを巡っては、単純な事柄は一つとしてない。そして、デカルトのことを理解して彼の秘密を解き明かそうとする中でわかってきたように、見てくれ通りの事柄もまた、一つとしてないのだ。

序章　パリでのライプニッツの探索

史上最も偉大な数学者の一人として知られ、微積分法の発見者として、イギリスでそれを独自に編み出したニュートンと並び称されることとなるゴットフリート・ヴィルヘルム・ライプニッツは、一六七六年六月一日、パリに建つ一軒の家の前で馬車を降り、階段を上り、そして重い木の扉を叩いた。ライプニッツは、数年前に母国ドイツのハノーファーからパリへとやってきた。彼は、後援者であるドイツ貴族のためにある外交任務を帯びていた。しかし個人的には、デカルトの隠された文書を探していた。彼が耳にしたところによれば、デカルトは、公表するつもりもなく記し生涯を通じて秘密にした文書を鍵付きの箱にしまったまま、一六五〇年にストックホルムで死んだという。ライプニッツは、それらの文書がフランスの都のどこかにあることを知り、三年半をかけ八方手を尽くしてその宝の行方《ゆくえ》を捜した。そしてあるつてを頼ってついに、デカルトの友人であり彼の著作の編集者兼翻訳者だったクロード・クレルスリエ（一六一四‐八四）の名前と居所を突きとめた。

ライプニッツが聞いたところによれば、クレルスリエは、デカルトがスウェーデン女王クリスティナの哲学教師として数カ月仕えていた際に彼の相談相手だった、フランスの在スウェーデン大使を務めた義兄のピエール・シャニュ（一六〇一‐六二）から、デカルトの隠された文書を贈られたという。

デカルトの死後しばらくしてシャニュ大使は、デカルトの隠された文書が収められた箱を、ストックホルムからフランス行きの船に積み込んだ。荷物は途中で大幅に遅れ、一六五三年のある日、フランスのルーアン港で下ろされた。そして箱は、セーヌ川をパリへと遡《さかのぼ》る船に再び積まれた。しかしこの船は、パリに入ってルーヴル宮のそばを通り過ぎたときに転覆して沈んだ。デカルトの文書を収めて密封された箱は、三日間、水の中にあった。そして奇跡的にも、箱は船の残骸から漂い出て、下流の離れた土手で発見された。

貴重な荷物を長いあいだ待ちわびた末、船が転覆したことを聞いて文書を目にできる望みを失っていたクレルスリエは、発見の知らせを聞いて、召使いを全員引き連れて川へと走り、急いで紙を回収するよう命じた。そして、デカルトの文書が書かれた羊皮紙《ようひし》を自宅のテーブルの上に広げて乾かすよう指示した。召使いたちは字が読めず、文書を繋《つな》ぎ合わせられなかった[1]。しかしクレルスリエは、デカルトの隠された文書を苦労して救い出し、何年もかけて文書を読み込んで順番通りに復元した。しかし、内容を理解できないノートが一つだけあった。

老人はドアを少しだけ開けたが、表にいたのが見知らぬ人物だったため、すぐに閉めてしまった。
「どうか、どうかこの手紙を読んでください」と、鍵が下ろされたドアの前でライプニッツは頼み込んだ。そして、再び少しだけ開いたドアの隙間からハノーファー公爵の紹介状を押し込んだ。そこには、この手紙を差し出された人はその持ち主を最大限手助けしてほしい旨《むね》が書かれていた。

手紙に目を通したクレルスリエは、ドアを開けてライプニッツを招き入れた。クレルスリエは独占欲の強い人物で、デカルトの文書を執拗《しつよう》なまでに秘密にしてきた。彼は死んだ友人の秘密を守る番人を自認していたのだ。ライプニッツは、どうしてもその文書をすぐに見せてもらわなければならないことを説明し、クレルスリエはそれを熱心に聞いた。話を聞いた彼は、この若者の将来と名声がデカルトの隠された文書の内容にかかっているかもしれないことを理解した。そしてクレルスリエは、意には添わないもののしぶしぶと、ライプニッツにデカルトの文書を見せ、写しを取ることまで許した。

ライプニッツは腰を下ろし、文書を開いて読みはじめた。

序言
神への恐れが英知の起源だ。役者は舞台に上がるとき、赤面を隠すために仮面を身につける。

……

しかし、自分だけの力で学問上の発見をなし、生涯を通じて「仮面をかぶる」という希望を語った文の後に、ライプニッツは以下のような文章を目にした。

世界市民ポリュビオスの数学の財宝
とは、この学問が持つすべての問題を解決する真の手段を読者に与えるものである。すなわち、それらの問題について人間の精神はそれ以上何も発見できないことを証明するものだ。これは、無駄なおしゃべりを払いのけ、あらゆる学問において新たな奇跡を証明すると約束する人物の無責任なもの言いを一蹴するために書かれた。

これを読んだライプニッツは、デカルトが偽名を使って、ある重要な数学的発見に関する本を書こうとしていたと理解した。ルネ・デカルトこそが、この「世界市民ポリュビオス」なのだろう。ライプニッツはしばし間を置いた。そしてこの変わった文書を読み進めたが、次の文に彼は驚かされた。

全世界の博学な学者たち、特にG・F・R・Cに再度捧げる。

ライプニッツは、文書の写しの中に次のような括弧書きを付け加えた。

G（ゲルマニア）・F・R・C

彼には「F・R・C」という頭文字に注を付ける必要はなかった。それが何のことかよく知っていたからだ。知りすぎていたくらいだろう。自分とこのフランス人哲学者との見えない秘密の繋がりに気づいたライプニッツは、背筋に冷たいものが走るのを覚えた。

目の前にある文書を丹念に読んだライプニッツは、これらの『序言』と題された文書と、そしてデカルトの「賞賛すべき発見」を宣言してはいるものの、その発見自体については述べていない『オリンピカ』なる文書が、それ自体ではまだ語られていない真理が書かれた実際の文書へと導くための単なる文章の断片でしかないことを悟った。しかし、その文書とはいったい何もので、そしてそれはどこにあるのだろうか？　そのあとすぐにライプニッツはそれを見つけることになるのだが、彼は今や、デカルトの最大の謎、そして偽名や謎めいた言語や奇妙で神秘的な言葉遣いによって隠さなければならなかった、デカルトの心の奥底にあった発見へと肉薄していた。

五日間をかけて文書を写し終え、他にもないかとしつこく訊いてきたライプニッツに[2]、老いた紳士は言った。「ああ、もう一つある。だが、私以外誰もそれを見たことはない。それはノートだ。デカルトの秘密のノートだ」そして彼は付け加えた。「しかし、所詮《しょせん》は君も理解できないだろう。私も何年も取り組んできたが、その中には、記号、図、数式など意味のあるものは一つもない。すべて暗号なのだよ」

ライプニッツは頭を下げ、デカルトの隠された著作に関してはどんなことでも知らなければならないのだと再び説明した。彼は、デカルトのノートに何が隠されていようとも、必ず秘密を守ると誓った。ついにクレルスリエは折れたが、そのノートを見せる上で厳しい条件を課した[3]。

デカルトのノートは一六葉の羊皮紙からできていた。そこには奇怪な記述があった。記号のいくつかは錬金術や占星術に関連したものと似ており、数学の文書で通常使われる文字ではなかった。そしてそのあいだには、奇妙で曖昧な図形が並んでいた。さらに、一見したところ理解できない数の列もあった。これらは何を意味しているのだろうか？

最終的にクレルスリエがライプニッツにノートを見せた際の条件は正確にはわかっていないが、集中しながら大急ぎで、そしておそらくはこっそりと作業を進めざるをえなかったライプニッツは、デカルトの暗号を解読しながら内容を写し取っていかなければならなかった。しかし結局は、一ページ半写したところで作業をやめなければならなかったようだ。ライプニッツが書き写したデカルトの秘密のノートの一部を、二六ページに紹介しておこう[4]。

ライプニッツが書き写した何年かのちに、デカルトのノートの現物は永遠に失われた。そして、デカルトの秘密のノートからライプニッツが書き写した文書の意味は、三世紀以上ものあいだ誰にも理

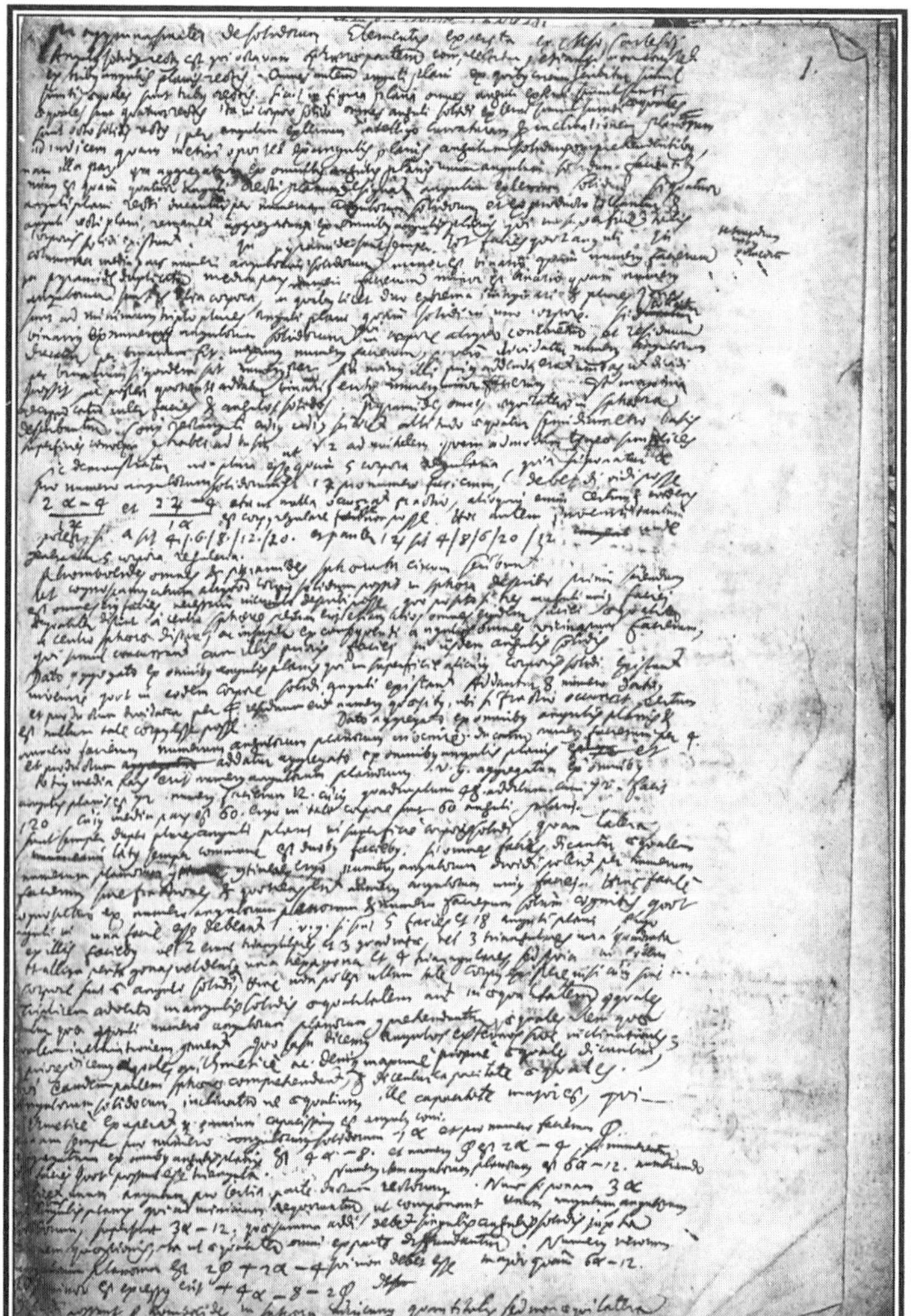

ライプニッツが写したデカルトの秘密のノートからの1ページ

解できなかった。

♃といった奇怪な記号が何を意味するのか、「4　6　8　12　20」や「4　8　6　20　12」といった数の列が何を表しているのか、それは深い謎のままだったのだ。

なぜデカルトは秘密のノートを持っていたのか？　その内容は何だったのか？　そしてなぜライプニッツは、パリへ行ってクレルスリエを探し出し、デカルトのノートを書き写さなければならなかったのだろうか？

第1章　トゥレーヌの庭園

ルネ・デカルトが生まれる直前の一五九六年三月三一日、彼の母親ジャンヌ・ブロシャールは、西洋文明の道筋を変えたかもしれないある行動を起こした。ユリウス・カエサルが紀元前四九年にルビコン川を渡ったように、ジャンヌ・ブロシャールも、ポワトゥー地方にある自宅と、フランス中西部のトゥレーヌ地方に広がるラ・エーという小さな町とのあいだを流れるクルーズ川を渡ったのだ。

　デカルト家はポワトゥーに起源を持ち、ラ・エーの南約二五キロメートルにあるシャテルローという町に長いあいだ居《きょ》を構えていた。一五八九年一月一五日に結婚したデカルトの両親、ジョアシャン・デカルトとジャンヌ・ブロシャールは、シャテルロー中心部のカルー＝ベルナール通り（現在のブルボン通り）一二六番地に堂々たる大邸宅を所有していた。

　ジョアシャン・デカルトはブルターニュ議会議員であり[1]、その仕事の重要性からいつも遠く離れたレンヌに滞在していた。出産のために母親の助けを必要としたジャンヌは、北へ向けて旅立ち、川をトゥレーヌ側へと渡り、そしてラ・エーにある母親の家でルネ・デカルトを出産した。しばらくして回復した彼女は、再びシャテルローに戻った。こうした巡り合わせをよそに、ルネの友人たちは彼を生涯、ルネ・ル・ポワトゥヴァン（ポワトゥーのルネ）と呼んだ。

シャテルローに建つデカルト家の邸宅

デカルトの祖母の家（現在のデカルト記念館）

ポワトゥーとトゥレーヌの両地方には、昔ながらの牧羊地が広がっている。低い丘の多くは森で覆われ、肥沃《ひよく》な低地には水をもたらす何本もの川が走っている。そこでは牛や羊が草を食《は》み、数多くの作物が育っている。ラ・エーは、灰色の屋根を戴《いただ》く石造りの家々からなる小さな町だ。デカルトの時代、町の人口は約七五〇〇人を数えた。

シャテルローはラ・エーよりも洗練された大きな町で、幅の広い大通りや美しい市民広場があり、この地方に広がる農村の中心地となっている。フランスの中でもこの地域は肥沃で、水や農業資源にも恵まれているので、人々は裕福に暮らしている。ラ・エーの北には今でも、デカルトの時代にあったロワール渓谷の美しい城や森林や禁猟区が残っている。城の多くは本来の姿を留《とど》めており、城内には一五世紀や一六世紀の豪華な調度品が並び、城は彫刻がちりばめられた庭園に囲まれている。そこからは、デカルトの時代の優雅な生活を感じ取ることができる。

ポワトゥーとトゥレーヌとでは、地形や景色、そして町や村の広がり方は似ているものの、一つだけ重要な違いがある。ポワトゥーの大半がプロテスタントであるのに対して、トゥレーヌはほとんどがカトリックなのだ。ラ・エーでは一五七六年から一五九一年までの一五年間に、プロテスタントの洗礼式はわずか七二回しか行なわれなかったことがわかっている(2)。両地方のこの宗教上の小さからぬ違いが、のちにルネ・デカルトの人生に影響を与えることとなる。カトリック色の強い地方で生まれ育った一方で家族はプロテスタントの地方出身であるというこの巡り合わせが、ルネの人格に重大な影響を与え、生涯にわたってその行動を変え、そして彼の哲学や科学思想の発展と、それを世間に公表するやり方を左右したのである。

デカルトが生きた世紀は、カトリック対プロテスタントの戦いをはじめとして、激しい緊張状態を経験した時代である。カトリックの地方で生まれ敬虔《けいけん》なカトリック教徒の家庭教師に育てられた一方で、ポワトゥーにいる家族の友人や仲間の多くはプロテスタントだったため、デカルトは生まれつき秘密主義者だった。またこのために、成人してからの彼は、むしろこちらをこそ心配すべきだったプロテスタントからの迫害以上に、カトリックによる異端審問を気にかけていた。その結果デカルトは、異端審問を恐れて自らの科学や哲学の公表を慎《つつし》む一方で、プロテスタントの国々に滞在するが、そこで彼は学者や神学者たちに、カトリックだという理由で激しく攻撃されることになるのだ。

ルネ・デカルトは一五九六年四月三日に、ラ・エーにある、ノルマン人が一二世紀に建立《こんりゅう》したサン＝ジョルジュ教会で、カトリック教徒として洗礼を受けた。彼の洗礼証明書には次のように記《しる》されている。(3)

本日、ブルターニュ国王と議会の議員である貴族ジョアシャン・デカルトと妻ジャンヌ・ブロシャールの息子ルネが洗礼を受けた。彼の教父および教母は、国王の議員でシャテルローの中将である貴族ミシェル・フェラン、国王の議員でポワトゥーの裁判官である貴族ルネ・ブロシャール、シャテルローにおける王の度量衡《どりようこう》管理官であるサン氏の妻、ジャンヌ・プルースト女史である。

［サイン］フェラン　ジャンヌ・プルースト　ルネ・ブロシャール

ルネ・デカルトの教父であるミシェル・フェランは彼の大伯父であり、ジョアシャン・デカルトの母方の伯父に当たる。ルネ・ブロシャールはこの赤ん坊の祖父であり、ジャンヌ・ブロシャールの父親に当たる。ジャンヌの母親でルネ・デカルトの祖母が、ジャンヌ・サン。彼女の弟の妻がジャンヌ・プルーストである。(4)

ラ・エー（La Haye）という町の名は、生《い》け垣《がき》を意味するフランス語の“haie”に由来している。もともとこの町は“Haia”と名付けられていたが、フランス語の変化に伴って一一世紀に“Haya”という綴りに変えられた。デカルトの時代には、ラ・エー＝アン＝トゥレーヌと呼ばれていた。一八〇二年には、この哲学者を讃えてラ・エー＝デカルトへと変わり、一九六七年に「ラ・エー」が省《はぶ》かれて、現在ではこの町はデカルトと呼ばれている。

かつてこの地域には城があり、ラ・エーの中でも最も裕福で影響力のある市民たちがそこに住んでいた。封建体制が崩壊すると、人々は城を放棄して町へと降り、さらに快適に暮らすようになった。しかしこの地域での生活は、まだまだ困難なままだった。人々は戦争にも病気にも苦しめられた。一六世紀末から一七世紀初めにかけて、ラ・エー周辺は何度もペストに襲われた。一六〇七年、ペストが再来してこの地域で多くの死者が出ると、町は隔離された。

フランス語でHaia（あるいはHayaやHaie）と呼ばれた生け垣は、かつては町の人々が植えた棘《とげ》のある生け垣を指していた。それは、この地方を荒らしまわって略奪を働く山賊団や追いはぎから自分たちの身や財産を守るためのものだった。しかし、ルネ・デカルトが生まれた六カ月後の一五九六年九月にアンジュー公爵がこの地域を支配下に置き、時が経つにつれて、町の名を指すこの生け垣は美しい庭園の生け垣を意味するようになっていった。フランスの中でもこの地域は、今日《こんにち》でも優雅な庭園と壮大な自然美で有名である。

デカルトは晩年、ストックホルムへの最後の旅に出る直前に、一番の親友であるエリーザベト王女に宛てて次のような手紙を書いた。「トゥレーヌの庭園で生まれた男が、岩と氷のあいだに広がる、熊が住む土地で暮らしていいものでしょうか？(5)」エリーザベトに宛ててこれを書いていたとき、デカルトは、子どもの頃に住んでいたラ・エーに建つ祖母の家の庭園を思い浮かべていたに違いない。デカルトの幼少期の家は四つの大部屋がある二階建ての魅力的な田園邸宅だったが、シャテルローにある家族の大邸宅ほど堂々たるものではなかった。しかしその周りには庭園が広がり、そこでは美しい木々が作る大きな天蓋の下で花々が咲き乱れ、今でもその当時の状態が保たれている。この静かな庭園の中で、少年が何時間も自由に考え遊ぶさまが想像できよう。

ルネが生まれた一年後、母親のジャンヌ・ブロシャールが、四番めの子どもを出産した直後に死んだ。新生児は三日間生き長らえたが、その後やはり死んだ。デカルトの伝記の中には、母親を失ったことでルネの人格は大きく歪《ゆが》められたとか、ルネは「次の子ども」が誕生した後に母親が死んだことを知らなかったので、自分が生まれて間もなく母は死んだのだと自分を責めていたとか推測しているものもある。

ジョアシャンは妻の死後に再婚した。彼はアンヌ・モランという名のブルターニュ人女性を妻にし、彼女の息子と娘（そして幼くして死んだ二人の赤ん坊）を引き取った。家族はレンヌに家を購入し、一六一〇年からルネの姉が同居を始め、一六一三年に姉は地元の男性と結婚した。それまでルネと兄姉は、住み込みの女性家庭教師に育てられていた。ルネ・デカルトは、敬虔なカトリック教徒であるその家庭教師を深く慕《した》った。彼女は長生きし、デカルトは遺言の中で、彼女に毎年かなりの金を渡すよう指示している。

少年デカルトは、この世界に大きな興味を抱き、なぜ物事はこのようになっているのかをいつも知りたがっていたため、家族には小さな哲学者と呼ばれるようになった。農業や狩猟や森の散策にうってつけの自然の中で、少年は成長した。彼は生涯を通じて、自分が生まれた田園とその自然のリズムについて言及していた。そして、友人への手紙や出版された著作の中で、子どもの頃の思い出を語った。暴風雨の後の土の臭い、季節ごとの木々、干し草が発酵する過程、新酒のワインを作るプロセス、生乳からバターを作る攪拌《かくはん》作業、あるいは耕《たがや》した後に舞い上がる土埃《つちぼこり》の感触といったことだ。(6) 幼少期に深く自然に接したことが、自然を理解してその秘密を解き明かすための物理学や数学への興味を掻《か》き立てたのかもしれない。

デカルト一家は裕福だったが、ルネはさらに、医師として成功した父方母方双方の祖父から多くの資産を直接相続することになる。彼の曾祖父ジャン・フェランは、一六世紀半ばに、フランス国王フランソワ一世の妻だったオーストリア出身のエレオノール王妃の専属医だった。彼が手にした莫大な資産が最終的に娘のクロードへと渡り、彼女はピエール・デカルトと結婚した。この二人の息子が、ルネの父親ジョアシャン・デカルトだ。一五六六年、ジョアシャンがわずか三歳のとき、父ピエールは腎臓結石で死んだ。エレオノール王妃の専属医でピエールの義父であるジャン・フェランが、娘婿の検死を行なった。一五七〇年に彼はその検死解剖の結果をまとめ、体内で石が形成される結石症に関するラテン語の学術論文の中で発表した。自分の娘婿の死体までをも解剖するという、自然に対する彼の深い好奇心は、子孫へと受け継がれた。祖父と違ってルネ・デカルトが医学を目指すことはなかったが、晩年に彼は、永遠の命の秘密を見つけようと数多くの動物を解剖することになる。

成人してからのルネ・デカルトは、相続した遺産の管理に多くの時間を割《さ》いた。彼は、ポワトゥーの広大な土地を含むこれら資産のおかげで、生計を気にかけずに自分の興味を追い求めることができたのだ。またそれゆえ彼は、単に冒険のスリルを求め、無給の軍人として気まぐれに軍事作戦に志願した。彼はどこへ行ったときも、豪華な宿に泊まり召使いや従者を雇うことができた。彼は補佐たちの教育の面倒まで見て、家族の富の恩恵を彼らと共有した。デカルトは、雇い主や友人としてとても気前の良い人間となっていった。

　アドリアン・バイエは一六九一年に出版したデカルトの伝記の中で、一家は貴族階級に属していたと述べているが、最近の研究によれば、ルネが生きた期間に関してはそれは正しくないようだ。有名なフランス史学者ジュヌヴィエーヴ・ロディス＝レヴィスは、一九九五年に出版した伝記『デカルト伝』の中で、デカルト家はルネの死から一八年後の一六六八年になってやっと、フランスでは貴族の中でも最下位にあたるナイトの位《くらい》を授けられたと説明している[7]。フランスの法律によれば、三世代連続して高い地位で国王に仕えた家だけに貴族の位が与えられる[8]。ジョアシャン・デカルトはもちろんそうした地位を占めていたが、彼はもともと子孫のために貴族の位を得ようとしてブルターニュ議会議員になった、と論じている者もいる。しかしルネ・デカルトは違う人生を歩んだため、ルネの死後、他の者たちが三世代の条件を満たすまで、一家に貴族の位が与えられることはなかったのである。

　再婚したジョアシャン・デカルトは、新たな妻や実子たちとともにレンヌでほとんどの時間を過ごした。彼はレンヌの南にあるナントと、そして西方のブルターニュにも地所を持ち、家を構えていた。成長したルネや兄姉たちは、頻繁に父親のもとを訪ねた。ルネ・デカルトは幼年期をポワトゥー、トゥレーヌ、ブルターニュの各地域で過ごしたため、彼は最終的にフランス西部を知り尽くすまでになった。

　しかし、この地域を頻繁に行き来するのは、少年にとってつらいことだった。成人してからデカルトは、自分は子どものように体が弱いと語っていた。友人に宛てた手紙には、子どもの頃かかった医者はみな、そんなに病弱では若くして死ぬだろうと言っていたと書いている。しかし献身的な家庭教師が彼をよく世話したため、一一歳でラ・フレシュにある有名なイエズス会のコレージュに入学できるほどには健康になったのである。

プロテスタントとして育てられたが、のちにカトリックに改宗した国王アンリ四世は、強大なカトリック教会に対する好意を示そうと、一六〇三年に、ラ・フレシュにある彼の城と広大な土地を新たなコレージュの用地としてイエズス会に寄贈した。イエズス会がその城を拡張した結果、正方形の対称的な広い中庭を持つ、互いに連結されたルネッサンス風の大きな建物群ができあがった。敷地に入ると、広大な中庭に描かれた格子模様が完全に秩序立った形で対称的に広がっており、その先にはよく手入れされた庭園が見える。それは世界一印象的なキャンパスの一つであり、現在では国立陸軍幼年学校として使われている。

ラ・フレシュはコレージュにふさわしい場所だった。この町は、トゥレーヌの北に位置する、森林やなだらかな丘陵が広がるアンジュー地方にある。中央を川が流れ、青々とした牧草地に囲まれた魅力的な町だ。コレージュの門は、広々とした町の広場に面していた。生徒たちは、キャンパスから一歩足を踏み出すだけで、数多くのレストランや酒場や遊び場が点在する町の中心へと出られた。

このコレージュは一六〇四年にアンリ四世によって開かれ、フランスじゅうの名家から聡明な生徒たちが志願してきた。かつてこの新設エリート校に首席で入学した生徒の一人が、のちにデカルトの誠実な親友となるマラン・メルセンヌ（一五八八－一六四八）だった。

このコレージュは、軍事学校に準ずるものとして運営された。生徒は制服を着用し、玉房飾りの留め具が付いた乗馬用ズボン、大きく膨《ふく》らんだ袖付きの凝《こ》った青い上着、そしてフェルトの帽子を身につけなければならなかった。生徒一人ひとりには、ろうそく、さまざまな種類の鉛筆、羽ペン、ノート、そして個人的な品物といった、学校に持っていくべき品物の長いリストが渡された。

最近の研究によれば、ルネ・デカルトがラ・フレシュのコレージュに入学したのは、一六〇七年の復活祭直後のことだった(1)。コレージュは、男子が大学進学前に勉強するための教育機関だった。今で言うコレージュよりも、今日《こんにち》の予備校に近いものだったと言えよう。デカルトの入学が遅れたのは、それまで健康状態があまり良くなく、自宅で家庭教師に勉強を教わっていたからだった。ルネは一一歳の時にラ・フレシュで勉強を始め、八年後の一六一五年に卒業するまでその地に滞在した。コレージュの授業は無料だったが、家賃や食費などは生徒の家族が負担しなければならなかった。デカルトの在籍当時、コレージュにはフランスじゅうから集まった一四〇〇人の生徒がいた。幸いにも、ラ・フレーシュにあるデカルトの自宅からコレージュまでは一日で行くことができたので、彼は祖母や家庭教師と難なく会うことができた。

デカルトはまだ病弱だったため、家族はコレージュに、彼の健康状態に特別に気を遣《つか》うよう要望した。学長のシャルレ神父はデカルト家の親戚であり、のちにルネに「父親のような存在」と称されるようになるが、デカルトが健康になることを願う神父は喜んでその要望に応じ、ルネがストレスを感じることなく過ごせるよう、彼に前例のない特権を与えた。彼はルネに、朝は遅くまで眠り、気分が良くなるまでベッドで休んでから授業に加わることを認めたのである。この例外的な配慮を皮切りにデカルトは、朝は遅くに目を覚まし、ベッドの中で考えたり作業をしたりしてから起きだして一日の営みにとりかかるという、生涯にわたる日課を実践しはじめた。デカルトは、軍隊で激しい戦闘に加わっていた時期を除き、スウェーデンでの最後の数ヵ月に至るまでの人生の大半にわたって、決して朝に無理やり起こされることもなく、体が十分に休まってから起きていたことになる。

他の生徒にとっては、コレージュの一日は午前五時に始まった。五時から五時四五分までに、朝の祈りを捧げ、身支度を整え、授業の準備をした。身ぎれいにすることは極めて重要だった。生徒たちは体を清潔に保つこととされており、病気にかかれば診療室に閉じ込められた。五時四五分から七時一五分までは自習で、その後に朝食を取った。一時限めは七時三〇分から一〇時までだった。ルネ・デカルトが出席義務を免除されたのは、この時間帯の授業である。午前一〇時にミサが開かれ、その後に最初の本格的な食事となった。ひき続き休憩時間がはさまれた。午後の授業は一時三〇分に始まり、季節に応じて四時三〇分か五時三〇分まで続いた。生徒たちは残りの時間、夕食を取ったり、当時のフランスで流行《はや》っていた球技（有名なジュー・ド・ポーム〔テニスの原型となった球技〕など）に興じたりして過ごし、午後九時に就寝した。人気の娯楽であるトランプゲームも許されてはいたが、どんなゲームでも金を賭けることは厳しく禁じられていた。午後九時の就寝前には説教に出席した[2]。特別な日には馬術や剣術が教えられた。

ルネ・デカルトは、朝の授業が終わってから仲間と合流した。遅くまで床に就《つ》いていて良いという特別な配慮ゆえ、彼は独学する術《すべ》を身につけた。彼が自力で考えを導いた数学に関しては、それは極めて役に立つものであり、彼にはクラス全員と一緒にゆっくりと教材をこなす必要もなかった。一人で物事を考えるという習慣ゆえに彼はどんどんと進歩し、のちにはこの学び方のおかげで、伝統的な信念に支えられずとも自力で数学や科学の知識を生み出していけたのである。

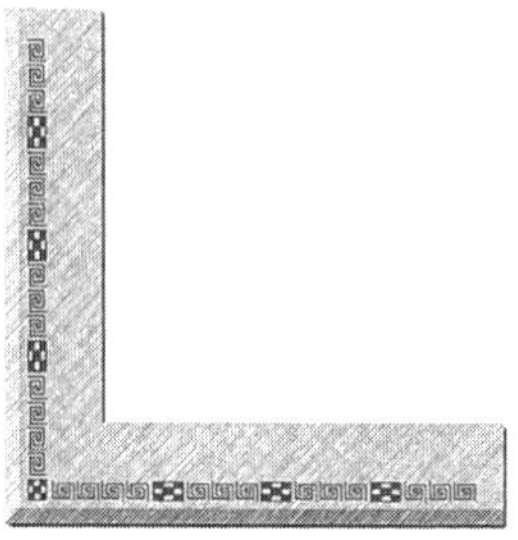

直定規

コンパス

生徒は文法、すなわちラテン語とギリシャ語を教わった。他には、人文学、修辞学、哲学を学んだ。人文学も修辞学も、古典古代の学問の中心をなす学科である。人文学ではウェルギリウスやホラティウスやオウィディウスといったローマの詩人の作品が講読され、修辞学はキケロの学問やプラトンによる論証法が大部分を占めていた。ラ・フレシュで教えられた哲学は、中世の学問の伝統どおりアリストテレスの著作と、論理学、自然学（主に現代で言う物理学）、形而上学《けいじじょうがく》から構成されていた[3]。

　イエズス会は生徒たちに、ギリシャ数学の基本としてユークリッド（エウクレイデス）、ピタゴラス、アルキメデスの著作を教えた。自然とその構成要素を明快かつ抽象的に捉えたギリシャ人たちは、幾何学におけるあらゆる作図を、たった二つの道具で描ける図形へと単純化した。その道具は彼らが考えうる最も単純なものであり、考えうるどんな幾何学図形もそれらの道具で作図できると彼らは信じていた。その二つの基本的道具とは、目盛りのない直定規とコンパスである。

　直定規は角や直線を描くのに使われ、コンパスは円を描いたり一定の長さを測り取ったりするのに使われた。二つの道具を組み合わせて使えば、ギリシャの数学者たちにとって重要な図形をすべて描くことができたのだ。

　二つの道具を基に構築された幾何学を通じて古代ギリシャ人が明ら

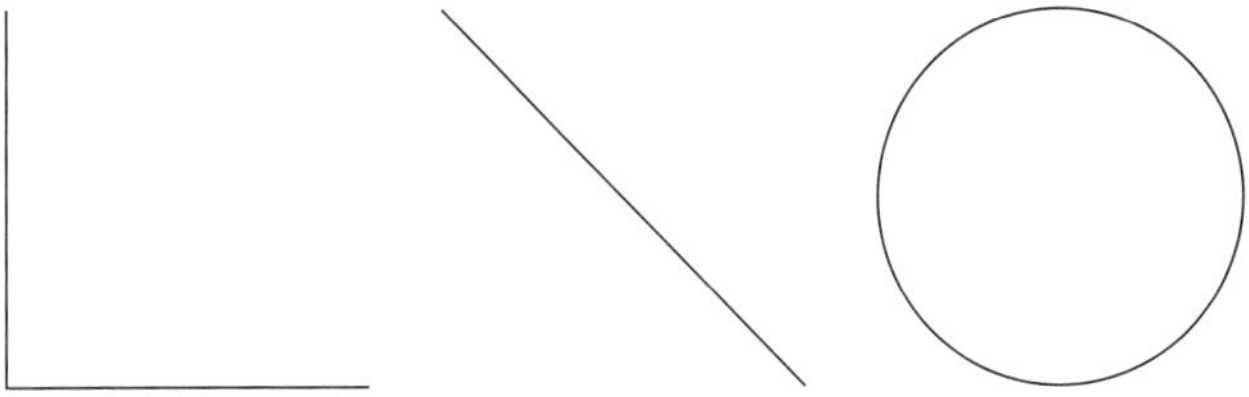

直定規とコンパスで描かれる図形

かにした、この単純な考え方と抽象化の力に、デカルトは魅了された。コレージュでこの古代の学問を教えていた司祭たちは、ユークリッド幾何学の理論全般を概説し、幾何学のさまざまな定理を証明する方法を説明した。ラ・フレシュでの数学の授業には、計算の規則を学ぶ算術や、当時理解されていた方程式の解法を学ぶ代数学も含まれていた。

　興味深いことに、ラ・フレシュのコレージュの敷地や建物は完璧に対称的かつ直角をなすように設計されており、あたかも直定規とコンパスで作図されたかのようだった。デカルトの後年の文書、特に一六三七年の『方法序説』からは、彼が建物や町の対称的で直線的な設計に感銘を受けていたことがはっきりと読み取れる。

> ゆえに、初めは単なる小さな町で時とともに大きくなっていった古い都市は、一般的にコンパスで設計したようにはうまく作られておらず、技術者が構想通りに平面上に描くような、正方形から成る規則性は犠牲にされている。……ここには大きな、あちらには小さなといった建物の並び方や、通りの曲がり具合やむらのある走り方を見れば、それは理性を持った人物が意図的に並べたものではなく、偶然の産物であると結論できよう。[4]

少年がコレージュの敷地に見て取り、直定規とコンパスを使ったギリシャ幾何学から学んだものが、彼の哲学と数学を方向づける上で重要な要素となった。想像力を膨らませれば、デカルト座標系は、ラ・フレシュのコレージュが建つ敷地の完璧に対称的なデザインから生まれたと考えることもできよう。

デカルトをはじめ生徒たちは、ラ・フレシュで過ごすあいだに、ある極めて風変わりな儀式に加わった。このコレージュを創設したのはフランス国王アンリ四世とされており、対をなす門扉《もんぴ》の双方やほとんどの建物には、国王に敬意を表してHの文字がくりぬかれていた（今でも残っている）。国王は遺言の中で、自分と王妃と跡取りたちの心臓を、以前は自らのラ・フレシュ城だったコレージュの敷地に建つサン・トマ教会に埋葬するよう指示した。

フランス史上最も善意ある君主の一人とされているアンリ四世（日曜の食卓で「すべての鍋にチキンを行き渡らせた」国王）は、治世のあいだずっと、プロテスタントとカトリックとの緊張状態に悩まされていた。国王は名目上はカトリックだったが、カトリック教会は決して彼を信用しなかった。国王がさらに危険な事態に陥《おちい》ったのは、一六一〇年に彼が、カトリック教国であるスペインに対抗してドイツのプロテスタント教徒の王子たちと同盟を組んだときだった。その年の五月一四日、国王の乗った馬車が、パリでも特別賑《にぎ》やかなフェロヌリー通りを走っていた。人通りが一瞬途切れたとき、ラヴァイヤックという名の狂信的なカトリック教徒が国王の馬車に駆け寄り、彼の胸に剣を突き刺した。国王はほぼ即死だった。

国王の暗殺後、遺書に指示されていた儀式が始まった。まず五月一五日にラ・フレシュのコレージュにある教会で、死んだ国王の魂への祈りが捧げられた。国王の遺体はルーヴル宮に保管され、心臓は注意深く取り除かれた。心臓はパリにあるイエズス会の礼拝堂に三日間置かれ、その後アルマン管区長に手渡され、彼が集めた二〇人のイエズス会指導者と大勢の騎士たちに付き従われて、ラ・フレシュの終《つい》の棲家《すみか》へとたどり着いた。

　コレージュは優秀な生徒を二四人選び、町に到着した国王の心臓を運ぶ行列に参加させた。この二四人の中にルネ・デカルトがいた。行進は町の中央広場で始まり、弓の使い手や王室衛兵たちもそれに加わった。人々はラ・フレシュの町を出発して開《ひら》けた野原まで行進し、そこで止まった。松明《たいまつ》に火が灯され、荘厳な儀式の中、心臓はアルマン神父からモンバゾン公爵の手に渡された。行進はさらにコレージュの敷地へと続き、サン・トマ教会に入った。教会では公爵が心臓を高く挙げて皆に見せ、全員が祈りを捧げる中、それを壺に入れて永遠に教会に納めた(5)。この儀式はルネ・デカルトの記憶に深く刻まれた。


　一六一五年にラ・フレシュのコレージュを卒業したデカルトは、大学で法律を学ぶためポワティエに居を移した。法律に興味がなかった彼は、そこで退屈な一年を過ごした。彼は余暇の大半を、ラ・フレシュで習った剣術の練習に充《あ》てた。彼は一六一六年に法学士の学位を取得し、家族とともにレンヌで馬に乗ったり自然を楽しんだりして愉快な一夏を過ごしたのち、パリへと引っ越した(6)（一九八五年、ポワティエ大学でデカルトの法律学の学士論文が発見された。論文の受理日は一六一六年一一月一〇日だったが、論文を発見した学者たちはその日付に驚かされた。その一一月一〇日、あるいは一一月一〇から一一日の夜や一一月一一日は、デカルトの人生における数々の重大な出来事の起こった日として、魔法のように幾度も登場するのである）。

　デカルトの家族は、卒業後はパリに行きたいという希望を彼から聞かされて、あまりいい顔をしなかった。ルネは子どもの頃に比べればずっと健康になっていたが、家族は彼が離れて一人で暮らせるかどうか心配だった。とりわけジョアシャン・デカルトは息子が大都市パリに移ることを心配したが、ルネは父親に、それが自分の望みであり、将来のために大事なステップなのだと言って説得した。自分はもう二〇歳なのだから、自力で暮らして道を切り開けると彼は言った。ついに父親は彼を送り出すことに同意したが、一つ条件として、召使いや従者とともにパリへ行くよう言い付けた。生涯を通じて、デカルトが従者を持たないことは一度もなかった。彼はぴったりの従者を選んだ。常に忠誠を尽くし、彼の無事と幸福のために文字通り命を捧げることになる男だ。

パリの街は、ずっとフランス人の人生の中心地だった。何世紀にもわたって、人々は小さな町や村からはるばるパリへと集まってきた。彼らは、より良い生活、経済的な見返り、そして文化を求めてやってきた。しかし多くの人は、真の興奮を求めてパリに来た。この衝動は、デカルトの時代も今とまったく変わらなかったのだ。

デカルトは、アレクサンドル・デュマの『三銃士』に描かれたダルタニアンとその冒険活劇の時代に生きていた。一七世紀のフランスの絵画や彫刻を見れば、贅沢なひだが走るカラフルで裾の長い絹の服、羽根飾りが付いたビロードの帽子、銀の華麗な留め具が付いた靴といった、デカルトの時代のファッションの様子がよくわかる。デカルトは着飾るのを好み、当時の若き紳士たちと同様、どこへ行くにもしゃれた剣を携《たずさ》えていた。彼は、「世界という偉大な書物」と自ら称するものから、できる限りのことを学ぶつもりでいた。彼は人生や人間の経験に関する真理を探していたのだ。人生を探るのに、パリの街よりふさわしい場所があっただろうか？

パリに移る頃には、デカルトの健康状態はすこぶる良くなっていた。若いときの弱々しさは影をひそめ、子ども時代に苦しんだ病気からもすでに回復していた。生涯で初めて健康を享受《きょうじゅ》し、やっと学生時代を終えた彼は、人生を謳歌《おうか》したくてうずうずしていた。パリで彼は、ラ・フレシュから都へと集まってきていた数多くの旧友たちと出会い、何人かの新たな友人も作った。

パリに来た最初の頃、デカルトは酒とギャンブルとどんちゃん騒ぎの日々を送っていた。彼はすぐに、トランプなどのゲームのコツを身につけた。コレージュ時代とは違って、金を賭けたゲームだ。彼はゲームで大儲けし、旧友や新たな友人たちのあいだでさらに人気者となった。デカルトの周囲にはいつも人が集まり、彼の生活は永遠に続くパーティーのようだった。彼ら若者はパリの通りを練《ね》り歩き、美しい女性を物色していた。

ルネは子どもの頃、斜視を患《わずら》う一人の若い女性に惚れ込んだ。この子ども時代の記憶ゆえ、彼はいつも女性の目にこだわっていた。パリにやってきた彼は、自分が美しい目をした女性たちに特別惹きつけられることに気づいた。

ルネがパリで友人になった一人が、以前はアミアンという市の収入役を務めていた、第一級の数学者として評判のクロード・ミドルジュだった。ミドルジュはデカルトより一〇歳以上年上の世間慣れした人物で、特別魅力的で陽気な性格と優れたユーモアのセンスの持ち主だった。デカルトは彼を慕い、二人は何時間も遊んだり数学について議論したりした。以前からのルネの知り合いに、マラン・メルセンヌがいた。メルセンヌはソルボンヌでの課程を終え、一六一一年七月一七日に、パリ近郊のニジョンに建つ修道院でミニモ会入会の儀式を受けた。ミニモ会は、パオラの聖フランチェスコによって一四三五年にイタリアのカラブリアで設立された。ミニモ会修道士にとっては謙遜《けんそん》が一番の美徳であり、ミニモという名は「最も小さい」を意味する"minimi"に由来している。自分たちのことを、あらゆる修道士の中で「最も小さい」存在と見なしていたからだ。

デカルトがパリにやってきた六カ月後、メルセンヌは司祭に任ぜられ、王宮広場（現在のヴォージュ広場）に建っていたミニモ会修道院の修道士となった。デカルトは、科学や数学に幅広い興味を持っていたメルセンヌのもとを頻繁に訪れ、彼と会話を交わして新たなアイデアを探し求めた。メルセンヌはすぐにデカルトの一番の親友となった。バイエによれば、デカルトにとってメルセンヌとの刺激的な交流が、パリに来たばかりの目的を見失っていた頃の埋め合わせになったという(7)。

デカルトは音楽も愛した。彼の音楽に対する興味と優れた数学の才能とを結びつけている学者もいる。ともかく、デカルトは多くの友人たちと音楽に対する興味を追求し、都じゅうで開かれるコンサートや演奏会に赴《おもむ》いた。

一年近くにわたってさまざまな遊びに興じたルネ・デカルトは、もっと真面目にならなければいけないと感じた。彼はパリでいくつか新たな考えに出会っていた。フランスの知識人たちは、ギリシャ幾何学を勉強し、古代ギリシャ人たちが作ったこの学問を華々しいものにしようとしていた。この頃までに、ユークリッドの『原論』には本来の一三巻に加えて新たに三巻が付け加えられていた。物理学も発展し、科学者たちは落下する物体の性質を研究して重力の謎を追い求めていた。デカルトはこれらの新たな考えを研究したいと思ったが、それを成し遂げるには賑やかな社交生活が障害となった。若きデカルトは、研究に集中するには友人たちと距離を置かなければならないと思うようになったが、当の友人たちがそうはさせなかった。デカルトが家で本を読んだり研究していたりすると、決まって友人が部屋に押しかけ、一緒に町へ出てナイトクラブに行こうと誘うのだった。

やけになったデカルトは、思い切った方法を取った。こっそり家を引っ越し、友人たちには新たな住処《すみか》を教えないことにしたのだ。彼に必要だったのは、いつ散歩をしても誰にも気づかれずに済むし、召使いや従者たちをいつ買い物や使いに出しても見つからないような場所だった。そこでデカルトは、パリの中でも市の城壁の外側、古いサン＝ジェルマン＝デ＝プレ教会の近くへと引っ越した。彼は、静かで田舎じみたこの地区を気に入っていた。そこには広い野原が広がっており、若者たちが時折、当局がやめさせようとする決闘のためにやってきていた。このころになると、デカルトは自らのことを、日常生活というドラマの登場人物ではなく、その観客として捉えるようになっていた。何年ものあいだ、誰もデカルトの姿を見かけなかった。友人たちは心配し、彼はパリを離れてブルターニュの父親の家に戻ったのではないかと思った。彼らは、別れも言わずに去った彼の無礼に不満を漏らした。何人かがレンヌに問い合わせたが、彼はブルターニュにもトゥレーヌにも、そしてポワトゥーにもいないことがわかった。彼らは都で彼を捜しつづけたが、ダンスパーティーにも晩餐会にも宴会の場にも彼の姿はなかった。友人たちは、彼は死んだのだと諦めかけていた(8)。

しばらくは、新たな地区での雲隠れが功を奏していた。しかし友人たちは、しらみつぶしに彼を捜しつづけた。ある日、知人の一人が街でデカルトの従者を見つけ、城壁を抜けてサン＝ジェルマン地区へと入っていく彼の後をこっそりつけた。男は、従者が階段の上に消えていくのを待ってから、そこを登っていった。そして、鍵穴からデカルトの寝室を覗きこんだ。

男が見たのは、ベッドに横たわって本を読んでいたかと思うと、体を起こしてノートに何か書き記《しる》し、再び横になっては読みはじめるデカルトの姿だった。友人は、デカルトが研究に没頭し、外界との交流を絶つ決心をしたらしいことを知った。デカルトにとって、自分の研究を究《きわ》めるには都の刺激的な生活から離れる必要があったことを、友人は理解し、邪魔をせずに静かにその場を離れた。

学者たちは、デカルトがサン＝ジェルマンの隠れ家で、「仮面をかぶる」という例の文が記された謎に満ちた『序言』を書いていたと考えている。デカルトの『序言』は次のように続く。

学問は今や仮面をかぶっている。その仮面を持ち上げれば、美しいその姿が現れる。学問が形作る鎖の全体を一望できる人にとって、それを見分けるのは、すべての数の列を使わずとも難しいことではないだろう。どんな魂にも厳密な限界があり、その限界は乗り越えられないかもしれない。魂の欠陥ゆえに発明の原理を理解できなくても、少なくとも学問の真の価値を認めることはできるし、万物の真の評価にはそれで十分なはずだ。(9)

「学問の鎖」や自然数の列に関するデカルトの考えは、同時期にヨーロッパで登場した、神秘的な趣《おもむき》を持つ不思議な文書の数々と極めて似通っている。しかし、科学や数学に関するそれらの論文を誰が書いたかは、現在でもわかっていない。

ルネ・デカルトは、パリにやってきてから二年後に、さらに歩《ほ》を進める準備を整えた。彼は以前は、常にテンポの速い生活スタイルを楽しみ、フェンシングや乗馬を好んでいたので、今では活動的な生活が恋しくなっていた。そんなとき彼が耳にしたのは、宗教戦争でプロテスタントとして戦ったオラニエ家の新たな王子、ナッサウのマウリッツが、二つのフランス連隊を含めいくつもの国からオランダへと人を集め、スペインとオーストリアのカトリック軍との戦いに備えて野営地で訓練しているという知らせだった。

彼はカトリックだったが、マウリッツ王子の軍隊への参加に興味を持った。王子と将官たちから兵法について多くを学べると考えたのだ。志願兵として参加する限り、その気がなければ戦いに参加しなくてもいいので、彼が決心する上で宗教は問題ではなかった。デカルトは召使いたちをレンヌの父親のもとに帰し、従者だけを連れ、オランダ南部のブレダに行って軍隊に志願した。彼は兵法を学んだが、たった一枚のドブロン金貨以外に軍役で給料が支払われることはなかった。無給の彼は多くの自由を認められ、それによって数学や科学の研究を推《お》し進め、その隠された意味を解き明かす試みを進めることができた。デカルトは、軍隊を旅行や冒険の手段として利用した。バイエ曰《いわ》く、デカルトはこの軍隊を「世界へのパスポート」として利用したのである。

第3章　オランダで出会った難問

「これは何て書いてあるんですか？」若きフランス人兵士は、隣にいた少し年上のオランダ人に、ヨーロッパじゅうの知識人の共通語だったラテン語で話しかけた。一六一八年一一月一〇日の朝、ブレダの中央広場の木に貼られた奇妙な貼り紙を人々が取り囲み、二人もその中にいた。

そのオランダ人はミデルブルフ出身で、医学と数学の勉強を終え、ユトレヒトのラテン語学校で教頭の職に就《つ》きたいと思っていた(1)。彼は伯父が飼っている豚の処理を手伝うためにブレダにやってきていたのだが、そこで結婚相手を見つけたいとも思っていた。彼は、目の前にいる若きフランス人兵士をじっと見つめた。オラニエ家王子ナッサウのマウリッツ率いる軍隊の志願兵に特有の制服を着た、ルネ・デカルトである。

オランダ人は、その兵士が羽根飾り付きの凝《こ》った緑色の帽子をかぶり、普通の兵士が身につける歩兵銃ではなく銀の剣を腰から下げているのにも気づいた。歳はせいぜい二二、三に見え、背は普通、あるいは少し低め、長めでウエーブのかかった濃褐色の髪をふさふさと生やし、それに合わせて口ひげや顎ひげを蓄えていた。そして、真剣なまなざしの鋭い茶色の目をしていた。

兵士は彼を見つめて返事を待った。「数学の難問だ」とオランダ人は答えた。

デカルトは答えた。「それはわかります。ですが正確には何と書かれているのですか？　私はフラマン語がわからないので」

男は紙と鉛筆を取り出し、貼り紙に描かれた幾何学図形を写して、そのそれぞれにフラマン語ではなくラテン語で名前を加え、そして図の下に書かれた文をラテン語に訳した。彼は若き兵士にその紙を渡し、最後の文を指さしながら言った。「ここに書かれていることを証明してほしいそうだ」デカルトは手の中の紙を熱心に見つめていた。男は付け加えた。「もしこの問題が解けたら、答えを教えてくれないか？」(2)

デカルトはすぐに顔を上げ、男をじっと見つめた。

「もちろんお教えしましょう。住所を教えてくれますか？」と彼はきっぱりと言った。

オランダ人は握手を求めて言った。「私の名前はイサーク・ベークマン」

「ルネ・デカルトといいます」と兵士は言った。「人はポワトゥーのルネと呼びます。家族がフランスのポワトゥー地方出身だからですが、実際はトゥレーヌ生まれです」

二人は握手を交わした。ベークマンはデカルトに、自分はミデルブルフ出身だが、伯父の養豚業を手伝うためにオランダのブレダにいるのだと話した。彼はデカルトに伯父の住所を教え、二人は別れた。一九〇五年にオランダの図書館で発見された日記などの資料から、ベークマンは、その若き兵士にはこの難問は解けないだろうと思っていたことがわかっている。

翌朝、イサーク・ベークマンが伯父の家で朝食を取ろうとしていると、ドアを何度も強く叩く音がした。召使いがドアを開け、かの若き兵士を中に入れた。彼は従者を引き連れていた。デカルトはベークマンに、あのオランダ語で書かれた難問の答えを見せた。有能な数学者のベークマンは、この兵士が極めて難しい数学の問題を解いたことに仰天した。訓練を積んだ多くの数学者や教授でも歯が立たなかった問題を、偶然出会った人物が解いてしまうなどとは、彼も思っていなかったのだ。デカルトが見事な解答を示したことが、二人の友情を結ぶ絆となった。この出来事は、若きデカルトの人生における一大転機にもなった。このとき彼は初めて、自分が数学の優れた才能を持っていることを知ったのである。

デカルトが解いて新たな友人に答えを披露したその難問は、オランダ南部でこれ一つだけが突然生まれたようなものではなかった。一七世紀、ヨーロッパじゅうの教養人が知的挑戦に挑んで数学の隠された意味を追い求めるにつれて、古代ギリシャの古典幾何学が復活してきた。紀元前三〇〇年頃にアレキサンドリアで書かれたユークリッドの『原論』を皮切りに、古代ギリシャの文献がラテン語で復刊されていった。実はユークリッドの著作は、デカルトの時代の一世紀半足らず前に発明された新型印刷機で印刷されたものの中でも、最も重要な教科書だった。一七世紀のヨーロッパで印刷された古代の数学上の著作としては、他にも、紀元二五〇年頃に書かれたディオファントスの『算術』などがある。この本の余白にピエール・ド・フェルマー（一六〇一‐六五）が書き残した有名な最終定理は、数学者やアマチュアたちを悩ませた末、結局は二〇世紀の終わりに劇的な形で証明された。

このように数学の文献の数々が新たに復刊されたことで、ヨーロッパの学校や大学で幾何学の教育が復活し、さまざまな知識人たちは古代の問題に対する新たな解を熱心に追い求めて、公共の場において貼り紙の形で発表された問題を解くことで互いに競いあうようになった。デカルトが一六一八年一一月一〇日に解いたのは、ある数学者が貼り紙として公表した、そうした問題の一例だったのだ。一世紀前に同様の問題が北イタリアに住む数学者によって出されたが、それによって代数学の分野は大きく発展し、古代ギリシャや中世アラブの数学者たちには手に負えなかった複雑な方程式が解ける

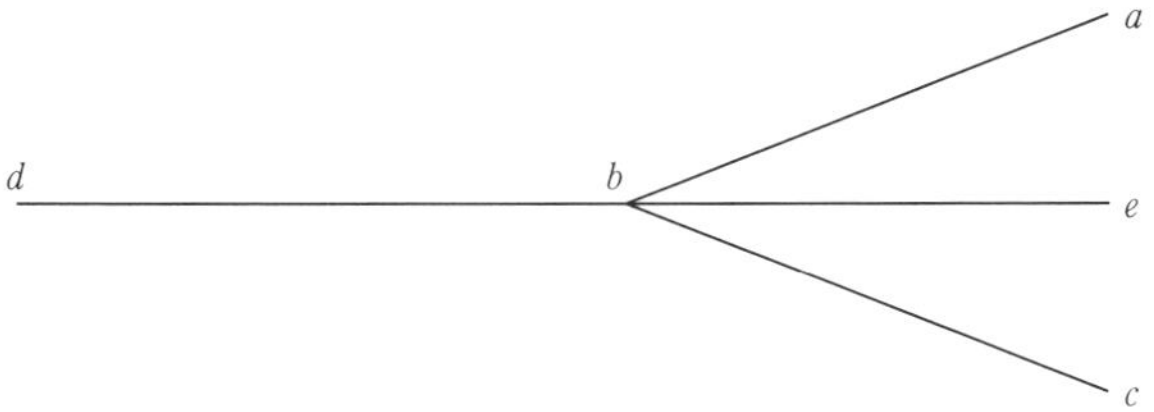

ようになった。

一六一八年一一月にデカルトが解いてベークマンに示したその問題がどんなものだったか、正確にはわかっていない。それがある幾何学の図に含まれる角《かく》に関係した、極めて難しい問題だったことはわかっている。しかし、デカルトの幾何学的発想の、おそらくは偶然生まれたある変わった一面が、ベークマンを感心させたようだ。デカルトは、貼り紙の問題の答えを見せる前に、ベークマンとの会話の中でその点を採《と》り上げていたのかもしれない。ベークマンは日記の中で、デカルトと出会った次の日のことを次のように記している。

角の非存在をデカルトが証明した

昨日一六一八年一一月一〇日、ブレダにおいて、ポワトゥー出身のあるフランス人が以下を証明しようとした。「実は角というものは存在しない」[3] 以下が彼の論証。「角とは二本の直線が交わった点のことであり、直線abと直線cbは点bで交わる。しかし角abcに直線deを交わらせれば、点bは二つの部分に分割され、その半分が直線abに、残り半分が直線bcに付け加えられることになる。しかしこれは、大きさを持たないという点の定義に矛盾する。ゆえに、角というものは存在しない」

デカルトが解いた複雑な数学の難問とは、もちろんこんなものではなかったようだ。実はデカルトはベークマンを手玉にとり、公理的定義を引き合いに出してばかげた論証まで組み立てることで、ギリシャ幾何学に関する自らの知識を誇示したのである。実は角の頂点となっている点が二分割されることなどない。点には大きさがないからだ。デカルトは哲学的に思考を進め、ベークマンはギリシャ幾何学の詳細にまで通じている彼の知識に舌を巻いたのだった。

デカルトがベークマンにこのギリシャ幾何学の問題の答えを示した当時、幾何学と代数学という二つの分野は、数学と呼ばれるより幅広く漠然とした学問の中で互いに相異なる部分だと見なされていた。幾何学は、物理世界を構成する要素の姿を理想化した、直線や三角形や円といったものを扱う分野だった。一方で代数学は、等号の両辺に記号や数が並んで意味のある量を導く、「方程式」を扱う分野だった。これら二つの分野が一つの大きな学問に統合されようとは、誰一人として想像していなかった。しかしそれから二〇年後、ルネ・デカルトがまさにそれをやってのけたのである。

デカルトはベークマンに、自分は戦争に行きたいのだと語った。ベークマンはそれが現実になることを心配し、新たな友人がこの地に留まって、二人で頻繁に会って数学や科学に関する問題に取り組みたいと願った。一六一八年一一月一一日にイサーク・ベークマンのもとを去り、軍隊の野営地へと戻ったデカルトは、まだ戦争に行くことにはならないと悟った。彼はマウリッツ王子の軍隊で何カ月か過ごしたが、そのあいだ部隊はブレダ郊外に駐留したままだったのだ。所詮《しょせん》は志願兵だったデカルトは、ある程度やりたいことをできた。もう見知らぬ人に通訳を頼まなくて済むよう、フラマン語を習って時を過ごしたりした。デカルトは語学の才能に秀でており、フランス語とラテン語を完璧に習得していたが、すぐにフラマン語も理解してある程度滑《なめ》らかに話せるようにもなった。新たにフラマン語を習得したことで、それに近縁のドイツ語方言にも流暢《りゅうちょう》になった。新たな言語を習得したことに気をよくしたデカルトは、一六一九年一月二四日に軍隊の野営地からベークマンに宛てて次のような手紙を書いた。「私はこの地で、絵画や軍事施設やフラマン語の勉強に時間を割《さ》いています。神の許しがあれば、四旬節《しじゅんせつ》の初めにミデルブルフのあなたの元を訪れた折、この言語の上達ぶりをご披露しましょう(4)」当時のデカルトは知る由《よし》もなかったが、フラマン語とそれに近縁のドイツ語方言を習得したことが、のちに文字通り彼の命を救うこととなる。

デカルトは、オランダで出会った難問を解いたことで数学に夢中になっていく。自分に独特の才能があることが証明されたからだ。彼は、宇宙を理解する鍵は数学が握っていると考えるようになった。朝は野営地のベッドの中で、数学について読んだり書いたり、その応用法を探ったりして過ごした。幾何学に関する古代ギリシャの問題をいくつも解いた彼は、すぐに、幾何学の力は純粋数学を上回っていると結論した。幾何学があらゆる創造物の秘密を握っているというのだ。

ベークマン自身の日記の記述によりわかったことだが、彼はブレダでデカルトと会う三年前に、音楽の数学的側面に関する一篇の論文を書いていた。論文の中でベークマンは、ギリシャ幾何学を用いて、振動する弦の奏でる倍音を説明しようとした。この解析はたいして奥深いものではなかったが、デカルトは新たな友人の成果を無視する素振りなどは見せなかった。二人は共同で研究し、数学に基づく音楽理論を構築しようとした。彼らはまた、力学や純粋幾何学についても研究した。ベークマンが問題を提起し、それをデカルトが優れた数学的才能を使って解いたのである。その頃までにベークマンはミデルブルフの自宅へと戻っており、デカルトは可能な限り彼のもとを訪れた。離ればなれの時には、二人の友人は手紙でアイデアを交換した。

一六一九年三月二六日、デカルトはブレダの野営地から友人に宛てて手紙を書いた。その中で彼は、極めて幅広い種類の問題を解く方法を考案するという目論見《もくろみ》を明かした。「私は人々に、ルルの言う『小さき術』ではなく、新たな基礎に基づく学問をもたらしたいのです」ここでデカルトが触れているのは、スペインのマヨルカ島で生まれ、二六〇冊の本を残したとされる中世の神秘主義者ラモン・ルル（ライムンドゥス・ルルス。一二三五頃‐一三一五）が書いた、『小さき術』という本のことである。これはカバラと神秘主義が入り交じった本であり、そこには文字や数字を組み合わせて宇宙に関する新たな知識を導き出そうとする方法が記されている。

それから一カ月後の一六一九年四月二九日、デカルトは再びベークマンに、このマヨルカ島の神秘主義者が著《あらわ》した本に関して手紙を書いている。「三日前、私はドルドレヒトの宿で一人の博学の男と出会い、ルルの『小さき術』について議論しました。彼曰《いわ》く、自分はこの術をうまく使いこなせるので、どんな話題についても一時間は議論できる。もし同じ話題についてもう一時間話せと言われても、一度言ったことを繰り返さずに話しつづけられるし、さらにあと二〇時間は大丈夫だ、と」[5]

デカルトは、ルルが考えた、知識を得るための神秘的な方法に備わっているとされる力に興味を抱いた。ルルの作品を何冊か読んでいたベークマンは、彼にそのことを尋ねられ、ルルはB、C、D、E、F、G、H、J、Kという九つの文字がこの順序で記された円盤を発明したのだと説明した。これら九つの文字は万物の性質を表している（ユダヤ教のカバラで言うところのセフィロト、すなわち神の一〇の属性に近い）。幾何学的仕掛けを使ってこの円盤を別の円盤の中で回転させ、これらの文字を並べ替えることで、新たな概念を導くことができる。[6] デカルトが一六一九年にベークマンに宛てたこの手紙は、若きデカルトが神秘主義的な手法や考え方に興味を持っていたことを示す最初の資料である。

ルルが編み出した中世の魔術は、一七世紀初めに生まれたある秘密結社の教義に反映されていく。そしてデカルトは、科学と神秘主義の探求に身を捧げていくことになる。

ブレダの野営地に戻ったデカルトは、思い焦がれていた軍事行動に参加するチャンスは決してやってこないのではないかと思いはじめた。オラニエ家の王子が敵と停戦協定を結び、その中で、今後一二年間は戦闘には加わらないと約束したからだ。

デカルトは志願兵として王子に仕えたときに、軍事行動に参加させるという約束を取り付けていたが、停戦によってそれが叶《かな》えられなくなって、自分は裏切られたと感じた。(7) 彼は前年の一六一八年から、ボヘミアとドイツで重大な政治的事件が起こっており、それが戦争に繫《つな》がるだろうことを知っていた。それまで一世紀にわたって、宗教戦争の嵐がヨーロッパじゅうを吹き荒れていたのである。

一五一七年、マルティン・ルター（一四八三－一五四六）がヴィッテンベルクの教会の扉に九五箇条の論題を貼り付けて、キリスト教ルター派、すなわちプロテスタントを立ち上げると、ヨーロッパじゅうで宗教対立が湧き上がった。一般にルターの行動は、ローマカトリック教会の教義や儀式を改めようという、宗教改革の出発点だったと見なされている。ヨーロッパ大陸全体で宗教と国家が互いに結びついていたため、カトリックとプロテスタントの争いは政治的側面も強く帯びていた。一五三〇年までに、ザクセン、ヘッセン、ブランデンブルク、ブラウンシュヴァイクといったドイツ諸公国の支配者たち、そしてスウェーデンやデンマークの国王がプロテスタントに改宗した。彼ら支配者はカトリックと袂《たもと》を分かち、プロテスタントの主義に則《のっと》った教会を領地内に建てた。

プロテスタントの一宗派で、「運命予定説」という考え方を含むジャン・カルヴァン（一五〇九－六四）の教えに基づくカルヴァン派が一五三六年に設立され、フランス、ドイツ西部、オランダ、スイス、スコットランドの一部に根を下ろした。ヨーロッパの他の地域はカトリックを信じつづけて教皇に忠誠を尽くしたため、ヨーロッパ大陸は二つに大きく割れた。フランスでは一六世紀中頃から後半にかけて、カトリックとユグノー教徒（フランスのプロテスタント）のあいだで宗教戦争が起こった。スペイン、サヴォイア、ローマがカトリック側に付き、イングランド、オランダ、そしてドイツのいくつかの公国がユグノー側に付いて介入したため、戦争は泥沼化した。しかしデカルトが成長する頃までには、比較的平和な状態で落ち着くようになった。だがこの平和は長くは続かなかった。

一六一三年、ドイツの若き王子、プファルツ（ライン地方とハイデルベルクを含むドイツ南部の地方）選帝公フリードリッヒがロンドンにやってきて、イングランド国王ジェームズ一世とデンマークのアンの娘でスコットランド女王メアリーの孫にあたる、エリザベス・スチュアートと結婚した。ヨーロッパの多くの人が、このロイヤル・ウエディングは、イングランドと大陸のプロテスタント勢力との重要な同盟関係を作るためのものだと見て取った。しかし実は国王ジェームズ一世は、大陸で吹き荒れている宗教紛争に対して完全に中立を守る心づもりであり、娘の結婚によってドイツに接近したように思われる状況とバランスを取るために、カトリック教国であるスペインとも同様の結びつきを作りたいと思っていた。

フリードリッヒは花嫁とともにライン川を下ってハイデルベルクに行き、ハイデルベルク城で家庭を築いて五年のあいだ平和に暮らした。しかしその後、事態は変わりはじめた。大陸における情勢の急展開の結果、プラハを中心とするオーストリア・ハプスブルク帝国のカトリック勢力に対抗してヨーロッパのプロテスタント勢力をまとめあげる指導者として、フリードリッヒに白羽の矢が立てられたのだ。

ハプスブルク帝国の中心地をウィーンからプラハへと移した、慈悲深く寛大な指導者だった皇帝ルドルフ二世が一六一二年に死去し、その後継者争いが巻き起こった。かつてルドルフ治世下のプラハでは、新たな思想が発展して学問が奨励され、都市は繁栄した。ルドルフは魔術や神秘主義に強い興味を示し、彼が治めていたプラハは、錬金術や占星術など、科学と魔術が相入《あい》り交じったさまざまな学問の中心地となった。ユダヤ人はこの町でカバラを実践し、差別されることもなく平等に扱われていた。他にも数多くの人が秘術や魔術を学んだ。ルドルフの宮殿には「驚異の部屋」があり、そこでは、しゃべっているように見える機械の製作や、数秘術による分析、占星術による予言、あるいは錬金術の驚くべき実験など、機械仕掛けを多用した魔術的な学問が実践されていた。一五八〇年代にイギリスの有名な神秘主義者で数学者でもあったジョン・ディー（一五二七 - 一六〇八）が、何年もかけて自らの魔術の知識をプラハに広めた。その後ディーの思想は、神秘主義的色彩の濃いある秘密結社の思想の基盤を形作る。この新たな結社はまた、政治的にヨーロッパ改革の推進を強く唱え、そのメンバーたちはプファルツのフリードリッヒその人に政治的救済の望みを託していくことになる。(8)

敬虔なカトリック教徒のデカルトはナッサウのマウリッツ率いるプロテスタント軍に仕《つか》えていたが、実はそのマウリッツはフリードリッヒの伯父だった。ルドルフ二世の死去による権力の空白状態が引き起こした、ボヘミアでの一連の出来事を、デカルトはつぶさに追いかけていた。一六一八年五月二三日にプラハで、反体制ボヘミア人がハプスブルクの支配者たちを城の窓から突き落とすという事件が発生した。ボヘミア政府は二つの軍を招集し、一つをトゥルン伯のもとへ、もう一つをマンスフェルト伯のもとへと向かわせた。それに対して、カトリック教徒であるバイエルンのマクシミリアン公爵は、ボヘミア王国じゅうのプロテスタント勢力と敵対する神聖ローマ帝国のオーストリア人たちを救うために軍隊を招集した。彼は、カトリック教国であるスペイン低地諸国（ハプスブルクの同盟国）からプラハ攻撃へと向かう八〇〇〇人の兵士と二〇〇〇頭の馬に、バイエルン通過の許可を与えた。事態の進展を熱心に追いかけていたデカルトは、戦いの予感を抑えられなかった。

盟約に署名していたマウリッツの王子がプラハに派兵できないのははっきりしていたため、デカルトは軍隊を辞め、別の軍隊に加わるつもりで単身ドイツへと向かう決心をした。彼は旅と冒険に飢えており、戦闘を目《ま》の当たりにしたいとも望んでいたのだ。

しかしデカルトは、友人のイサーク・ベークマンに別れを告げないままブレダを去りたくはなかった。一六一九年四月二〇日、デカルトはベークマンに次のような手紙を書いた。「少なくとも仲介者を介してお返事がちょうだいできるものと期待いたします。その人は指図どおり、あなたがどうしておられるか、何に取り組んでいらっしゃるか、まだ花嫁探しを続けておられるか、私に話してくれるでしょうから」[9] ベークマンはその日のうちに返事をよこした。彼は、最後に会ったときにデカルトと議論した数学のアイデアに取り組んでいた。そして結婚相手はまだ見つかっていなかった。二人が顔を合わせないというのは、めったにないことだった。デカルトがブレダにいたあいだ二人の友人は、最初に出会った一六一八年一一月から一六一九年一月まで、ほとんど毎日会っていたのだ。[10] しかしデカルトは今や軍隊に加わり、ベークマンはミデルブルフにいたので、二人は手紙で満足するしかなかった。

一六一九年四月二三日、デカルトは再びベークマンに手紙を書き、会いたい旨を告げた。そして、自分の心はすでに旅立っていると語った。ウェルギリウスの『アエネイス』（第三巻第七節）の言葉を借りて、デカルトは次のように記した。「運命が私をどこへ導くか、私は道のどこで立ち止まるか、まだわからない」[11] そして次のように続けた。

もはや戦争の兆しがドイツへといざなってくれる保証はなくなり、その地で兵士は多数見かけるものの戦闘には出くわさないという事態を恐れたため、私は待つあいだ、デンマーク、ポーランド、ハンガリーを放浪し、ドイツで、山賊や追いはぎに遭《あ》うことなく確実に戦争へと導いてくれる道を見つけます。望みどおりその道すがらで立ち止まったなら、力学や幾何学に関する私の研究をまとめあげ、その後ろ盾《だて》としてのあなたに敬意を表することをお約束します。[12]

一六一九年四月二四日にベークマンに別れを告げたデカルトは、北へと向けて旅立った。彼は四月二九日にアムステルダムを発《た》ってコペンハーゲンへと向かい、そこでしばらく滞在して、デンマーク各地を訪ねた。そしてさらに東へと進み、ダンツィヒにたどり着いた。その何週間後かにデカルトは南へと向かい、ポーランドじゅうを旅してからハンガリーに入った。そこで西へと進路を変え、一六一九年七月二〇日にフランクフルトにたどり着いた。彼はそこである重要な出来事を目撃した。神聖ローマ帝国の新皇帝の選挙である。八月二八日にボヘミア国王のフェルディナント二世が選出され、二日後に位《くらい》に就《つ》いた。デカルトはこの壮麗な式典に居合わせた。[13]カール大帝の宝珠《ほうしゅ》と笏《しゃく》を授けられた新皇帝は、受け取ったカール大帝の剣を高く挙げて皆に見せた。

ボヘミアは国王が不在となり、オーストリア人支配者に公然と反抗するプロテスタントの反体制ボヘミア人たちは、ハプスブルク家の支配に屈せずに国王を選び出すことにした。その頃、ヨーロッパのプロテスタントはみな、ライン川流域にあるプファルツの選帝侯フリードリッヒ（神聖ローマ帝国皇帝の選出権を持つドイツ王子の一人だったためにこう呼ばれた）を将来の指導者として崇《あが》めていた。

ボヘミア人は、プファルツのフリードリッヒをボヘミア国王フリードリッヒ五世に難なく選出し、彼に冠をさし出した。

フリードリッヒの母方の伯父であるオラニエ家の王子は、彼が王位を引き受けることを支持したが、フリードリッヒの義理の父親であるイングランドのジェームズ一世は情勢を深く憂慮し、フリードリッヒに、大規模軍事攻撃に直面している国家の王という危険な役目を引き受けるには若くて経験がなさすぎると諭《さと》した。しかしフリードリッヒの妻でもあるジェームズの娘は、王妃になることを強く望み、夫に王位に就くよう圧力をかけた。フリードリッヒは、何があろうとも義理の父親の忠告を聞くべきだった。というのも、彼が王位に留まるにはイングランドの支援がぜひとも必要だったが、ジェームズ一世はそんな気などまったくなかったからだ。結局フリードリッヒは妻と伯父に従い、冠を授かった。夫の戴冠式の三日後、イングランド王女エリザベスはボヘミア王妃エリザベスとして聖別された。

予想どおりオーストリア人は、ボヘミアの新国王夫妻の戴冠を地方の反乱と受けとって激怒した。バイエルンのマクシミリアン公爵は、オーストリアによる新国王転覆を手助けするために開戦の決意を固めた。「こうした成り行きのあいだ、デカルトは、国際情勢にまったく関心を払わず平穏《へいおん》を享受《きょうじゅ》していた」とバイエは語っている(14)。デカルトはその地に留まって数学を研究していたが、まもなく、ボヘミアに入って帝国とボヘミア軍との戦いを見守ることに決めた。一方の軍が戦闘で勝利するたびに町や村が両陣営の傘下を行ったり来たりするさまを、彼は目にした。

そしてデカルトは、バイエルン公爵マクシミリアンの軍隊に加わろうと決心した。彼は再び、歩兵銃ではなく剣だけを持つ志願兵になることを申し出た(15)。そしてここでも、従者を雇って最大限の自由時間を持つなど、マウリッツ王子の軍隊で享受した特権がすべて与えられるよう条件を提示した。希望が受け入れられたデカルトは南へと向かい、一六一九年一〇月、ドイツ南部の、ミュンヘンとニュールンベルクのおよそ中間に位置する、ドナウ川河畔のノイブルクという小さな町に到着した。ここでマクシミリアン公爵の軍隊が、冬に備えて野営していたのである。一六一九年秋にヨーロッパ上空を覆った雲は、三〇年戦争の始まりを暗示していた。この戦争は、一六四八年のヴェストファーレン（ウェストファリア）条約調印によってようやく終結することとなる。

第4章　ドナウ河畔の炉部屋で見た三つの夢

ドナウ河畔の軍隊に身を落ち着けたデカルトは、科学と幾何学を研究してその冬を過ごした。ヴェストファーレン条約による三〇年戦争終結に先立つ一六三七年に出版された『方法序説』の中で、デカルトは次のように記している。

私はそのとき、いまだ終わらぬ戦争をきっかけに呼び寄せられたドイツにいた。皇帝の戴冠式から軍隊へと戻ると冬が始まり、私は冬営地に足留めされたが、会話や娯楽の機会がない代わりに、幸いにも私を悩ませる心配や情念の高まりもなかった。私は毎日毎日、炉部屋で過ごし、のんびりと考えを巡らせて楽しんだ。[1]

デカルトが「炉部屋」と呼んだのは、中央にある大きな薪ストーブで暖められた部屋のことだった。そのストーブは、調理にも冬の暖房にも使われた。[2] デカルトがこの炉部屋で考えを巡らせたのは、一六一九年一一月のことだった。中でも、一六一九年一一月一〇日から一一日の夜、炉部屋で眠っていたデカルトに、彼の人生を一変させ考えを研《と》ぎすまさせる何事かが起こったことがわかっている。

デカルトの死後に作成された資産目録を入手したバイエは、そこに「品目C1：『オリンピカ』というタイトルの小さな羊皮紙」と説明されているデカルトの文書を読み、その運命の夜に何が起こったのかを事細かに著《あらわ》した。

その日付は意味ありげだ。一一月一〇日は、デカルトがベークマンと初めて出会い、ブレダに掲げられた貼り紙の問題を解いたことがきっかけで数学に対する愛情に目覚めてから、ちょうど一年後のことだった。この日はまた、ポワティエ大学でデカルトの法律学の論文が受理されてから三周年にもあたっていた。しかし、ベークマンと出会って自分には数学者としての才能があることを知った一年後、二三歳になっていたデカルトは、どのような人生を歩むかいまだに決めかねていた。

デカルトは『オリンピカ』の中で、「一六一九年一一月一〇日、賞賛すべき学問の土台を発見する一歩手前までやってきて、熱狂的な気分に満たされていた」と記している。バイエによれば、それは夜のうちに起こったという。一一月一〇日から一一日は聖マルティヌスの祭日の前夜であり、賑《にぎ》やかに飲み明かす風習があった。他の兵士たちはみな、聖者の祭を祝うために飲みに出ていた。しかしデカルトは後年になって、その夜はアルコールを一滴も口にしなかったし、三カ月のあいだワインも飲んでいなかったと語っている。ゆえに、デカルトが次に経験した変わった出来事を、「酔っていたから」という最もシンプルな説明で片づけることはできない。

彼は炉部屋のベッドに入り、極めて鮮明で強烈な三つの夢を立てつづけに見た。デカルトは一六一九年一一月一〇日から一一日の夜に、歴史上最も有名で最もよく分析されてきた三つの夢を見たのだ。事実、その晩に彼が見た夢は歴史を変え、最終的には科学における二つの大きな分野を初めて統合させた。すなわち、幾何学と代数学を縁結びし、デカルト座標系という、さまざまな現代技術の基礎となるものをもたらしたのである。

デカルトは、自分がいつ床に入ったかについては何も言っていない。しかし眠りに落ちるとすぐに最初の夢を見た。その夢の中で通りを歩いていたデカルトは、街を吹き抜け、木々をしならせて戸をうならせる暴風に悩まされていた。風があまりに強かったため、彼は体を傾け、地面に身をかがめて歩かなければならなかった。この自然の猛威に苦しめられた彼は、嵐を避ける場所を必死で探した。すると突然、母校であるラ・フレシュのコレージュと、そこに建つ見覚えのある教会を目にした。彼は祈りを捧げるためにその教会に入ろうとしたが、面識のある一人の人物とすれ違いながら挨拶しなかったことに気づき、彼を追いかけてその人物に詫びたいと思った。しかし激しい風は、「教会へと」強く彼を押しやった。そのときデカルトは、教会の外に広がるコレージュの中庭に顔見知りの人物をもう一人見つけ、彼に名前を呼ばれた。その人物はデカルトに礼儀正しく挨拶し、誰それさんに会われますかと尋ねた。外国から運ばれてきたメロンをデカルトにあげたいそうだという。

バイエが伝えるところによれば、デカルトは『オリンピカ』の中で、自分は風のせいで足下《あしもと》もおぼつかず地面に身をかがめていたのに、周りの誰もが突然直立して歩きだしたことに一番驚いたと書いている。そこで急にぱったりと風が止《や》み、デカルトは体を伸ばして夢から覚めた。目を覚ました彼は、「深い悲しみを感じ、これは自分をそそのかそうとする悪魔の仕業だと考えた」[3] 彼は神に、自分の罪を罰しようとする未知なる力から守ってくれるよう祈った。自分があまりに罪深いため、天から嵐という天罰を受けたのだと感じていたからだ。彼は二時間のあいだ眠らず、「この世界の禍福について考えていた」

それまでデカルトは左半身を下にして眠っていたが、向きを変えて再び眠りについた。そして二番めの夢を見た。その夢ではデカルトは部屋の中にいたが、その部屋の明かりが暗くなるように感じたかと思うと、突然激しい爆発音が聞こえた。彼は雷だと思った。前の夢で吹き荒れていた嵐が戻ってきていたが、それはまるで幻覚のように思えた。彼は部屋の中にいて守られていたため、暴風は彼のところまで届かなかったのだ。そしてデカルトは、部屋が閃光で満たされているのを目にし、そこで夢から醒めた。

三番めの夢では、デカルトは机の前に座り、目の前に百科事典（辞書と解釈されている場合もある）を置いていた。それに手を伸ばしたデカルトは、もう一冊、ラテン語で『詩人大全』を意味するタイトルの本を目にした。彼はその本の適当なページを開き、ローマの詩人アウソニウスの詠んだ「田園詩一五」を見つけた。そしてその一行めを読んだ。「この人生で我はいかなる道を進むべきか？」すると見知らぬ人物が現れ、アウソニウスのもう一篇の詩「然りと否」をデカルトに読んで聞かせた。しかし、デカルトが『詩人大全』を手に取ろうとすると、それは消え去った。(4) その代わりに再び百科事典が現れたが、今度は前のように全巻揃ってはいなかった。そして見知らぬ人物も本も消えた。デカルトは眠りつづけたが、意識ははっきりしており、いま経験したのは夢だと気づいていた。そして、眠りながらその夢を解釈することさえできた。

デカルトは、その百科事典があらゆる学問の集大成を意味していると悟った。そして、彼が手にした『詩人大全』は「哲学と知識の融合」を表していた。デカルトがそう考えたのは、たとえ「ばかげた」詩を書く詩人であっても、哲学者の著作に負けない価値がある言葉を口にするものだと信じていたからだった。デカルトに啓示を与えたのはたしかに詩人たちだったが、彼がその前日に味わった「熱狂」もそれに一役買っていた。彼は、「然りと否」という詩を「ピタゴラスのイエスとノーと捉え、永遠の学問における真と偽を意味すると理解した」(5)

デカルトは、最初の夢に出てきたメロンを孤独の魅力と解釈した。また、教会へ彼を押しやった激しい風を、自由意思で向かおうとしている場所へと自分を無理やり追いやる悪魔と解釈した。したがって、悪魔は彼を聖なる地へと追いやろうとしたものの、神は、運命によって定められたところをあまりに越えて先に進むことを許さなかったのである。

デカルトは、第二の夢に現れた大きな雷鳴と部屋の中の閃光を、自分が手にした真理の魂と解釈した。今やデカルトは、夢に最初に登場したアウソニウスの詩で出された「人生ではいかなる道を選ぶべきか」という問題に対する答えを持っていた。その答えとは、自分の使命は学問を統合することである、というものだった。オランダの難問を解いたことで自分には数学の才能があることを悟っていたデカルトは、今や、学問の統合は数学の務めであると理解した。その後の年月に彼が発展させた哲学は、絶対的真理を探して物事を疑うというものだが、それは論理と数学の原理を使って宇宙に道理を当てはめるという試みだった。それゆえ、彼の哲学は幾何学と密接に絡み合っていた。しかし第一にデカルトは、幾何学を古代ギリシャから自らの生きる一七世紀へと持ち込んで発展させ、最終的に、彼が作った「解析幾何学」という新たな科学を世間に残したのである。

翌日デカルトは、一日じゅうその夢を思い返していた。彼は、その夢の魂、すなわち彼が言うところの「精霊」がベッドにつく前から自分の頭の中にその夢を埋め込んだのであり、人間的な要因はその後の成り行きに何一つ影響を及ぼさなかったと考えた。あの夢は、もとから完璧に決められていたのだ。デカルトは夢について長いあいだ考え、神に意志を問い、自分を真理へと導いてくれるよう請うた。見返りとして彼は、イタリアへ赴き、聖家族が住んでいた小屋がナザレスから運ばれてきたという、地上で最も重要な聖地の一つであるロレトの聖堂に巡礼すると誓った。彼は一一月末までにはイタリアへ出発するつもりだったが、結局、四年後になってようやく旅立った。デカルトは、炉部屋に一人籠《こ》もって一篇の論文を書き、それを一六二〇年の復活祭までに仕上げると誓った。バイエによれば『オリンピカ』はそのときに書かれたというが、彼の印象では、この謎めいた断片のような文書はきちんと筋が通っていないので、デカルトが書くと誓ったのは『オリンピカ』よりも深い意味を持つ文書だったはずであり、『序言』と『オリンピカ』にはその本格的な著作のことが謳《うた》われているだけだったという。

一六一九年一一月一一日にデカルトは、昨夜見た夢とその解釈を羊皮紙に記録した。ライプニッツによるその写し（現在は他の文書とともにハノーファーのゴットフリート・ヴィルヘルム・ライプニッツ図書館の文書館に収められている）とバイエの説明は、基本的な点で一致している。ライプニッツによる『オリンピカ』の写しは、ライプニッツの業績を調査していたソルボンヌ大学教授ルイ＝アレクサンドル・フーシェ・ド・カレイユ（一八二六‐九一）によって、ハノーファーの文書館で発見された。フーシェ・ド・カレイユは、一八五九年にその発見を『私的な思索』というタイトルで発表した。彼にはよくわかっていたとおり、デカルトは、『オリンピカ』を含めストックホルムに残した文書を私的なものと見なしていた。それゆえ、これらの文書はラテン語で書いた。デカルトが発表するつもりだった論文は、母国の幅広い人が読めるよう、フランス語で書かれていたのだ。自分の人生の成り行きを「私は仮面をかぶる」と評したデカルトには、隠したい事柄がいくつかあった。彼には秘密を守らねばならない理由があったのである。

デカルトの死の際に作られた資産目録によれば、『オリンピカ』（品目１Ｃ）は「小さな羊皮紙の記録で、その中扉には『一六一九年一月初日』と記されていた」[6]しかし、デカルトがこのノートに記録しはじめたのはその年の一一月になってからであり、あの夢の前日には次のように記している。

一六一九年一一月一〇日、私は賞賛すべき学問の土台を発見する一歩手前までやってきて、熱意に満たされていた……。

一六一九年一一月一〇日に彼を熱意で満たした大発見とは、いったい何だったのだろうか？　学者たちはデカルトが使った「熱意」という言葉について深く考え、彼の発見がどんなものだったのか手がかりを探している。研究者たちは近年、デカルトによるその発見の伝え方が、惑星運動の法則を見つけたドイツ人天文学者兼数学者ヨハネス・ケプラー（一五七一‐一六三〇）がその数年前に用いた方法と極めて似ていることを発見した(7)。

デカルトはケプラーと出会っていたのだろうか？　ケプラーについて研究するリューダー・ゲーバは、実際に二人は会っていたと推測している(8)。一六二〇年二月一日、ウルムの高校の校長でケプラーの友人だったヨハン・バプティスト・ヘーベンシュトライトが、リンツにいるケプラーに宛てて、カルテリウスという人物が持ってきたはずの手紙を受け取ったかどうかを問い合わせている。ヘーベンシュトライトは次のように書いている。「カルテリウスは真の学識と並はずれた洗練さを持つ人物です。わが友人に不愉快な放浪者を押しつけたくはありませんが、カルテリウスは他とは違う人物であり、斟酌《しんしゃく》に値する男です(9)」

ゲーバは、ラテン語でカルテシウス Cartesius と綴られるデカルトとカルテリウス Cartelius が同一人物であると考えている。実際、学者たちは今でも、デカルトをカルテシウスと呼んでいる。ケプラー全集の編者であるマックス・カスパーは、縦に伸ばされたsの字はlと読み間違えられることが多かったと言っている。カルテシウス（デカルト）は、問題の手紙をケプラーのところに持っていって、彼と知り合いになったのかもしれない(10)。ゲーバは、デカルトが旅行の途中に、ドイツでケプラーとともに光学を研究したという説を立てている。

二人の偉大な数学者が出会っていたかどうかは別として、確かにデカルトの考え方の一部はケプラーのものと一致している。デカルトは、友人のベークマンを通じてケプラーの研究を知るようになった。[11]彼はケプラーの主な著作を知り尽くしており、一六三七年に出版された『方法序説』の付録として発表した『屈折光学』というタイトルの光学に関する論文の中で、ケプラーは「光学における私の最初の師だ」と述べている。

デカルトが一六一九年に『オリンピカ』を書いたのとまさに同じ年齢である二三歳の時に、ケプラーもまた自らを熱狂で満たした大発見について書き残している。ケプラーは、古代ギリシャの数学と宇宙論との神秘的な関係を探していた。そして驚くべき結びつきを発見したと考え、それを『宇宙の神秘』（一五九六年）の中で発表した。[12]ケプラーは、太陽系の諸惑星に関する発見に狂喜した瞬間の様子を書き記し、彼もまた、のちにデカルトが使うことになる言葉を引き合いに出して、それを「[神の]英知を示す賞賛すべき実例」と呼んだ。デカルトがかつてある時、ケプラーの本を読んでいたことをわれわれは知っている。秘密のノートに書かれたデカルト自身の発見とケプラーの発見とのあいだには、何か関係があるのだろうか？

ケプラーと彼の研究成果は、当時ドイツ南部に住んでいた無名の神秘主義的数学者、ヨハン・ファウルハーバー（一五八〇－一六三五）と関係があった。数学に関するファウルハーバーの成果は、極めて高度ではあったものの、神秘主義や秘術と絡み合っていた。近年、ファウルハーバーが住んでいたウルムの州立図書館で発見された彼の本の写しが、複数の学者の手で互いに独立に分析された。彼ら研究者は、ファウルハーバーの著作とデカルトの秘密の文書とのあいだに、不可解な強い結びつきがあることを発見した。デカルトの「賞賛すべき学問」は、この神秘主義的数学者の成果と関係があったのだろうか？

第5章　古代からの難題に悩むアテネ人

三つの夢とその自分なりの解釈に駆り立てられたデカルトは、古代ギリシャ幾何学を深く掘り下げはじめた。彼はほとんどの時間を「炉部屋」の中で独りで過ごし、問題を解いては考えを発展させていた。学問の中心をなすのが数学だとして、デカルトが数学の中で最も重要な分野だと考えていたギリシャ幾何学の神髄とは、いったい何だったのだろうか？　デカルトは、直定規とコンパスを使ってあらゆる問題を解くという古代ギリシャの原理について改めて考えた。そして、ラ・フレシュの数学教師から聞いた、直定規とコンパスを使った作図に関するギリシャ時代のじれったい話を思い出した。それは、当時未解決だった古代の謎に関する物語である。

デロス島は、エーゲ海に浮かぶキクラデス諸島の中心部に位置している。はるか昔から人が住んでいたこの島は、いつの時代も聖なる地と見なされてきた。デロス島に初めて人が定住したのは、紀元前二五〇〇年から二〇〇〇年頃のことだった。言い伝えによれば、この島はアポロンとアルテミスの生誕の地であり、ここは常にアポロン信仰の中心地とされ、紀元前七世紀には神の聖域となった。エーゲ海沿岸のギリシャ都市国家はそれぞれ、アポロンに捧げる大きく豪奢《ごうしゃ》な記念碑を競いあって建てた。紀元前七世紀にナクソスという都市が、デロス島の港の入口に、ライオンの石像をいくつもあし

デロス島の神殿

らった柱廊を建設した。その石像は現在でも見られるが、何千年ものあいだ海風に曝《さら》されたため浸食が進んでいる。この島には古代の神殿の遺跡が無数にある。エーゲ海沿いの都市国家がどこも、アポロンに捧げた独自の神殿をこの島に持っていたためだ。アテネは紀元前五四〇年にデロス島に影響力を及ぼしはじめ、紀元前四七九年にギリシャがペルシャに勝利した後は、ペルシャからの将来の侵略を防ぐという名目で、ギリシャ都市国家からなるデロス同盟を結成したが、実際にはそれはこの憧れの島を支配するためだった。

紀元前四二七年に疫病がアテネを襲い、偉大な指導者ペリクレスを含め人口の四分の一が死んだ。打つ手を失ったアテネの人々は、デロス島に使節を送り、アポロンの神官を通じて神に命を救ってくれるよう請うた。戻ってきた神官は、神からの要求を伝えた。アポロンはアテネ人に、島の神殿の大きさを二倍にするよう命じたのだ。アテネの人々はただちに作業にとりかかり、アポロンに捧げたアテネ人の神殿の、奥行き、幅、高さをそれぞれ二倍にした。彼らは神殿を豪華に飾り立てて大量の貢《みつ》ぎ物を捧げたため、デロス島にあるこのアテネの神殿は、この島で、そしておそらくは世界じゅうで、最も壮麗なものとなった。使節は、神が呪いを解いてくれるだろうという大いなる望みを持ってアテネに帰ってきた。しかし疫病はこの都市を荒らしつづけた。そこで、第二の使節がアテネからデロス島へと旅立った。使節と会った神官は、「おまえたちはアポロンの指示を守っていない」と言って彼らを驚かせた。神官は続けた。「要求通り、神殿の大きさを二倍にしていないではないか。街へ戻り、アポロンが命じたとおりのことをせよ」

アテネの人々は、再び作業に取り掛かった。彼らは自分たちの間違いを理解した。古い神殿の各辺、すなわち奥行き、幅、高さをそれぞれ二倍にしてしまっており、実際には神殿の体積が八倍（2×2×2＝8）になっていたことが計算からわかった。神は、各辺ではなく体積を二倍にさせたかったのだ。

古代ギリシャの製図法や幾何学は常に直定規とコンパスだけを用いて行なわれてきたため、アテネの建築技師たちもその二つの道具を駆使して最善を尽くした。しかし彼らは失敗した。どんなに挑戦しようとも、立方体型のアポロンの神殿の体積を、ましてやどんな立方体の体積も、直定規とコンパスを使って二倍にすることはできなかったのだ。

スミルナのテオン（紀元二世紀初め）によれば、アテネの建築技師たちはプラトンに助けを求めたという。その難問を解くためにプラトンは、アテネに創設したアカデメイアで学ぶ当時最高の数学者の中から、エラトステネスとエウドクソスという二人の大数学者に協力を求めた。エラトステネスは卓越した数学者であり、既知の距離だけ隔《へだ》たった二つの地点における太陽光線の角度を測定することで、地球の外周を優れた精度で求めていた[1]。一方エウドクソスは、二〇〇〇年以上ののちにライプニッツとニュートンが発見する微積分法を思わせる方法を使って、面積や体積を計算できる、大天才だった。しかしエラトステネスもエウドクソスも、直定規とコンパスを使って立方体の体積を二倍にするという難問を解くことはできなかった。自分は数学者でなかったものの、自らの学園で最高の数学者たちが学び研究していたために「数学者の生みの親」と呼ばれていたプラトンは、立方体をはじめ完璧な対称性を持つ三次元物体に大きな興味を抱き、やがてそれらの物体には彼の名が冠されることとなるが、そのプラトンが同郷の民《たみ》を疫病から救おうと必死になってどんなにしつこく迫っても、誰一人としてそれを解くことができなかったのだ[2]。

いったいなぜ、アポロンの神殿の大きさを二倍にするのは不可能だったのか？　もとの神殿の体積がたとえば一〇〇〇立方メートル[3]（奥行きと幅と高さがそれぞれ一〇メートル）だったとしたら、新しい神殿の体積は二×一〇〇〇＝二〇〇〇立方メートルでなければならない（アテネ人が最初にやったように奥行きと幅と高さを二〇メートルにすると、体積は八〇〇〇立方メートルになってしまう）。したがって、立方体の体積を二倍にする、この場合には体積一〇〇〇の神殿からスタートして体積二〇〇〇の建物を作るには、奥行きと幅と高さをそれぞれ二の立方根倍にしなければならないのだ。これはすなわち、二の立方根を三乗すると二になるからである。このように各辺の長さを、一〇メートルから、一〇×（二の立方根）、すなわち約一二・六メートルへと変更しなければならない。直定規とコンパスを有限回使うことで、ある長さをその二の立方根倍、あるいは立方数でないどんな数の立方根倍へと変換するのも、不可能であることがわかっている。アポロンの神官がアテネの人々に課した問題は、解くのが不可能なたぐいのものだったのだ。新しい神殿も立方体でなければならないという条件は重要である。もしそうでなければ、どれか一辺、たとえば奥行きを二倍にするだけで事はうまくいくからだ。

古代ギリシャ人は、のちに「デロスの問題」と呼ばれるようになるこの問題が自分たちの道具では数学的に解決不可能だということを知らなかった。この問題が理解されるには、何世紀ものあいだ待たなければならなかったのだ。その間《かん》に彼らは、やはり解くことのできない問題を他に二つ発見し、今日《こんにち》ではそれらの問題も直定規とコンパスで解くのは数学的に不可能であることがわかっている。その一つが、与えられた円と同面積の正方形を、直定規とコンパスを使って作れという、いわゆる円積問題だ。もう一

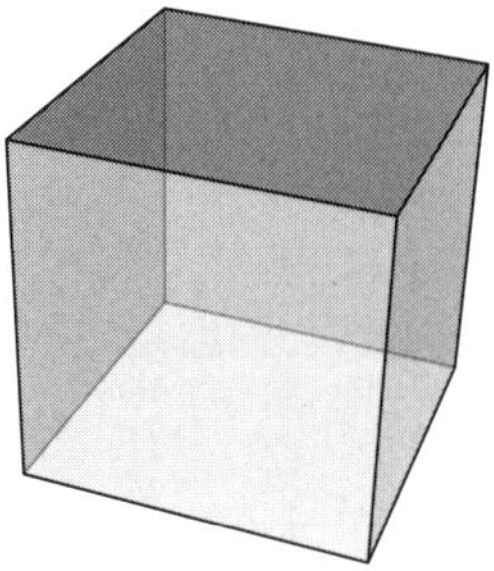

つは、ある角が与えられたとき、直定規とコンパスを使ってそれを三つの等しい角に分割せよという、角の三等分問題である。この問題は特別な場合には解けるが、任意の角に通用する一般的な方法は存在しない。

ピタゴラスやユークリッドなど古代ギリシャの大数学者たちは、優れた幾何学者だった。しかし彼らは、高度な代数学の理論を持ち合わせていなかった。そして、まとめて「三大古典問題」と呼ばれる、立方体の倍積問題、円積問題、角の三等分問題といった幾何学の複雑な問題を理解して正しく扱うには、とりもなおさず代数学が必要だったのだ。

アテネに疫病が蔓延《まんえん》した二〇〇〇年後、デカルトはデロスの問題について深く考えていた。彼は立方体をじっと見つめた。これにはどんな性質があるのか？　その秘密とは何か？　なぜ立方体は、直

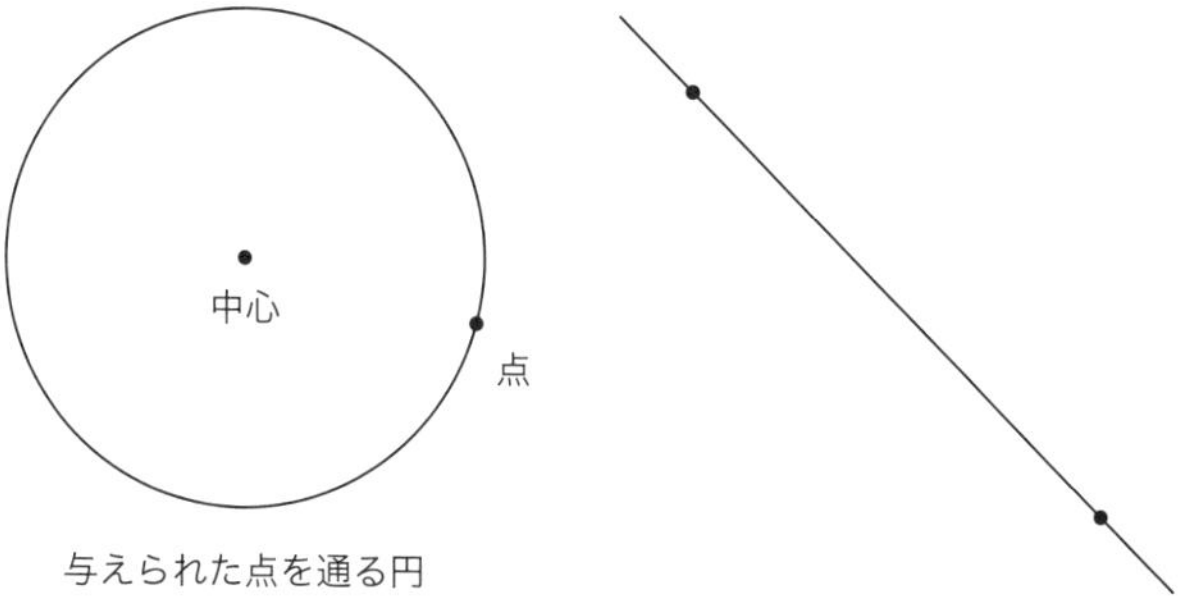

与えられた点を通る円

定規とコンパスを使って二倍にできないのか？

デカルトはギリシャ幾何学の中核をなすこの問題を自分に問いかけたが、それが最終的に、立方体の倍積問題というデロスの問題を彼に理解させ、数学における大きな突破口をもたらすことになる。「直定規とコンパスで作図するというのは、いったい何を意味するのか？」

デカルトは、二つの道具の役割を知っていた。直定規は、直線を描き完璧な直角を作るものだ。コンパスは、円を描き、一定の長さを測りとるものである。そして彼は自問した。作図するとはどういうことなのか？

デカルト（および古代ギリシャ人）は平面上に二つの点を与えられれば、その二つの点を通る直線を作図することができた。その際には直定規が用いられる。

これはとても簡単だ。またデカルトは、一方の点を中心としてもう一方の点を通る円を作図する方法も知っていた。そこではコンパスが用いられる。

これも極めて単純な操作だ。しかしもっと複雑なこともできる。デカルトは、これら古代の二つの道具を使って、与えられた直線に対して垂直で、かつ一つの固定点を通る直線を作図する方法を知っていた。その方法は次の通りだ。直定規を使って一本の線を

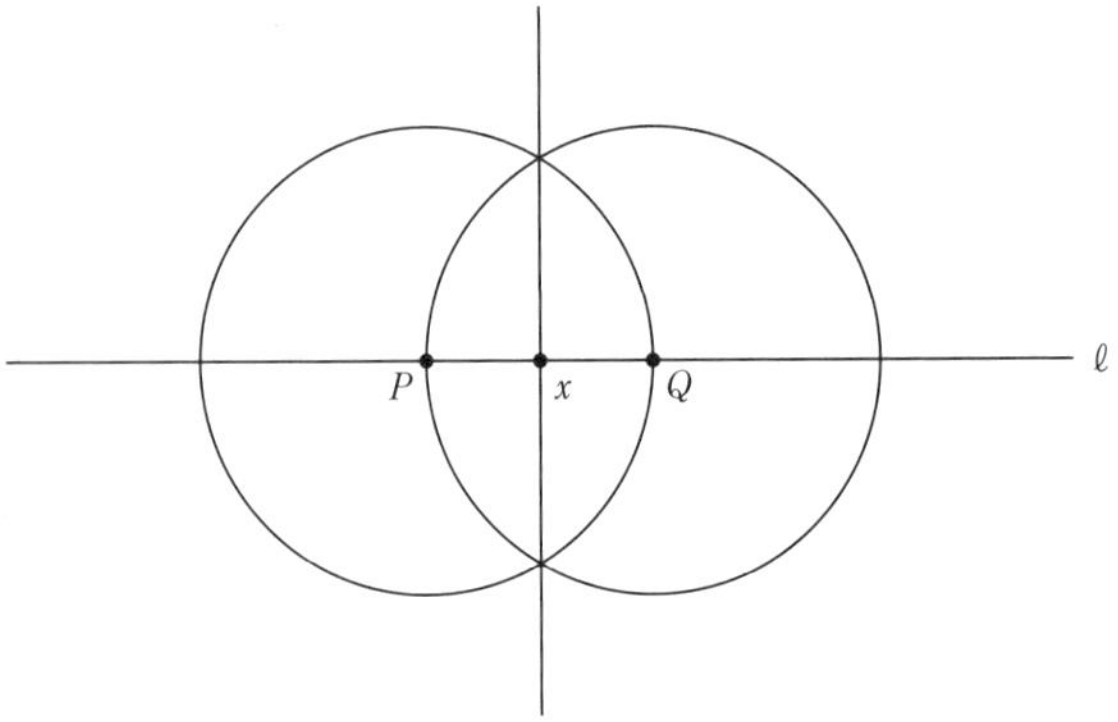

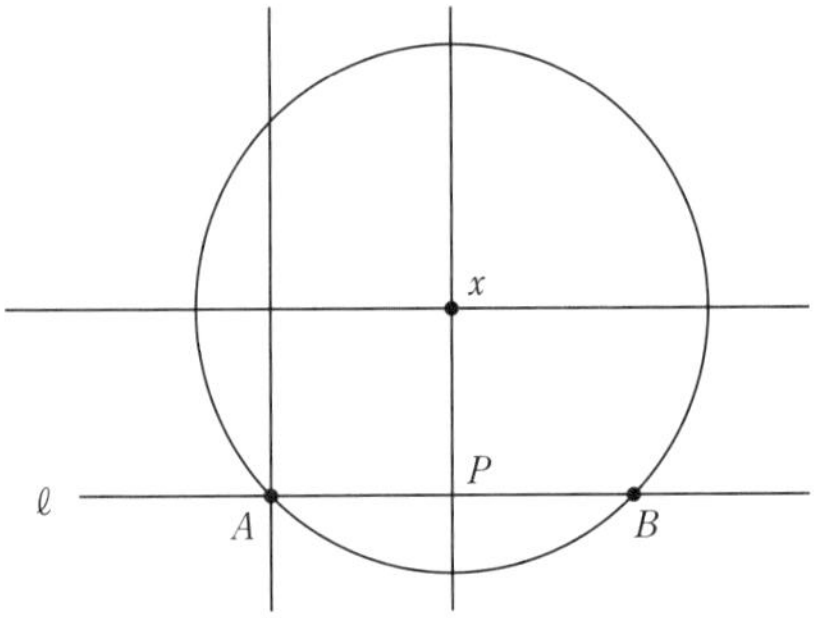

引き、コンパスを使って二つの円を描き、（再び直定規を使って）その交点を結ぶ。この作図法もまた、お遊びのようなものだ。

デカルトとそのはるか昔の古代ギリシャ人たちは、与えられた直線に平行で、かつ与えられた一つの点を通る直線の作図法も知っていた。

デカルトは、上の図を長時間見つめて考えた。そして、この作図で用いられる十文字の線が何かを語りかけてきた。その直線に長さを表す数のラベルを付けられれば、この体系を使って数を幾何学的作図と結びつけられるだろう。そうなれば、古代ギリシャ人よりずっと多くの図形を作図できるかもしれない。

数と図形をそのように利用すれば、数学の隠れた力を真に解き放てるかもしれない。どのようにすればよいか、彼は考えつづけた。

最終的にデカルトは幾何学と代数学を融合させ、それによって三大古典問題の本質を理解した。のちに彼は古代ギリシャの有名な数学問題をいくつも解き、さらに多くの問題の解き方をわれわれに教えてくれることになる。デカルトの業績は数学のあらゆる面に光を当て、古代ギリシャの英知を現代世界に伝え、そして二一世紀に向けた数学の発展の道筋を付けた。しかしその一方で、デカルトは数学の神秘的側面にも興味を持つようになり、その興味が彼自身に大きな影響を及ぼすこととなる。

第6章　ファウルハーバーとの出会いとプラハの戦い

デカルトは一六二〇年七月に、北東へと進軍していく軍隊を離れ、ドイツ南部を見聞しようとウルムを訪ねることにした。デカルトがウルムで出会った最初の人物が、かの神秘主義的数学者ヨハン・ファウルハーバーだった。[1] その日程を語り伝えるバイエの記述とは別に、デカルトの初期の伝記作家であるダニエル・リプシュトルプも、デカルトがこの数学者と出会った様子を描写している。[2]

近年研究されたドイツ語の文書から、ファウルハーバーは、デカルトとファウルハーバーが実際に出会っていたことの明白な証拠が得られている。ファウルハーバーは、一六二二年に『奇跡の数学』というタイトルの本を出版した。この本の中で彼は四次方程式の解法を説明しているが、その方法は、デカルトが一六三七年に出版した『幾何学』に記されているものとほぼ同じなのだ。[3] 一六二二年出版の著書の中でファウルハーバーは次のように述べている。

私が最も好意を持つ友人である、高貴で知識に溢れたこの方法の考案者カロルス・ゾリンディウス（ポリュビオス）は、ヴェニスかパリで間もなくこの表を出版すると教えてくれた……。

ファウルハーバーは、明らかにポリュビオスという名前の人物を知っていたことになる。そして、ライプニッツが写してバイエが研究した、デカルトの隠された文書『序言』には、デカルトが世界市民ポリュビオスという偽名を使って、ある数学的真理に関する本を書く予定だとはっきり記されている。つまりポリュビオスとデカルトは同一人物であり、ファウルハーバーの本にデカルトの偽名が登場することは、デカルトとファウルハーバーが知り合いだったという強力な証拠となる。

この問題を入念に研究したストラスブール大学の歴史学教授エドゥアール・メールによれば、デカルトは実際にポリュビオスというペンネームを使って、『数学の宝庫』というタイトルの本を出版したという。さらに、デカルトはパリを定期的に訪れており、ヴェニスには一六二四年に滞在しただけだったが、一六二〇年にはすでに訪問を決めていた。したがって、カロルス・ゾリンディウス（ポリュビオス）が数学の表を出版する予定だというファウルハーバーの言葉は、デカルトがその時期に居を移して旅行を計画していたという事実と辻褄《つじつま》が合う。実際にパリでデカルトの著作は出版され、一方ヴェニスは、印刷機の発明以降、出版産業の重要な中心地であり、しかもデカルトの滞在地でもあった。

メールは、ファウルハーバーとデカルトが親友だったと結論した。[4] メールの主張によれば、「ポリュビオス」がデカルトのペンネームであることを知っていたファウルハーバーは、彼のことをもう一つの秘密の名前、カロルス・ゾリンディウスで呼んでいたが、著書の中ではペンネームを括弧書きにして付け加えたのだという。さらに、ファウルハーバー研究の第一人者であるウルムのクルト・ハヴリチェク博士は、デカルトとファウルハーバーとの出会いに関する論文の中で、ギリシャ語の“poly”は「さらなる」を、“bios”は「命」を意味するので、“Polybius”は“René”（生まれ変わり）を意味するものと解釈できると述べている。デカルトは、こうした理由でこの偽名を選んだのかもしれない。[5]

24

ファウルハーバーの本が発見されたのちに、デカルトの秘密のノートが分析されると、そのノートにはファウルハーバーが残した疑問に対する答えが一部含まれていることが明らかとなった。

ヨハン・ファウルハーバー（一五八〇－一六三五）はウルムで生まれ、織物職人としての修業を受けたと考えられている。[6] 彼は数学を研究し、数学に関する仕事で大成功を収めた。ウルム市は、彼を市の数学者兼測量士に任命した。一六〇〇年、彼はウルムに私立学校を設立した。数学的技術に長《た》けていたファウルハーバーは引っ張りだこで、ウルムだけでなくバーゼルやフランクフルトなどで要塞工事のために雇われた。彼は水車を設計し、数学や測量のための道具、特に軍事的用途に使われるものを製作した。ファウルハーバーは、さまざまな種類のコンパスも駆使した。すでに述べたように、ファウルハーバーはヨハネス・ケプラーのことを知っていた。ファウルハーバーは、数々の数学研究をケプラーと共同して進めたのかもしれない。

ファウルハーバーは、卑金属《ひきんぞく》を金に変え、病気の万能薬を見つけ、不老長寿の術を発見することを大目的とする神秘的な疑似化学、すなわち錬金術を研究した。彼は代数学の研究の中で、錬金術や占星術の記号を利用した。代数学に関するファウルハーバーの成果は、極めて重要なものだった。彼は整数の累乗《るいじょう》の和を研究し、それ以降の数学者たちによって彼の残した成果が正しかったことが確かめられている。

デカルトとファウルハーバーが出会っていたことのさらなる証拠として、ファウルハーバーが使っていた、錬金術や占星術の文書でよく見られる記号と同じものを、デカルトも使うようになったという事実がある。ファウルハーバーが使っていた特別な記号の一つが、ライプニッツの手で写されたデカルトの秘密のノートに記されている。それは錬金術や占星術において木星を表す記号で、右のようなものだ。

デカルトの秘密のノートに記されたファウルハーバーの木星の記号が、このノートの内容を理解する上での障害の一つだった。ライプニッツによるノートの写しを研究した誰一人として、この記号の意味を理解できなかったのだ。しかしフランス人学者のピエール・コスターベルが、デカルトの謎を解くためにライプニッツが発見した手がかりを見つけ出した。ウルムでファウルハーバーの本が発見されたことで、デカルトの使っていた表記法の一部はファウルハーバーの記号を拝借したものであることが確証されたのだ。

さらに、ファウルハーバーの使っていた数学的手法のいくつかをのちにデカルトが利用していたことも判明し、それによって、二人の男が実際に出会って数学のアイデアを交換していたことがほぼ確実になった。二人とも代数学という同じ分野を研究し、前世紀の議論好きなイタリア人数学者たちが口火を切った、$ax^3+bx^2+cx+d=0$ という形のいわゆる三次方程式に関する研究を、さらに拡張することに興味を持っていた。

数学に対するファウルハーバーの興味は、神秘主義に対する情熱によって駆り立てられた。彼は、カバラというユダヤ人の神秘的慣習に触発を受けた。カバラ学者は、ヘブライ語のアルファベットの文字を見てそれぞれに数を当てはめる（アレフ＝1、ベート＝2などというように）。そして、一つの単語に含まれるすべての文字の数を足し合わせ、それと同じ値を持つ別の単語を探して、その隠れた意味を探るのだ。キリスト教のカバラではさらに、数とその象徴的意味を問題にする。その重要な一例が、黙示録に登場する獣《けもの》と結びつけられた、六六六という数の探索だ。『ヨハネの黙示録』第一三章第一八節には、「ここに知恵が必要だ。眼識のある者は獣の数字を計算せよ。それは人間を指す。その数字は六六六である」と記されている。ファウルハーバーは高度な数学の研究を通じて、聖書に登場する六六六のような重要な数を探した。彼は、方程式を解いて答えが六六六になるような計算を進めようとしたのだ。

バイエは、デカルトとファウルハーバーとの出会いについて、「デカルトがウルムで最初に出会った人物がヨハン・ファウルハーバーだった」と記している。[7] ファウルハーバーの家にやってきたデカルトは、こう問いかけられた。「解析学や幾何学について議論したことはあるか？」

「あります」とデカルトは答えた。

「よろしい。私の出す問題を解けるかね？」

ファウルハーバーは、デカルトに自分の著書を一冊渡した。デカルトはそれを受け取り、その本に書かれた幾何学の問題に目を通した。彼はいくつもの問題を解き、その答えを家主に手渡した。ファウルハーバーは面白がった。彼はその本の中でもっと難しい問題を指さしたが、デカルトはそれも解いてしまった。

「入りたまえ。私の書斎に来てくれ」とファウルハーバーは言った。[8]

家主とともに家へと足を踏み入れたデカルトは、扉の上にドイツ語で、「代数学に関するあらゆるたぐいの美しい実例が広がる立方体の愉快な庭園」と書かれているのを目にした。[9] デカルトがファウルハーバーの書斎に入ると、家主は扉を閉めた。デカルトは、本で溢れかえった書棚に取り囲まれていた。二人は夜遅くまで数学について語りあい、ファウルハーバーはデカルトに、自分がドイツ語で書いた代数学の本をもう一冊渡した。その本には、数々の抽象的な問題が解説抜きで並べられていた。

ファウルハーバーはデカルトに、友人になってくれと頼んだ。デカルトが同意すると、ファウルハーバーは、「私と一緒にある研究会に入ってほしい」と言った。デカルトは誘いを断れなくなっていた。「よろしい」とファウルハーバーはつぶやいた。そして、「私がもらった一冊の本をお見せしよう」と言って、ペーター・ロート（もしくはローテン）という名の、こちらもドイツ人の神秘主義的数学者が書いた本をデカルトに手渡した。デカルトはロートの本に書かれた問題を見て、それも解いてしまった[10]。その当時にはすでに、ロートが亡くなって数年が経っていた。そのときデカルトは知らなかったかもしれないが、ファウルハーバーとロートは、ある神秘主義の結社を思い起こさせる業績を残した、最も有能な数学者だった。その結社は秘密を固く守り、構成員は「見えざる人々」と呼ばれていた。

一六二〇年一一月初め、デカルトと従者はウルムを離れて北東へと向かい、プラハに集結していたマクシミリアン公爵の軍隊に合流した。古代ギリシャ幾何学の考え方をさらに研究し、デロンの難問を解き、そしてファウルハーバーに出された刺激的な問題を調べあげるチャンスを得る前に、デカルトはついに初めての戦闘へと駆り出された。彼は是非《ぜひ》でも戦闘を目《ま》の当たりにしたいと思っていたが、その熱意は、科学や数学を通じて真理を発見したいという気持ちとさほど変わらなかったのだろう。

この紛争でドイツのカトリック教徒を率いていたバイエルンのマクシミリアンの軍隊は、プラハを包囲する他の軍隊と合流し、この都市を守るボヘミア国王フリードリッヒ五世の軍隊との戦闘に備えた。デカルトと仲間の兵士たちは直ちに結集し、都市の攻撃準備を整えた。一一月七日、防衛軍の一部が包囲をくぐり抜け、郊外に聳《そび》えるビーラー・ホラ（白山《はくさん》）に集結した。プラハ防衛軍は、火器を備えた一万五〇〇〇人の兵士を擁していた。マクシミリアンのカトリック同盟や帝国軍を含む攻撃軍は、総勢二万七〇〇〇人だった。こうしてプラハの戦いが始まった。

大砲に援護された騎兵隊が侵入軍を撃破して、防衛軍はあっさりと最初の勝利を収めた。しかし、敵がさらに勢力を結集して相手を圧倒すると、すぐに形勢は逆転した。一一月八日の夜までにボヘミア軍は二〇〇〇人の兵士を失ったが、カトリック攻撃軍の死者はわずか四〇〇人だった。すぐにプラハが陥落するのは目に見えていた。ボヘミアのフリードリッヒ五世は、妻エリザベスと家族とともにプラハの旧市街に身を潜め、ボヘミアを脱出してシュレージエンに亡命する計画を大慌てで立てた。

攻撃軍は、プラハの城壁の外側にある村々をバイエルンと帝国軍に投降させたのち、夜になって大砲と歩兵隊を城壁へと向かわせた。一一月九日、デカルトと勝利軍はプラハ市内に入城した。若きデカルトにとっては初めての試練だったが、バイエ曰《いわ》く、デカルトは志願兵だったため、実際の戦闘には加わっていなかったという。[11] デカルトたち兵士が都市に入ると、一台の馬車が彼らのそばを通過して、大急ぎでプラハを去った。乗っていたのは、一シーズンしか在位していなかったため「冬の王」と揶揄《やゆ》されることになる、フリードリッヒ五世とその家族だった。何一つ所持品を持っていけなかったボヘミア国王夫妻にとって、あまりに屈辱的な脱出であった。彼らは残りの人生を困窮《こんきゅう》のうちに過ごし、敵にも、そして彼らの統治に大きな期待をかけていたかつての支持者たちにも、軽蔑の目で見られることになる。その後、ボヘミアの王位はハプスブルク家だけが継いでいくことになった。脱出した王族の中に、母親と同じくエリーザベトと名付けられた二歳の女の子がいた。その夜、知らぬ間にすれ違っていたデカルトとエリーザベト王女は、二二年後に再会し、彼女はデカルトの人生でも最も重要な人物の一人となる。

次の日、一一月一〇日は、一年前にデカルトが炉部屋で夢を見た日であり、二年前にベークマンと出会った日であり、そして四年前に法律学の論文を提出した日でもあったが、この年には彼は、喜びに沸き返る軍隊とともにプラハにいた。彼の人生における三つの転機が訪れた記念日に、運命に導かれたかのように、デカルトにとって極めて重要な四つめの出来事がおそらくはプラハ市内で起こった。古い塔、ヴルタヴァ川にかかる壮麗な橋、そして荘厳な教会を戴く中世の城壁都市を歩いていたデカルトは、ある啓示を受けたのだ。次の日にデカルトは、失われた『オリンピカ』の中で、「一六二〇年一一月一一日、私はある賞賛すべき発見の基礎を見いだした」と記している。

その発見とは何だったのか？　そしてそれは、一年前の一六一九年に彼が見いだした発見とどのような関係にあったのか？　ジュヌヴィエーヴ・ロディス＝レヴィスは権威ある伝記『デカルト伝』の中で、デカルトが沈黙を守った業績とはどんなものだったのかを特定しようとしている。彼女が考えるところでは、デカルトの発見は一六一九年に始まったが、完成したのは一六二〇年であったという。そして彼がここで触れているのは、のちに『方法序説』（一六三七年）やその補遺として書かれた内容ではなさそうだ。というのも、それらは孤立した一つの発見として記せないほど入り組んだものだからだ、とロディス＝レヴィスは言っている。たしかに、代数学と幾何学の統合という彼の業績をたった一回の啓示の瞬間に帰することには無理がある。戦闘の熱気やプラハでの勝利がもたらした陶酔感の中でデカルトが狂喜して見つけたものこそが、秘められた発見、つまり私的なノートにラテン語で記された発見だったのだ。特に錬金術や占星術の記号に反映されている、この秘密のノートが持つ神秘的性質は、ヨハン・ファウルハーバーの影響によるものだったに違いない。

デカルトはその年の一二月までプラハに滞在した。ティリー伯は六〇〇〇人の駐屯軍とともにプラハに残ったが、マクシミリアン率いるバイエルン軍は街を去った。デカルトはマクシミリアン軍とともに、ボヘミア最南端にある新たな冬営地へと移動した。兵士たちが略奪を働く中、デカルトは街の物知りや学者たちと興味深い会話や議論を交わした。彼にとってプラハ滞在中の最大の喜びは、地元の学者から、この都市で研究していた天文学者ティコ・ブラーエとその偉大な元助手ヨハネス・ケプラーの業績について学ぶことだったのである。

街を離れて冬営地に入ったデカルトは、再び部屋の中で独りきりになり、熟考や研究にすべての時間を費やした。彼は幾何学の研究を再開したが、同時に自らの運命やたどるべき人生の道筋についてもじっくり考えていた。そして、もっと戦闘を目にして、もっと世間を知りたいと考えた。ボヘミアを守る駐留軍に留まるのが性《しょう》に合わなかった彼は、一六二〇年三月末にバイエルンのマクシミリアン軍を辞した。デカルトにはフランスに戻るつもりはなかった。ペストがパリで荒れ狂っていることを知っており、それが終わったのは一六二三年のことだったからだ。そこで彼は、時間をかけて北へと向かい、まだ見ぬ北ヨーロッパを探索した。

デカルトはオランダへと戻り、友人ベークマンの元を訪ねた。それまでにイサーク・ベークマンは、人生を変えるような経験をいくつもしていた。一六一九年一一月末には、ついにユトレヒトのラテン語学校で教頭の地位に就《つ》き、仕事と収入の安定を得た、その五カ月後の一六二〇年四月二〇日には、ミデルブルフの女性と結婚した。おそらくブレダでは、二年前に望んでいたようなふさわしい人物と出会えなかったのだろう。(12)

デカルトは友人との再会を喜び、彼の結婚を祝った。二人は、数学や音楽や力学に関する共同研究を再開した。しかしルネはイサークに、数学に関する自らの成果の一部は絶対に秘密にすることに決めたと打ち明けた。彼にはそうすべき理由があったのだ。

第7章　薔薇十字友愛団

デカルトがドイツやボヘミアにいた頃、ヨーロッパの教養人たちはもっぱら、薔薇十字団と呼ばれる秘密の学者集団がドイツで現れたことについて語りあっていた。この結社の一員が書いたとされる本が、つい数年前から世に出回るようになったのだ。

デカルトの友人たちは、彼が科学に没頭して真理の探究に身を捧げていることを知っていたため、当然ながら彼もこの新たな学者集団の一員だろうと考えていた。バイエによれば、確かにデカルトは、知識に身を捧げるこの謎めいた結社の構成員と知り合いになり、その仲間入りをしたいと思っていたという。

「その冬［一六二〇年］の彼の雲隠れは常に徹底していた。特に、彼の思想の発展を手助けできない人々にとっては」とバイエは語っている[1]。しかし、彼と科学について議論をしたり、文学に関する出来事を彼に伝えたりする人にとっては、デカルトの部屋は禁断の地ではなかったという。「そうした人たちから彼は、少し前にドイツで結成された薔薇十字団という学者団体のことを知った。新たな友人たちは、落ち着いた口調ではあるものの賞賛の念を込めて、この秘密結社について語った。そしてデカルトに、この団体の同胞たちは何でも知っていると告げた。彼らはあらゆる科学に精通しており、世間一般に公表されていない知識さえもすべて知っている、と友人たちは語った」

デカルトはこの「炉部屋」での会話から、科学を統合して知識と真理を見いだす運命を究《きわ》めるために、神が自らを導いているのだと感じ取った。彼はどうしても、この見知らぬ学者たちと会い、その謎めいた組織に加わりたかった。バイエが語っているところによれば、デカルトはある友人に、薔薇十字団の者たちはペテン師ではありえない、と自分の考えを打ち明けたという。というのも、「誠実さを犠牲にしながら、真理を知る者という名声を勝ち得ているはずなどないからだ」というのだ。デカルトは、なんとかして彼らを見つけ出す決心をした。しかしここでデカルトは、どうしようもない困難に突き当たった。薔薇十字団の団員は、まさに秘密結社であるがゆえに身元不詳なのだ。世間は彼らを「見えざる人々」と呼んだ。彼らの外見、習慣、風習、そして日常の行動は、普通の人と何ら違わなかった。そして彼らの会合は秘密で開かれ、外部の者には閉ざされていた。

デカルトはあらゆる努力を払って知人全員に尋ねてみたが、薔薇十字団の同志だと打ち明ける人も、その一員だと疑われる人も、一人として見つけられなかった。どうやら彼は、薔薇十字団の仲間である最も傑出した数学者、ヨハン・ファウルハーバーと出会って友情関係を結んでいたことには、まったく気づいていなかったようだ。[2]

薔薇十字団は、一七世紀初頭にドイツで結成された、学者や改革者からなる秘密結社である。そのシンボルは、中央に一輪の薔薇を戴いた十字である。

薔薇十字団設立の物語は、まさに奇想天外だ。それは一六一四年に出版された薔薇十字団による初めての本『薔薇十字団の宣言』に記されており、バイエ（一六九一年）の他にもハインデルら（一九八八年）などいくつかの資料に、ほぼ原文どおり再録されている。この結社の元々の創始者は、高貴

な血統だが貧しい家庭で一三七八年に生まれたあるドイツ人だった。彼の名はクリスティアン・ローゼンクロイツ（姓はドイツ語で「薔薇十字」を意味する）であり、それがこの結社の呼び名となった。

クリスティアン・ローゼンクロイツが五歳の時、両親は彼を修道院に預けた。そこで彼はギリシャ語とラテン語を学んだ。一六歳の時に彼は、修道院を離れて奇術師の一団に加わり、そこで技術を学びつつ、五年のあいだ彼らと旅をした。その後ローゼンクロイツは奇術師の元を去り、一人で旅を続けた。彼はトルコに行き、そこからダマスカスやはるかアラビアまで足を伸ばした。そこで彼は、哲学者しか知らない秘密の都市が砂漠の中にあると聞かされた。そこの住民は、自然に関する並々ならぬ知識を持っているという。その都市の名は、ダムカールといった。

ローゼンクロイツはダムカールにたどり着き、住民から大いなる歓待を受けた。彼らはみな、ローゼンクロイツの到着を予期していたように思えた。彼は住民たちに、修道院での経験や奇術師の一団との旅のことを語り、住民は彼に、自分たちが持っているあらゆる知識を教えた。住民たちはローゼンクロイツと、物理学や数学を含め、自分たちが持つ科学や自然の法則の知識を共有した。

ダムカールの人々と三年間過ごし、宇宙に関する秘密の知識を吸収したクリスティアン・ローゼンクロイツは、この街を去ってバーバリー海岸へと旅立った。彼はフェズの街に行き、そこで二年間過ごして学者やカバラ研究者たちと出会い、彼らの技術を学んだ。次第に彼は、科学全体を作り直して社会を改革しようという考えを抱くようになった。そしてスペインに行き、自分の新たな知識と考えをヨーロッパに広めようとした。しかし出会った人々は、彼の知識や理論を受け入れず、彼を侮辱した。彼はヨーロッパじゅうを渡り歩いたが、自分の考えや科学に興味を持つ人は見あたらず、失望、抵抗、嘲笑を浴びるだけだった。ついにローゼンクロイツはドイツに戻り、大きな家を建てて、たった一人で知識を追い求めはじめた。彼は、社会に認められたいなどと思うことなく、自らが見いだした素晴らしい科学をすべて秘密にした。自ら科学機器を組み立て、自宅で実験を行なった。そして科学を使って世界を改革したいと考え、自分の死後には選び抜かれた学者のグループがその考えを推《お》し進めることを夢見た。一四八四年、ローゼンクロイツは老衰のために一〇六歳で死んだ。

クリスティアン・ローゼンクロイツは、自らの手で数々の金の容器を備え付け、魔術との関わりを強く思わせるように設《しつら》えた地下室に埋葬された。彼が死んでからちょうど一二〇年後の一六〇四年、四人の学者が彼の墓を偶然発見した。日の光が入るはずもないのに、墓所の中には自然の光が輝いていた。そこには輝く銅製のプレートが一枚あり、謎めいた文字とともに彼のイニシャルR・Cが刻まれていた。また、文字が彫られた小さな立像が四体と、鏡、ベル、本、開いた辞書など死者の遺品もあった。墓所の中にあるものは、どれも明るく輝いていた。しかし中でも最も驚かされたのが、次のようなラテン語の銘だった。

一二〇年後に我は発見されるであろう。(3)

四人はこの銘を奇跡と考えた。彼らは、ローゼンクロイツが遺した所持品や文書から彼の持っていた秘密を学び、薔薇十字友愛団という秘密結社を設立しようと決心した。この結社の目的は、科学によって世界全体を改革することだった。彼らは数学や物理学の研究を重視したが、あわせて医学や科学にも興味を持った。

まもなく四人は友人を一人ずつ引き込み、成員は八人になった。八人の同志たちは以下の六つの規則を作った。(4)

1　わが同志は、必要とするすべての人を治療し、彼らに無料で医薬品を与えなければならない。
2　わが同志は、住んでいる国の習慣に合った服装をしなければならない。
3　わが同志は、年一回顔を合わせなければならない。
4　わが同志はそれぞれ後継者を選び、死んだときに必ず跡取りがいるようにしなければならない。
5　わが同志はみな、R・Cという文字が彫られた秘密の印章を備えていなければならない。
6　わが同志は、少なくとも一〇〇年間は当結社の存在を秘密にしなければならない。

同志たちは、科学を伝える秘密の暗号に用いるために、魔術的言語を開発しようとまでした。彼らは世界じゅうに散らばり、その土地の法律や習慣に従って服装を選んだり行動したりした。彼らの使命は、自分たちの知識を広め、科学や社会の誤りをすべて正すことだった。

結成から一〇年後の一六一四年に薔薇十字団は、『薔薇十字団の宣言』という本格的な書物を出版した。それに続いて一六一五年には『薔薇十字団の告白』、その一年後には『クリスティアン・ローゼンクロイツの化学の結婚』が出版された。「化学の結婚」という言葉は、元素を融合させて金を作る錬金術に由来する。最初の二篇の本が誰によって書かれたかはわかっていないが、『化学の結婚』の著者はルター派の神学者ヨハン・ヴァレンティン・アンドレーエ（一五八六－一六五四）であることが、学者たちの手で明らかとなっている。三篇の書物はとてつもない注目を浴び、ヨーロッパじゅうのさまざまな人々を大きな興奮に陥《おとしい》れた。最初の本が出版された数年後、デカルトがドイツにいた頃には、この結社はヨーロッパじゅうの噂となっていた。バイエによれば、薔薇十字団という新たな結社が作られたという知らせは、「キリスト再臨のニュースのように」世界じゅうを駆けめぐったという(5)。

一七世紀に匿名で書かれた『ペリカンの賢者の勲章あるいは薔薇十字』という書物には、薔薇十字団の最初の集会所で開かれた儀式について記されている。同志たちは黒い飾り帯と前垂《まえだ》れを身につけていた。正三角形の金属板、コンパス、聖書という三つの品が置かれたテーブルの前に、主宰が立っていた。主宰は、先端が七つある星形を手に取り、その先端に火を付けた。燃え上がる星は人々のあいだを順々に回された(6)。この儀式は、幾何学と物理世界と宗教に対するこの結社の興味を象徴している。

薔薇十字団は実在せず、彼らに関する話や文献はすべて神話であると主張する者は今でもいる。バイエによれば、薔薇十字団を嫌う人々は、プロテスタントが革命を先導するために架空の結社を作り出したのだと考え、彼らをルター派信者と決めつけたという。しかし、薔薇十字団のものとされる書物は現在まで生き長らえ、その本には数学、科学、神秘主義に関する事柄が書かれている。これらの書物にはまた、当時は目新しく革新的だった人生哲学や政治への取り組み方も示されている。一七世紀初頭に、その大半がドイツに住む、互いをよく知り自分たちを薔薇十字団員と呼ぶ個人の集団が存在したのは、間違いないことなのだ。彼らが自分たちをそのように呼び、書物が彼らの存在や結びつきを実証しているとしたら、そんな秘密結社は存在しなかったなどと誰が言えるだろうか？　薔薇十字団の存在を疑うのは、ピタゴラスの定理や無理数の考えをもたらした紀元前五世紀ギリシャのピタゴラス学派のような、他の秘密結社の存在を疑うのと、ほとんど違いはない(7)。

薔薇十字団の同志たちは、神秘主義、錬金術、占星術を深く掘り下げた。また彼らは、数学や初期の物理学の概念、そして生物学や医学を研究した。彼らは、どんな知識にも価値があり、それらは統合させて一つの統一体として追求すべきだと考えていた。数学はあらゆる科学において重要な役割を担《にな》い、自然の力を説明するために利用された。そのため彼らの科学哲学は、人間の持つ知識の中で幾何学が最高位にあると考えていた、ピタゴラス学派の考え方と若干《じゃっかん》似ている。それはまた、デカルトがのちに文書の中で述べる考え方とも極めて近かった。

薔薇十字団は教会権力と対立し、大陸での宗教体制を改革するよう主張した。薔薇十字団の同志たちは、カトリック教会が科学的な考えを妨げることを恐れ、変化を望んだ。薔薇十字団が秘密結社だったのは、このことが大きな理由だったのかもしれない。もし秘密を守らなければ、異端審問に掛けられて厳しく罰せられたかもしれないからだ。薔薇十字団の書物からはこの団体が国家の忠誠に反対していたことが読み取れ、構成員は自分たちのことを、どこかの国ではなく世界の市民だと見なしていた。薔薇十字団は、あらゆる知識の統合に加えて、国家や宗教の垣根を越えた人類の統合をも主張していたのだ。

当時、学問は伝統的に大学で究められており、一七世紀初頭のヨーロッパでは、大学はスコラ哲学やアリストテレスの教えに支配されていた。イエズス会は、地球が万物の中心にあるとする、聖書に合致《がっち》したアリストテレスの宇宙観を信奉していた。したがって大学における教育や研究は、コペルニクスやケプラーなど、科学を推進した人物の新たな考え方とは相容《あいい》れなかった。この時代のヨーロッパにおける思考は権威によって規定されており、新たな考えや解釈がもぐり込む余地はなかったのだ。薔薇十字団は、こうした風潮と当時の権威である教会や大学に反対し、知識はこうした組織の外で追求すべきだと主張した。

薔薇十字団が果たした政治的役割を考えると、彼らの存在を疑いつづけるのは難しくなる。政治、科学、宗教に関して権威と対立する考え方を表明すれば決まって危険に陥るような社会では、秘密の結社や組織が生まれるものだ。イエズス会は、『薔薇十字団の宣言』の記述を発展させた論文を一六一四年に出版したかどで、アダム・ハーゼルマイヤーという人物を拘束したことがわかっている。彼はその論文が出版された直後にイエズス会に逮捕された。(8) ハーゼルマイヤーは、イエズス会が「イエスの会」という称号をその正当たる持ち主である薔薇十字団から不当に奪っていると、公に断言したのだ。ハーゼルマイヤーは、薔薇十字団の中心的執筆者だったと広く信じられているヨハン・ヴァレンティン・アンドレーエの親密な協力者だったが、ハーゼルマイヤー曰《いわ》く、薔薇十字団の主目的はキリスト教社会という天蓋のもとで科学を統合することだという。それゆえに彼らは、歴史学者、言語学者、化学者、物理学者、そして数学者たちを引き寄せていったのである。デカルトの秘密主義と限りない科学の探求心は、薔薇十字団の唱える信念とぴったり合致していた。「生涯にわたって仮面をかぶる」と書き残した男は、はたして薔薇十字団の一員だったのだろうか？

薔薇十字団誕生をめぐる伝説は、この結社が発行したあらゆる文書の中でほぼ一言一句違いなく繰り返されており、信頼できる事実に基づいたものとみなされてもおかしくないほどだ。こうした伝説が生まれたのは、中世に東洋から西洋へと知識が伝播したことを反映している。知られているように、五世紀にローマが滅亡すると西洋社会が衰退し、学問や芸術の中心がアラビアに移っていった。古代ギリシャの書物や思想は、その地で維持され発展した。九世紀、バグダッドに知恵の家が設立され、代数学をもたらして「アルゴリズム」という単語に名を残すアル＝フワーリズミーをはじめとした数学者が、天文学者や他の分野の科学者と協同して新たな科学の基礎を構築した。その後の何世紀かで、この知識は西洋へと移っていった。アラビアからヨーロッパに知識をもたらしたというクリスティアン・ローゼンクロイツの伝説は、この歴史的事実を物語っているものなのだろう。

薔薇十字団の同志たちは、自分たちの団体は古くから存在してきたと主張している。著作の中では、古代文明人が絶えても結社は生きつづけているという意味で、自分たちは「古代文明人よりも歳を重ねている」と言っている。彼らは、古代の創始者の伝説を通じてこの主張を広めることによって、自分たちの方法論を正当化しているのだ。薔薇十字団の主張によれば、占星術は未来の予言者であり、何百年もの経験をもとに人間社会の出来事に対する天空の前兆を解釈することで、天のお告げを統計的に正しく解釈できるという。彼らは錬金術に関しても同様の主張をしている。すなわち薔薇十字団は、経験によって天空と化学反応を解釈することで、経験に基づく科学的推論を正しく進められるようになるという信念を奉じていたのだ。同様の信念から薔薇十字団は、病気を治すための知識が存在するとも主張していた。彼らは、何千年にも及ぶ薬草などの経験から、どの膏薬《こうやく》や液体が魔法の治癒能力を持っているかを知ることができると説いた。

薔薇十字団は、自分たちの考えとグノーシスやヘルメスの考えに関連性があることを根拠に、われわれは古代に起源を持つと主張している。薔薇十字団が刊行した書物に表れている神秘主義的な考え方は、三世紀のエジプトで書かれた錬金術や魔術や神秘主義に関する文書に由来しており、さらにその起源は、モーゼと同時代の人物と考えられているヘルメス・トリスメギスの文書だとされている。現代の学者の考えによれば、ヘルメス・トリスメギスにちなんで名付けられた「ヘルメス文書」はもっと時代が下った紀元前二世紀に書かれたもので、これは魔術に関するエジプトの文書やユダヤ神秘主義、そしてプラトン哲学に基づいているという。こうした要素が、一七世紀のヨーロッパで薔薇十字団の書物の中に姿を現したのである。

第８章　海上での剣術とマレーでの会合

真理に対するデカルトの欲求は、旅への欲望を刺激した。というのもデカルトは、新たな地を訪ねてさまざまな場所に住む人々の暮らしを見ることで、自分の周りにはびこる「偽りの信念」から自由になれると考えていたからだ。デカルトが新たに作りあげた哲学は、立証されていない主張を疑い、直接的な観察によって真理を見いだすことを説くものだった。デカルトにとってそうした観察は、遠くの地へと旅をして、そこの人々や習慣や生活様式を直接知ることで成し遂げるものだったのだ。

一六二一年七月にデカルトは、ドイツと、そこで活躍するという「見えざる人々」から成る薔薇十字団に別れをつげ、ハンガリーへと旅立った。そしてその月の末には、さらにモラヴィアとシュレージエンへと進んだ。この旅に関しては、彼がブレスラウの街に入ったということしかわかっていない。この地域はイェーゲンドルフ侯爵の軍隊によって破壊されており、デカルトは、戦闘がこの地域の住民に及ぼした影響に興味を持っていた。[1] デカルトは、ドイツをさらに北へと進み、海岸線まで到達したいと思った。一六二一年の初秋、彼はポーランドとの国境の町ポンメルン（ポーランド名ポモージェ）にたどり着いた。この地域は極めて平穏で、経済的に世界と強い結びつきを持つ大港湾都市シュテティーン以外には外界とほとんど接触がないことを、彼は知った。デカルトはバルト海沿岸を訪れ、そしてブランデンブルクへと向かった。その直前に選帝侯ゲオルク・ヴィルヘルムが、ポーランド国王の称号を得てプロイセンの貴族と新たな臣民《しんみん》に忠誠を誓い、ワルシャワからブランデンブルクへと帰国していた。デカルトはメクレンブルク公国へと進み、さらにホルシュタインへと向かった。

　デカルトは、一六二一年一一月にオランダへと戻る前に、もう一度寄り道をして、フリースランドの海岸とフリジア諸島をよく観察したいと思った。気軽に旅をしたかった彼は、馬と付き添いを帰し、信頼のおける従者だけを同行させた。彼は、エルベ川から船に乗って東フリジア諸島へと舳先を向け、そこから西フリジア諸島へと進む予定だった。フリジア諸島は、ドイツとオランダ沖合の北海に浮かぶ標高の低い島々だ。東フリジア諸島はドイツ領で、西フリジア諸島はオランダ領だった。ローマ時代以来この島々の集落は、ひっきりなしに起こる嵐や洪水のために破壊されつづけてきた。デカルトは、この諸島にある半ば水に沈んだ廃村を観察して、干拓地《かんたくち》の浸水を防ぐ方法を研究したいと思っていたのだ。

　デカルトは、東フリジア諸島で一隻の小さな船を雇って西フリジア諸島へと渡り、他の手段ではたどり着けない数々の場所を訪ねようとした。バイエによれば、この移動が「彼にとって命取りになりかねなかった」という[2]。まさに危機一髪だったのだ。

　その船の乗組員は、「船乗りの中でも一番粗暴で野蛮な連中」だった。船が港を出るとすぐに、デカルトは過ちに気づいた。乗組員たちは非情な犯罪人だったのである。しかし、彼にとってなす術《すべ》はほとんどなかった。デカルトは金持ちそうに見えた。きれいに着飾って剣を携《たずさ》えたこのフランス人紳士は、いかにも大金が入っていそうな鞄を持ち、裕福の証《あかし》である従者を従えていたのだ。デカルトは、この船と乗組員を雇ったのは生涯最大の失敗だったと悟り、冷静を保とうとした。

　とあるドイツ語方言を話す乗組員たちは、フランス語で従者と静かに話すこの乗客は裕福な外国商人であり、きっと自分たちの言葉を理解していないだろうと考えた。彼らはデカルトのいる前で、彼と従者を海に突き落として金を奪う計画を相談しはじめた。デカルトは、まさに目の前で話しあわれている残忍な計画を理解しているそぶりなど、何一つ見せなかった。バイエ曰《いわ》く、単なる追いはぎとこの犯罪者たちとでは、一つ大きな違いがあった。身元を隠す街の強盗は、後で見つかることがないので相手を殺す必要などなく、金を奪っても相手には手をかけないものだ。しかしこの野蛮な連中は、デカルトに姿を見られている。彼らにはデカルトを殺す必要があった。

彼らは話していた。「このよそ者にはこの島に知り合いなどいない。この旅人と従者を乗せないで船を帰らせても、誰も気づかないだろう」だから、金を奪っても捕まる恐れはなかった。

乗組員たちは、デカルトの上品で穏やかな物腰から、彼は襲われても大して戦えない弱い男だと決めつけていた。彼らは、デカルトと従者を襲って捕らえ、金の入った鞄を奪って、二人を凍《い》てつく北海に突き落とす方法を詳しく詰めた。デカルトは、この身の毛もよだつ計画を目の当《ま》たりにしてもなお、沈着冷静を保った。

数年前にフラマン語を独学で学んでいたデカルトは、連中の会話を一言一句理解していた。そして彼らの計画を事細かに知ったデカルトは、即座に剣を抜き、満身の力を込めて彼らめがけて突きをくり出した。不意をつかれた船員たちは後ずさりしたが、デカルトは彼らを甲板まで追いかけ、彼らの言葉で罵《ののし》った。剣の腕を見せつけて相手の言葉を発するデカルトは、彼らめがけて目にも留まらぬ速さで剣を振り、八つ裂きにしてやると言い放った。バイエは言っている。「彼の勇気は、卑劣な連中の心に驚くべき影響をもたらした。連中の恐怖は精神の混乱へと変わり、彼らは数において優勢にあることも忘れ、できるだけおとなしくして彼を目的地まで連れて行った(3)」

デカルトは、傷も負わず金も取られずに、冒険から戻ってきた。彼はドイツの海岸を離れ、オランダへと歩を進めた。彼はその冬をこの国で過ごし、友人のベークマンをたびたび訪れたり、五カ月の休戦後にスペインとオランダの都市が展開させた包囲作戦の推移を、興味本位に観察したりした。そしてデカルトと従者は、低地帯のカトリック地域を巡り、さらにフランスへと脚を向けた。一六二二年初頭、デカルトと従者はパリを通過し、さらに南に進んでトゥレーヌとポワトゥー地方へと向かった。三月、デカルトはレンヌにある父親の家へとたどり着いた。

デカルトは何カ月か父親とともに暮らした。そして、乗馬をしたり人付き合いをしたり、幾何学の問題に取り組んだり、芽生えてきた自らの哲学を発展させたり、あるいは秘密のノートにこっそり書き込みをしたりして時を過ごした。ルネはすでに二六歳になっていたので、父親は、ルネの母の死後に兄と姉とで分配した遺産の大半を彼に引き渡すことにした。その資産の大部分は土地だったため、ルネはその土地が広がるポワトゥー地方へと出かけてその地を詳しく調べ、それをどう扱おうか決めようと考えた。

デカルトはその年の五月にポワトゥーへと行き、不規則に広がったその広大な土地を見てまわるとすぐに、買い手を探すことに決めた。彼は夏の終わりまでそこに留まり、このような大きな売り物を片付けるには長い時間がかかりそうだと悟った。地主になって、農地を耕したり農民や下宿人から地代を集めたりすることに頭を悩ませたくなかったが、他にどのように人生を過ごしていくか、彼はまだはっきりとは決めていなかった。彼はそれまで、世界じゅうを旅して周《まわ》り、戦争に加わったり観察をしたりしてきた。また彼は、数学や哲学を大きく発展させてはいたものの、その後どうしていくかいまだにわかっていなかった。彼が父親の家へと戻ったのはちょうど秋が始まった頃だったが、家族の誰一人として、次に何をすべきか彼に良いアドバイスはできなかった。しかし、一つはっきりしていることがあった。ポワトゥー訪問でわかったように、ルネ・デカルトは、受け継いだ資産のおかげで金の心配をする必要がなくなった。彼は、残りの人生を何でもやりたいことに捧げられるようになったのだ。

秋と冬をレンヌで暮らし、兄や姉と過ごしたり義理の兄と親しくなったりしたルネ・デカルトは、一六二三年初めに、再びパリを訪れて長期間滞在することに決めた。彼は、「三年に及んだペストの蔓延《まんえん》が終わり、都には新鮮な空気が循環している」と耳にした。彼はどうしても、その新しい空気を吸い込み、新たな刺激を見つけ、そして再び旧友と親交を持ちたかった。彼は五年ものあいだ、パリの友人と顔を合わせていなかったのだ。

デカルトは従者を連れて馬に跨《また》がり、荷物を積んだラバの隊列を引き連れてパリへと向かった。それまでに一部の土地の買い手を見つけて、新たな衣服や家具を買いそろえており、またパリの銀行に預けるため大金を携《たずさ》えていた。デカルトが到着すると、パリは、まさに彼の参加した戦争が巻き起こしたさまざまな出来事の話で溢れかえっていた。至るところに広まったその話とは、家族とともにオランダに亡命して外国で屈辱的な人生を過ごした、バイエルン公爵ボヘミアのフリードリッヒを巡るものや、オーストリアとバイエルンに対抗してボヘミアのもとに集結した二軍の一方の指揮官だった、「マンスフェルトの私生児」ことマンスフェルト伯爵に関するものだった。

多くの人は、デカルトがその戦争に参加してしばらくのあいだドイツに住んでいたことを知り、目の当たりにした戦闘のことを語ってほしいと彼に頼んだ。デカルトはまた、自分自身に関する噂が広まっていることを知って、都にいる友人たちとともに悔しがった。パリに住む誰もが、デカルトはドイツにいるあいだ、秘密の薔薇十字団に加わっていたと思いこんでいたのだ。科学者である彼がその一員だったはずだというのは、かなりもっともらしい話だった。そして街中《まちなか》では、この秘密結社がヨーロッパじゅうに三六人の「代表者」を派遣しており、そのうち六人がフランスにいると囁かれていた。バイエ曰く、薔薇十字団の六人の同志はみな、「パリのマレー地区にある聖堂に逗留していた」という。(4) しかし彼らは世間と接触を持たず、誰一人として、「意思と組み合わせられた思考、つまり知覚できない方法以外では」彼らと連絡を取れなかった。(5) 薔薇十字団の六人の同志がパリに到着したとされるのと同時に、ルネ・デカルトもまたパリにやってきたという偶然の一致がもととなって、デカルトは薔薇十字団の一員であるという噂ができあがってしまったのである。

デカルトは、この気に入らない決めつけをやめさせるために、彼持ち前の「理性」を駆使した。まず、噂の薔薇十字団が「見えざる人物」だと言われていることを逆手にとり、自分はとても目につくよう振る舞った。彼は、自分がパリのどこにいても人に見られるようにして、常に多くの親友たちをそばに置いていた。デカルトは、街中や賑《にぎ》やかなナイトクラブ、あるいは心地よい音楽を聴かせる場所でも目撃された。また彼は、おおっぴらに数学を研究することをやめた。彼が幾何学を研究したのは、自室でこっそりとやるときか、あるいは、当時のデカルトの生活を伝えてくれる唯一の人物であるバイエ曰く、友人に難問を解いてくれと頼まれたときだけだったという。

デカルトは、ファウルハーバーから教わった占星術や錬金術の神秘的な記号を数学の研究に使いはじめていたため、細心の注意を払わなければならなかった。デカルトは、ドイツにいるその友人が薔薇十字団と関係を持っていることを知っていた。そして彼は、私的なノートに記《しる》した導出《どうしゅつ》の過程をすべて隠さなければならなかった。というのも、もしこれらの記号を使って学問の研究を進めていることがばれたら、薔薇十字団の学問を行なっているという非難をかわすのは不可能だろうからだ。何より、カトリック教会は薔薇十字団と激しく対立していた。もしその一員だというレッテルを貼られれば、デカルトの科学者としての人生や、おそらくは身の安全さえも危うくなりかねなかった。

パリに戻ってしばらく後に、デカルトはマレー地区に足を運び、大学時代の友人であるマラン・メルセンヌのもとを訪ねた。メルセンヌは、二年間教鞭を執《と》ったのちに修道院長に選出されていた。同僚たちはすぐに、メルセンヌがとうていその職責にはおさまらない才能を持っていることに気づいた。その結果、メルセンヌには研究や執筆のための時間が多く与えられた。彼は数学や科学の才能を備えており、ミニモ会は、科学と信仰が矛盾を来《きた》す可能性には目をつぶり、彼に数学や科学の分野での研究を進めるよう促《うなが》した。そんなことは他の宗派ではありえなかったであろう。謙虚で寛容性があり進歩的なミニモ会ならではのことである。マラン・メルセンヌは、自分の新たな天職は科学者と神学者の思想の橋渡しをすることだと悟った。彼は、ヨーロッパの主要な科学者たちの相互理解を促し、彼らと宗教の権威たちとの交流をお膳立てしていくこととなる。

メルセンヌがすぐに悟ったのは、長いあいだ受け入れられてきた教会のスコラ哲学と、新たに登場してきた科学革命とのあいだで議論を続けるのは極めて難しく、二つのグループ間《かん》でのやりとりが相手に対する攻撃という形を取りがちなことだった。(6) メルセンヌ自身、錬金術師と占星術師を非難するという挑戦的な方法で、二つのグループとの対話を始めたほどだったのだ。しかし彼はすぐに、もっと前向きで生産的な方法に切り替えることになる。そのころ、以前メルセンヌの学生だったジャン＝フランソワ・ニスロン神父がローマに移り、トリニタ・ディ・モンティ教会にあるミニモ会の学びの家で教えることになった。ローマでニスロンは、最も影響力のあるイタリア人科学者ガリレオ・ガリレイ（一五六二－一六四二）と接触を持った。ニスロンがイタリアで彼と交流したことが、メルセンヌにとっては極めて役に立った。メルセンヌは、科学と信仰とのあいだで対話を築いていくにつれ、自らの生涯の務めは科学的思考の国際的な情報拠点の役割を果たすことだと考えるようになった。すぐに彼は、のちに「書簡の共和国」と呼ばれるようになる仕組みを立ち上げた。彼はヨーロッパのおもだった科学者と手紙をやりとりし、国際的な科学アカデミーの原型を確立した。ルネ・デカルトは、そのドラマの主役の一人になっていく。当時、高位の聖職者だったラパン神父は、メルセンヌのことを「デカルトのパリ在住公使」と呼んだ。

メルセンヌの著書『創世記における最も名高い諸問題』(一六二三年、パリ)をひもとくと、彼が科学と宗教との狭間《はざま》で自らのことをどういう立場に位置づけていたのかがよくわかる。メルセンヌはこの本で宗教的話題を論じたが、それとともに、四〇段にわたる文章を光学の法則の説明に割いている。この本の出版後メルセンヌは、宗教にかける時間をどんどん減らし、努力の大半を科学や純粋数学に費やしていく。

間もなくメルセンヌは、印刷技術を学んで盛んに本を出版するようになった。彼は二五年間にわたって数多くの本を出版し、その総ページ数は八〇〇〇を超えた。一部は自らの著作だったが、残りは文通相手の科学者たちが執筆したものだった。メルセンヌは、デカルト、フェルマー、デザルグ、ロベルヴァル、トリチェリー、ガリレオなど、同時代の主な科学者の著作を読んだ。しかし科学に対する彼の最大の功績は、仲介者という立場で当時の主要な科学者たちを結びつけたことだった。パレ・ロワイアルの修道院にあるメルセンヌの部屋は、世界じゅうと手紙をやりとりすることで一七世紀の重要な科学的数学的考えを分析調査する、一つの作業場へと変わっていった。[7] メルセンヌが研究し宣伝につとめた最も重要な著作の一つが、デカルトの文書だった。

デカルトは古代ギリシャ幾何学に基づいて数々の新たな結果を導き、その進展を友人のメルセンヌと共有した。しかしメルセンヌ神父は、デカルトが初めて会いに来たとき、彼に関して耳に入りはじめたばかりの噂に当惑していた。メルセンヌは薔薇十字団を好意的には見ていなかったのだ。おそらく、その団員たちをキリスト教徒と見なしていなかったからだろう。デカルトは薔薇十字団員だと人々が結論すれば、彼がどんな目に遭《あ》うか、それをメルセンヌは心配していた。

第9章　デカルトと薔薇十字団

デカルトがはじめ薔薇十字団に興味を持ち、のちにいかなる関係も否定したと、バイエが説明しているにもかかわらず、学者の中には依然として、デカルトと薔薇十字団のあいだにはなんの関係もなかったと考えている者がいる。しかし、二〇〇一年にストラスブール大学のエドゥアール・メールが、ソルボンヌ大学での博士論文をもとに書いた本の中で、それまで研究されてこなかった数多くの一次資料を分析した。彼の研究から浮かび上がってきた全体像によって、デカルトが薔薇十字団の思想に深く影響を受けていたことはほぼ疑いようがなくなった。

デカルトが未公表のノートの名前として選んだ「オリンピカ」という言葉は、薔薇十字団の手による書物にも登場する。彼が『オリンピカ』の中で使った言葉遣いもそうだ。「熱狂」、「賞賛すべき学問」、「驚くべき発見」という言葉はすべて、薔薇十字団員が一六一九年以前に隠語として使っていたものである。(1)「オリンピカ」という名称は、薔薇十字団員の著作とされる少なくとも三篇の論文に登場する。すなわち、『金の三分割に関するオリンピカ的な財宝』（一六〇七年、フランクフルト）、『オリンピカ的な新しい薔薇園』（一六〇六年、フランクフルト）、そしてオスヴァルト・クロルが書いた『化学の殿堂』（一六二〇年、フランクフルト）という本に記された、「オリンピカ的な精神、あるいは見えざる人」という一節である。クロルは錬金術に関する本を数多く書いており、「オリンピカ」という用語を「理解可能」という意味で使っていた。(2)

オスヴァルト・クロルとヨハン・ハルトマンは、神秘主義に影響を受けたがのちにそれを拒絶するようになった錬金術師アンドレアス・リバヴィウスに中傷され、自分たちを薔薇十字団の科学の「熱狂者」と呼んだ。デカルトが『オリンピカ』の中で用いた「驚くべき学問」や「賞賛すべき発見」、あるいはこれらの言葉を入れ替えた用語は、この「熱狂者」とその論敵とのやりとりでも使われた。クロルは「賞賛すべき学問」という用語を、知性の力や直観、すなわち創造主が創造物の中に映し出した自らの姿であると定義した。そしてこの言葉を、哲学や魔術や錬金術を表す隠語として使った。(3)

これは偶然だろうか？　あるいはそうかもしれない。

しかし、デカルトが薔薇十字団の書物に親しんでいたさらなる証拠として、彼はメルセンヌに宛てた手紙の中で、オスヴァルト・クロルが『化学の殿堂』に記した錬金術による万能薬を指して、「私はクロリウスの『慰めの軟膏』を信用していない」と書き記《しる》している。(4)　クロルは、プファルツ選帝侯、すなわち冬の王と呼ばれたボヘミア国王フリードリッヒ五世（デカルトの友人となるエリーザベト王女の父親）の顧問を務めた、アンハルトのクリスティアン一世の医師だった。イギリス人歴史学者のフランセス・イエイツによれば、薔薇十字団は、フリードリッヒ五世がカトリックとの戦いに勝利してプラハを神秘研究の中心地として再建し、そこから薔薇十字団の理想に則《のっと》った社会宗教改革をヨーロッパじゅうに広めることを望んでいたという。イエイツ曰《いわ》く、薔薇十字団はプファルツの王子と密接な関係にあり、ヨハン・ヴァレンティン・アンドレーエの著とされている薔薇十字団に関する一六一六年の書物『クリスティアン・ローゼンクロイツの化学の結婚』は、一六一三年にロンドンでフリードリッヒとエリザベスが実際に結婚したことを錬金術に喩《たと》えて寓意的に語った物語だという。冬の王が一六二〇年にビーラー・ホラの戦いで屈辱的な敗北を喫したことで、薔薇十字団の望みは打ち砕かれ、それが最終的にこの結社の衰退をもたらしたのである[5]。

　薔薇十字団は、主要な著作をさらに三篇出版した。オスヴァルト・クロルによる神秘的錬金術に関する本、ヨハン・ハルトマンによる「生気論哲学」に関する論文、そして『薔薇十字団の調和哲学と魔術』というタイトルの概論書だ。これら三篇の書物のテーマは、互いに密接に関係している。薔薇十字団の草創期は錬金術師による結社と言ってもいい性質を帯びており、その中心人物は、一六世紀末から一七世紀初頭にかけてドイツのマールブルク大学でヨーロッパ初の薬化学教授を務めたヨハン・ハルトマンだった。彼は錬金術に関する自著を出版しただけでなく、クロルの『化学の殿堂』の編集も手がけた。ハルトマンは、薔薇十字団の最も重要な書物『薔薇十字団の宣言』を、出版の三年前の一六一一年にはすでに入手していたと考えられている[6]。

　薔薇十字団の活動拠点がマールブルクからやはりドイツのカッセルへと移り、団員の研究テーマは錬金術から他の分野へと広がった。すなわち、神学、植物学、天文学、数学といったものである。薔薇十字団と関わりのあったヘッセン＝カッセル方伯マウリッツは、天文学、論理学、数学において重要な役割を果たした人物である。彼は天文学者ティコ・ブラーエと天文学の問題に関して手紙のやりとりを続け、その内容は一五九六年にフランクフルトで出版された。

　一六一八年に現れた彗星が人々に大きな興奮をもたらし、特に薔薇十字団の団員とされる者も含め天文学者たちは、この神秘的な天空のスペクタクルに惹きつけられた。ブラーエの後継者ヨハネス・ケプラーは、一六一八年に三番めに現れた彗星を（ヨーロッパの他の人々と同じく）一一月一〇日に初めて観測した。すでに述べたように、この一一月一〇日というのはデカルトの生涯に繰り返し現れる日付である。

しかし天文学の歴史ではそれ以前にも、一一月一〇日と一一日という日付が何度も登場してきた。一五七二年一一月一一日、ティコ・ブラーエが初めて夜空に「新たな星」を観測した。それは、紀元一〇五四年に中国人によって観測された、かに星雲を作り出した超新星以来、天文学の歴史の中で最もドラマチックな超新星だった。五年後の一五七七年には、カッセル天文台の天文学者が一一月一〇から一一日にかけての晩に、その年で初めての彗星を観測した。この彗星の観測によってブラーエは、固体天球理論を放棄した。この理論は、紀元二世紀の数学者兼天文学者であるアレキサンドリアのプトレマイオスにちなんで名付けられたプトレマイオスの天動説と呼ばれるもので、それによれば、地球が太陽系の中心にあり、太陽、月、惑星は地球の周りを同心円を描いて回っているとされた。しかし彗星の存在とその軌道を知ったブラーエは、聖書に合致するゆえ教会に支持されていた、不動の天球の中心に地球があるという古くからのプトレマイオス理論を修正せざるをえなくなった。ブラーエは、コペルニクスのモデルを丸ごと受け入れることをせず、地球は不動であるという信念を持ちつづけたが、彗星が惑星と異なる細長い楕円軌道を描くという発見は、天動説の崩壊を引き起こし、コペルニクスを支持する証拠として採りあげられるようになった。薔薇十字団が知識を秘密にしたのは、一つには、自分たちの科学的発見が教会の信奉する理論に抵触することを恐れたためだったのだ。

科学の歴史において一一月一〇日と一一日が重要な日付として繰り返し訪れるのをデカルトが知っていたことと、一六一九年と一六二〇年のその日にデカルト自身が啓示を受けたことには、おそらく何らかの関係があったのだろう。実はベークマンも「一六二〇年一一月一一日」の日付の日記の中で、ブラーエが研究した彗星が一五七二年のその日に出現したことに触れて、彗星の組成《そせい》を気体と星屑《ほしくず》と推測し、また星空におけるその軌道についても述べている(7)。しかし、その日がデカルトと出会ってから二周年に当たることには触れられていない。

デカルトはオランダからドイツ南部へと向かう途中にカッセルに立ち寄っており、彼が一六一九年にすでに、少なくとも短時間にわたって薔薇十字団の団員と会話を交わしていた可能性がある。エドゥアール・メールによれば、デカルトはカッセルで薔薇十字団の団員と出会い、科学や数学の研究に身を捧げる結社の存在を知ったという。デカルトは、一見かけ離れた分野の科学者たちが作る共同体の存在から、数学によってすべての知識を統合する「普遍科学」という考えを思いついたのかもしれない。メールはまた、デカルトが炉部屋で見た夢と薔薇十字団の哲学との興味深い共通点を指摘している。デカルトは夢の中で、「然りと否」という詩を目にした。一方メールの指摘によれば、薔薇十字団の哲学において鍵となる教義は、宇宙におけるあらゆる要素の「存在」対「非存在」にあるという。薔薇十字団はこの原理を「然りと然らず」と名付けた(8)。デカルトが夢の中で見た輝く光で溢れる部屋の光景は、創始者クリスティアン・ローゼンクロイツの墓所発見の物語を連想させる。その墓所の中も、どこからともなくやってくるかのように見える光で輝いていたが、デカルトの夢そのものが、この墓所発見の場面に似た雰囲気を醸《かも》し出している。デカルトの夢に辞書が登場したのは、薔薇十字団の儀式において辞書や百科事典が用いられることと似ている。

ケプラーもまた秘術に興味を持っていた。彼も薔薇十字団の一員だったのか？　ブラーエをして「アルキメデスの再来」と言わしめた、ケプラーの助手で数学者のヨスト・ビュルギ（一五五二 - 一六三二）は、この結社の一員だった。ビュルギは科学や数学の道具を数多く発明したが、その中にはデカルトが考案したとされるものに極めて似た比例コンパスが含まれており、このことは、デカルトがこの薔薇十字団の同志ビュルギと交流していたという説をさらに裏付けている。ビュルギの比例コ

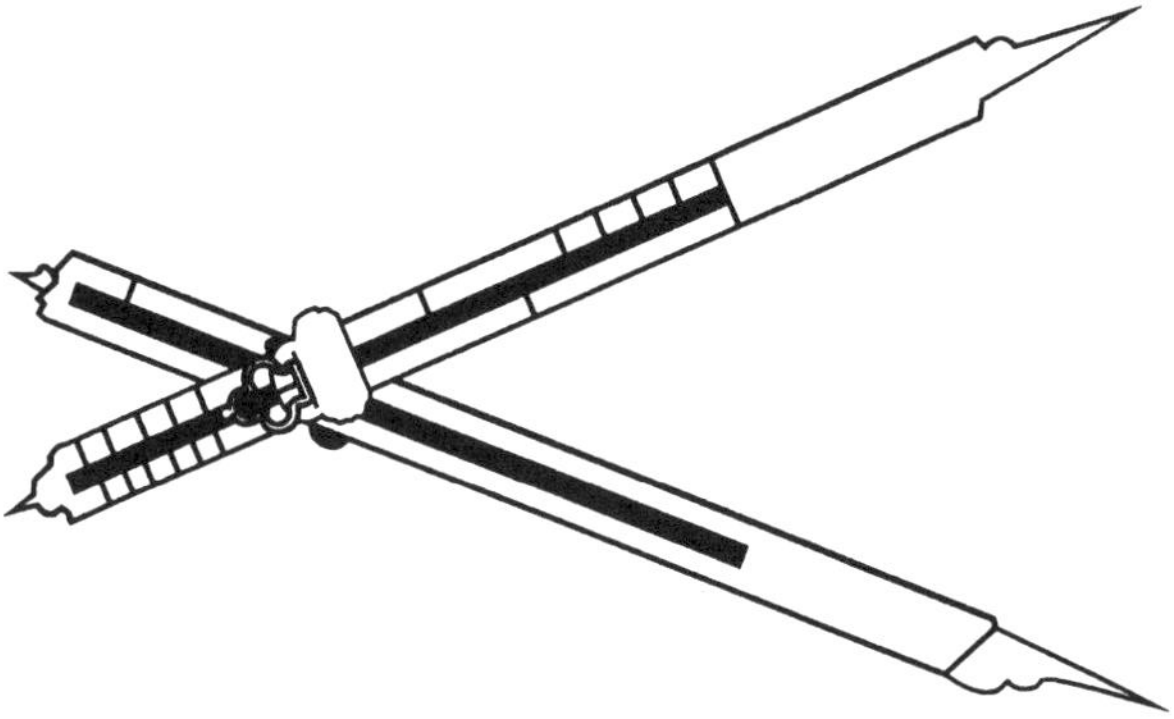

ビュルギのコンパス

ンパスは、一六〇六年にガリレオが最初に発明したコンパスを改良したものである。すなわち、脚に目盛りが刻まれており、さまざまな値の比を扱うことのできるコンパスだ。ガリレオは工学や軍事目的にこのコンパスを販売し、経済的にある程度の成功を収めた[9]。ビュルギが作った比例コンパスは、上の図のような形をしている。

ピッツバーグ大学のケネス・L・マンダーズは、デカルトが考案したコンパスとヨハン・ファウルハーバーが描いたコンパスの構造について研究している。マンダーズは、ライプニッツによって写され、さらに一九世紀にソルボンヌのルイ＝アレクサンドル・フーシェ・ド・カレイユ伯爵によって筆写されたデカルトの文書を解釈し、デカルトは四種類のコンパスを考案したと言っている。この研究の中でマンダーズは、驚くべきことを指摘している。一六二〇年一二月一九日にファウルハーバーは、学生を集めて顧問の仕事を取り付けるために、ウルムで自らの技術を宣伝した。ファウルハーバーの技術について記した文書には、次のような文言が含まれていた[10]。

特に、与えられた二本の直線の二つの比例中項を幾何学的に見いだすための、四種類の新たな比例コンパス。また、円周上の任意の角を幾何学的に三等分する方法。同様に、こちらはすでに他の著者によって膨大な数の書物が書かれているが、円錐曲線や円筒曲線を幾何学的に求める方法。さらに、六六六という数から任意の角を導く方程式の一般則を示す方法。

マンダーズの指摘によれば、ファウルハーバーのコンパスはデカルトが考案したものとそっくりであり、これらのコンパスが極めて独特かつ特別な目的に特化していることから考えて、デカルトとファウルハーバーが実際に会って正確な情報を交換していたことは間違いないという。デカルト（そしてファウルハーバー）のコンパスの一つは、ギリシャ以来の古典的問題である角の三等分の問題を解くのに使える。しかし本来のギリシャの問題では、古代ギリシャ人が使えた直定規と単純なコンパスだけを用いて任意の角を三等分せよと指示されており、デカルトやファウルハーバーやビュルギ、あるいは彼らが協同して考案した高度な道具を彼らは利用できなかった。また、ファウルハーバーの他の著作が示しているように、数学に対して彼が興味を覚えたのは主に、六六六のような「聖書の数」に取り憑かれたからだった。

こうした指向から考えて、ファウルハーバーが実際に薔薇十字団の一員だったことはほぼ間違いない。事実、フランス人学者のジャック・マリタンは、『デカルトの夢』という著書の中で次のように述べている。(11)

ファウルハーバーは確かに薔薇十字団の一員で、しかも極めて熱心な団員だったため、バイエは否定しているものの、デカルトが、ファウルハーバーはまさに自分が探していた人物だと考え、彼を通じて薔薇十字団の知的雰囲気と直接接触を持つようになったと推測するのは、筋が通った話だ。どんなに短いあいだだったとしても、そうした接触がこの哲学者の道徳観と人生の目的に決定的な影響を与えたのではないだろうか？　さらには次のようにも言えないだろうか？　発端はどうあれ、のちにデカルトが到達した偉大な思想から推測するに、薔薇十字団の成員が無邪気にも錬金術の謎と同一レベルに置いていた計画を、デカルトは大胆にも日常の思考や最も広く行き渡った常識のレベルにまで変えようともくろみ（その意志は時とともに薄れていったが）、そうすることでそれが「高みのもの」ではなくもっと実用的なものとなり、カバラに成り代わった数学が普遍の学をもたらし、さらに神秘科学とその秘術的性質が幾何学的物理学や数学的技術に取って代わられ、生命の霊薬が合理的な医学の法則に取って代わられたのだと。

ヨハン・ファウルハーバーとその業績に関する世界的な専門家であるウルム大学のクルト・ハヴリチェクによれば、ファウルハーバーは間違いなく薔薇十字団の一員だったという。ハヴリチェクはファウルハーバーに関する著書の中で、デカルトとファウルハーバーとの出会いは偶然でなかったという説を立てている[12]。皇帝の戴冠式を目撃するためフランクフルトにいたデカルトは、マクシミリアン公爵の軍隊に加わる前に、ヘッセン＝ブッツバッハ伯フィリップ（一五八一－一六四三）と会っている。伯爵は数学に興味を持っており、また薔薇十字団との繋がりも持っていた。フィリップはデカルトをマクシミリアン公爵の軍隊の野営地に近いウルムへと行かせ、ファウルハーバーと会って数学に関して議論させたというのだ[13]。

他にも薔薇十字団に属する二人の数学者が、天文学的計算およびコンパスの発明と利用に関与した。

その二人とは、ベンヤミン・ブラマー（一五八八‐一六五二）と、ファウルハーバーの友人だった数学者のペーター・ロートである。ブラマーもロートも、デカルトの秘密のノートで名前が採りあげられている。おそらくデカルトは、一六一九年のドイツへの旅の途中にカッセルで彼らと出会い、彼らが考案した比例コンパスに刺激を受けて、自分でもそれに似た道具を考案したのだろう。(14)

ファウルハーバーは、一六一四年にドイツで出版された『図形の数あるいは知られざる見事で新たな算術』というタイトルの論文を書いている。ライプニッツが写したデカルトの秘密のノートがピエール・コスターベルによって解読され、その後この論文が分析されると、二つの文書は驚くほど似ていることが明らかとなった。(15) はたしてデカルトは、神秘主義者の友人ファウルハーバーと「賞賛すべき発見」を共有したのだろうか？　それとも、デカルトの発見にファウルハーバーの著作が影響を与えたのだろうか？　いずれにしても、ファウルハーバーはデカルトの最大の秘密を、少なくともある程度は知っていたのである。

薔薇十字団をはじめとする神秘主義者たちは、数や形、すなわち算術や幾何学に隠された意味を常に探し求めていた。デカルトはどちらの分野にも長《た》けていた。彼もまた、数や形の世界に見いだされる意味や知性を探していたのだ。そして、デカルトの秘密の研究がファウルハーバーの著作に刺激を受けたと仮定することで、彼の秘密のノートに書かれた文章の意味が解明できるかもしれない。デカルトは、神秘的な記号を使って内容を隠すことで、知識を持たない人がノートの中身を見てもその内容を理解できないようにしたのである。

一六一八年一月にファウルハーバーは、薔薇十字団との関係をやんわりと否定し、次のように述べた。「薔薇十字団という高貴な団体に関してできる限りの情報を得たいという熱意は惜しまない。しかし神は、私が彼らと面識を持つに値するかどうか、まだ決めかねていると思う」[16] しかしその年の七月に、重要な構成要因であるダニエル・メーグリンクを含む薔薇十字団の何人かと知り合いになったことで、彼はこの神かけてした前言を半年たらずのうちに撤回したことになる。

エドゥアール・メールはその著書の中で、神秘数学に関するファウルハーバーの一六二二年の著書『奇跡の数学』は、ダニエル・メーグリンクを含め薔薇十字団の同志の助けを借りて出版されたと主張している。ファウルハーバーは、この本の中で次のように述べている。「果てしない神の力を神聖なる福音伝道者と分け隔てるのが不可能であるように、その神の力を六六六という数と分け隔てるのもまた不可能だ」

しばらくファウルハーバーの家に滞在したダニエル・メーグリンクは、彼の数学研究の成果に影響を受けた。そしてメーグリンクは、研究対象を医学や錬金術から数学や天文学へと変え、これらの分野に携《たずさ》わる薔薇十字団の一員となった。メーグリンク自身、ヨハネス・ケプラーと太い繋がりがあった。二人は天文学や神秘主義に関して手紙をやりとりし、共同で科学研究も行なっていたのである。ケプラーが占星術の研究をしていたこと、彼がダニエル・メーグリンクの友人であったこと、そして薔薇十字団の書物を思い起こさせるように、彼が世界の改革を望んでいると公言していたこと、これらの事実から考えて、ケプラーが薔薇十字団と少なくとも何らかの関係を持っていたことは明らかである。

ファウルハーバーは、一六一八年の彗星出現を一六一七年にはすでに予言していたことを誇りにしていた。彼は、その予言を数秘学とカバラに基づいて行なったと主張している。ファウルハーバーはある天文学の表を計算し、そこに黙示録の数六六六を探した。そして、一六一八年九月一一日に火星の黄経と月の黄緯がともに三度三三分になることに気づいた。六六六＝三三三＋三三三であることから、彼は自分が探していたものを発見したと悟った。彼はこのことを、一六一八年九月一一日に夜空に何か重要なものが現れると解釈した。こうしてファウルハーバーは、まさにこの日に彗星が現れると予言したのである。実際その年には三個の彗星が現れたが、最初のものが出現したのは一〇月中旬になってからだった。(17)最初の彗星が現れたのち、にこの予言を発表しようとしたファウルハーバーは、自らの数秘術ではなくケプラーの数表をこの目的に用いたかどで非難された。

この諍《いさか》いから事態は悪化し、一六一九年一〇月一八日にウルムで、ファウルハーバーは、ケプラーの友人だったウルムのギムナジウム校長ヨハン・バプティスト・ヘーベンシュトライトと公《おおやけ》の場で対決した。ヘーベンシュトライトはファウルハーバーに、聖書に登場する動詞を数として扱った方法に関して八つの質問をし、最後に、ファウルハーバーの答えには納得がいかないと断定して、彼を「天空と地上を混同した」と非難した。ヘーベンシュトライトは、ファウルハーバーは「カバラ主義の論理算術幾何占い師」であると糾弾《きゅうだん》して、その長広舌《ちょうこうぜつ》を締めくくった。(18)彼は、ファウルハーバーにつけたこの呼び名をタイトルとした短い論文も出版している。

ケプラーは、自分の品位を落とすからとして、自らその論争に加わることはしなかった。彼はファウルハーバーに対して敵意は抱いておらず、おそらくは、仲間であるこの数学者兼神秘主義者に親近感さえ抱いていたのだろう。ケプラーとファウルハーバーは、ある秘密を共有していた。二人は、薔薇十字団の重要な書物『智恵の鏡』（一六一八年）の著者が、テオフィルス・シュヴァイクハルトという偽名を使ったダニエル・メーグリンクであることを知る、数少ない人物だったのだ。メーグリンクに恨みを抱くヘーベンシュトライトは、ケプラーの協力が得られなかったこともあってファウルハーバーへの攻撃に失敗すると、その鉾先《ほこさき》をメーグリンクに向け、屈辱的なやり方で公然と彼を個人攻

撃した。(19)

ヘーベンシュトライトの友人の一人が、“Kleopas Herenius”（クレオパス・ヘレニウス）という偽名を使って、薔薇十字団とファウルハーバーを非難する“Kanones pueriles”というタイトルの論文を書いている。この偽名は、ケプラーのラテン語綴りである“Iohanes Keplerus”のアナグラムにほかならない。メーグリンク自身も薔薇十字団の多くの成員と同様に、身元を隠す手段として都合がいいことからアナグラムを好んで用いた。一六二五年にメーグリンクは『永久運動』というタイトルの本を出版したが、その際、自分のファーストネームのラテン語綴りである“Danielis”のアナグラムをその著者名にした。“Danielis”の文字をごちゃ混ぜにして、東洋の反十字軍的な趣を持つ“Saladin”に似た Saledini という名前を作ったのだ。この本は、イサーク・ベークマンの日記の一部である書斎目録の中に記されていた。ベークマンが自らの研究と自分が読んだ書物に関してデカルトと議論していた事実を考えると、デカルトがメーグリンクの本のことを知っていた可能性は高いと言えよう。

デカルトが出版した著作やその手紙から考えるに、彼がファウルハーバーとケプラーという二人の数学者の偉業や考え方から影響を受けたことは明らかだ。太陽系諸惑星の軌道の性質に関するケプラーの発見にデカルトは大きな興味を抱いたのだが、学者の中には、それが彼の「賞賛すべき学問」の中核であると言っている者もいる。そしてデカルトの秘密のノートは、その独特な記号の使い方や内容から、ファウルハーバーの著作を彷彿《ほうふつ》とさせる。デカルトの文書は、彼が薔薇十字団の同志と少なくとも意見交換をしていたという事実を証明しているのだ。

第10章 イタリア人の創造物

二カ月と数日間パリに滞在し、そのあいだ、薔薇十字団の一味だというレッテルを貼られないよう、親友のメルセンヌ以外には数学の研究を諦めたと偽っていたデカルトは、その後レンヌへ向けて旅立った。レンヌには一六二三年五月初めに到着した。そこからデカルトはポワトゥーへ行き、そこに七月まで滞在した。彼は父親の承諾を得て、この地域に所有する土地の大半をなんとか売り払った。一六二三年七月八日にデカルトは、祖父母から相続した「ペロン領」と呼ばれる広大な土地を、ポワトゥーの貴族であるアーベル・ド・クーエに売却し、シャテルローの公証人に印を押してもらった。彼は現金を携《たずさ》えてブルターニュへ行き、家族に別れを告げたのちパリに戻ってきた。

デカルトは、田舎から持ってきた金の使い途《みち》を全額は決められなかった。大半を銀行に預けた彼は、どうやら所持金の一部を投資に回したかったらしいが、気に入る投資先は見つからなかった。そこで彼は、新たな金の一部をイタリア長期旅行に使おうと決めた。

デカルトは、父親に別れの手紙を書いた。「アルプス越えの旅は私にとってとても役に立ち、自分の問題を解決する方法を教えてくれ、また世間での経験を与えてくれ、そして私がまだ身につけていない新たな習慣を作ってくれるでしょう。今より裕福にならなかったとしても、少なくとももっと有能にはなっていることでしょう[1]」若きデカルトは、少なくとも名目上軍隊に所属していたときには、旅が自分の仕事の一部なのだと言い訳もできたが、今回はおそらく、家族のものだった金を贅沢な旅行に使う理由を父親に説明する必要があると感じたのだろう。

デカルトはアルプスを越え、東へと進んでチューリッヒにたどり着いた。彼は、中世の邸宅や市の中心に聳《そび》え立つ教会が並ぶ、丸石が敷き詰められた幅の広いノイマルクト通りを進んだ。彼は学者を捜し、見つけては自然や数学について議論した。

デカルトはさらに東のチロルへと向かい、そこから北イタリアの平野へと下りてヴェネチアに到着し、そこでちょうど、キリスト昇天祭の日に行なわれるヴェネチアと海との結婚式を目にした。デカルトは、総督をサン・ニコロ港から海へと運ぶ、金メッキが施された特別仕立ての「ブチントーロ」と呼ばれる御座船を眺めるために、砂洲から成るリド島に建つサン・ニコロ教会に足を運んだ。デカルトは、ヴェネチアを代表する一族たちや、この独特の儀式を見るために外国からやってきた公使たちのそばに座った。御座船が港からある程度の距離を進むと、総督は金の指輪をアドリア海に投げ込み、妻である海の支配権を夫として獲得したと宣言した。

伝説では、一一七七年に法王が総督に、指輪とアドリア海の統治権を与えたという。この伝説によれば、ヴェネチアが帝国艦隊を打ち負かした後、バルバロッサ（イタリア語で「赤ひげ」を意味する）ことローマ皇帝フリードリッヒ一世がヴェネチアに赴《おもむ》き、法王の足に口づけをしたとされている。しかし、この勝利も戦《いくさ》も実際には起こっておらず、これらは完全に作り話である[2]。それでもヴェネチアと海との結婚式は執《と》り行なわれ、この習慣が始まってから四五〇年後に、デカルトがそれを目撃したというわけだ。

ヴェネチアから南へと発《た》ったデカルトは、カトリック世界の中心地であり、活気に満ち刺激的な文化の中心地でもあった、恋い焦がれつづけたローマへと向かった。彼はロレトに立ち寄り、以前立てた、聖母マリアの生家を訪れるという誓いを果たした。ローマ滞在を終えた彼はフランスに帰国する手はずを整えたが、その途中でトスカナに立ち寄ることにした。デカルトはガリレオの噂をしょっちゅう耳にしており、彼を大変尊敬していた。そして、ガリレオの地元であるアルチェトリで彼と会いたいと思っていた。デカルトはトスカナにたどり着いたが、ガリレオには決して会えないことを知って大変がっかりした。

一六二四年四月、デカルトはガヴィの町でサヴォイア公爵の軍事作戦を観察した。そして五月にはトリノへと向かった。デカルトは、フランスとイタリアとの国境に聳えるアルプスを登っていった。彼はしばらく山中に留まり、融《と》けゆく雪を観察したり、雷の発生のしかたを記録したりした。イタリア旅行の途中にデカルトは、虹や幻日環《げんじつかん》も観察している。幻日環とは、太陽と同じ高度で水平線と平行に現れる明るい暈《かさ》のことだ。デカルトのローマ滞在中にこの「幻日」が現れ、人々は大いに興奮した。そして誰もがこの現象の起こる仕組みを知りたがった。何年か後に出版された『方法序説』および三つの論文集の中でデカルトは、イタリア旅行の折に観察した自然現象を説明している。自然の研究を進めることができたイタリア旅行は、彼の人生の中でも重要な出来事となった。しかし、この旅は他にも役に立った。イタリア旅行を通じて若者は成長し、自我と、人生で究《きわ》めていく学者としての目標を、よりはっきりと感じ取ったのである。

デカルトは、レンヌへと足を伸ばして家族と楽しく過ごしたのち、パリに戻ってきた。この間を通じてデカルトは、訪れたばかりのヴェネチアを含むヴェネト平野で一世紀前に生きたイタリア人数学者が研究した、代数学の問題に取り組んでいた。

バビロニア人は、方程式という概念をシンプルな形では理解していた。すなわち、ある算術的条件が与えられれば、方程式を解いて未知量の値を求めることができる、というものだ。彼らはたとえば、ある面積を持つ土地の縦横《たてよこ》の長さを、その二つの値に対する条件から求める方法を知っていた。古代エジプト人も、そうした問題の解き方を知っていた。現存するパピルス、たとえば、現在は大英博物館に所蔵されている紀元前約一六五〇年に記された有名なアーメス・パピルスには、単純な方程式の解が示されている。一例として、アーメス・パピルスの問題二四は、その七分の一を加えると一九になるような「塊《かたまり》」の値を求めよ、というものである。アーメスには 16＋1/2＋1/8、すなわち 16.625 という答えが示されているが、今日《こんにち》のわれわれなら、$x+(1/7)x=19$ という方程式を解くことでそれを求めることになる。(3)

古代ギリシャ人も方程式を解くことができ、古代ギリシャ・ローマ時代の終わり頃には、いくつかの二次方程式、すなわち最高次の項が ax^2 であるような方程式の解き方が知られていた。しかし、そうした方程式の一般的な解法は知られておらず、また、より高次の方程式（2より大きな次数を持つ方程式、たとえば ax^3 という項を含むもの）を解くこともできなかった。

"algebra"（代数）という言葉は、バグダッドで紀元八二五年に書かれたアラビア語の書物のタイトルに含まれる最初の二つの単語に由来している。その書物とは、ムハンマド・ブン・ムーサー・アル＝フワーリズミーが書いた『アル＝ジャブール・ワル＝ムカーバラ』（約分と消約《しょうやく》の計算）である。アル＝フワーリズミーは、代数学における最初の重要な文献であるこの本の中で、二次方程式の完全な解法を示した。今日のわれわれが用いているのと同じデカルトの表記法では、二次方程式は次のような一般形で表される。

$$ax^2+bx+c=0$$

高校で数学が得意だった人なら、この一般形が二つの解を与えることは知っているはずだ(4)。

このように二次方程式の解法はわかっていたものの、

$$ax^3+bx^2+cx+d=0$$

という三次の方程式をどのように解けばよいかは、誰にもわからなかった。このような方程式の解法はアル＝フワーリズミーから七世紀ものあいだ謎のままだったが、互いに競いあう四人のイタリア人数学者が、それを解こうと乗り出した。

代数学を発展させたそのイタリア人とは誰だったのか？　それは、デカルトが一六二三年から一六二四年にかけて訪れた北イタリアで一六世紀に生きた、四人の数学者だった。そして彼らは、怪しげで評判の良くない連中だった。

ニコロ・フォンターナ（一四九九－一五五七）またの名をタルターリア（イタリア語で「吃音者《きつおんしゃ》」を意味する）は、一四九九年にヴェネチア共和国のブレッシアで生まれた。父親のいなかった一三歳のニコロ少年は、一五一二年、フランス軍が町を荒らしまわって数多くの人を殺戮したときに、あやうく命を落としかけた。少年はサーベルで顎と口を切られて顔に重傷を負い、助からないと決めつけられてその場に放置された。しかし母親が彼を見つけ、看病の末、元気になるまでに回復させた。成人した彼は傷を隠すためにあごひげを生やしたが、しゃべるのには苦労したことから、タルターリアというあだ名を付けられたのである。

タルターリアは独学で数学を学んだ。たぐいまれな才能を持つ彼は、ヴェローナやヴェネチアで数学を教えて生計を立てた。そして、ヴェネチアの数学教師として数多くの公開試合に勝利し、徐々に名声を獲得していった。

歴史上初めて三次方程式を解くことに成功したのは、ボローニャ大学の数学教授だったスキピオーネ・デル・フェロ（一四六五－一五二六）だった。デル・フェロがどのようにしてこの驚くべき発見を成し遂げたのかは、まったくわかっていない。彼はそれを発表せず、死の床に付くまで誰にも漏らさなかった。死に際した彼は、その秘密を、平凡な学生であるアントニオ・マリア・フィオールに話した。そのすぐ後に、フィオールが三次方程式を解いたという噂が広まった。それは、人々が何世紀ものあいだ挑戦しても成し遂げられなかった偉大な業績とされた。[5]

一五三五年、フィオールはタルターリアに試合を挑んだ。両者とも、相手に解かせる三〇の問題を提出した。当時、このような試合に勝った者には、金や名声、そしてときには大学での職が与えられた。[6] フィオールは、自分には三次方程式を解く能力があるのでタルターリアを打ち負かせるはずだと自信を持っていたが、実はデル・フェロはフィオールに、たった一種類の方程式、すなわち$x^3=ax+b$（x^3の係数は1でx^2の項はない）という単純な形の三次方程式の解法しか教えていなかった。[7] 対してタルターリアは、フィオールにさまざまな種類の問題を出した。フィオールはデル・フェロから教わったたった一種類の解法しか持っていなかったため、惨《みじ》めな戦いぶりを披露し、数学者として能力に劣ることを見せつけてしまった。フィオールもまたタルターリアに三〇問のさまざまな問題を出したが、自分が解けないのだから相手も解けないはずだと思いこんでいた。しかしタルターリアは、一五三五年二月一三日、フィオールの知らぬ間に啓示を受けた。彼は、三次方程式の一般的解法、すなわち、$ax^3+bx^2+cx+d=0$ という最も一般的な形の方程式の解き方を発見したのだ。タルターリアはフィオールの三〇の問題をすべて即座に解けるようになり、事実、二時間以内にその課題を終えてしまった。その場に居合わせた誰もが、勝者はタルターリアであり、彼は最も優れた数学者だと確信した。

ここで、もう一人のイタリア人数学者ジロラモ・カルダーノ（一五〇一‐七六）が登場する。医師である彼は、ミラノにあるピアッティ財団の学校の数学講師でもあった。カルダーノは三次方程式を解くのがいかに大事なことかをよくわきまえており、ヴェネチアでの試合の結果を聞いて興味をそそられた。彼は直ちにタルターリアの秘密を見つけようと取り組みはじめたが、なかなかうまくはいかなかった。数年後の一五三九年、彼はある人物を介してタルターリアと接触を持った。カルダーノはタルターリアに、今年出版予定の本にあなたの三次方程式の解法を載せたいと言った。しかしタルターリアは、自分で本を出したいから、と答えてその申し出を断った。するとカルダーノは、秘密は守るからとにかくその解法を教えてくれとタルターリアに頼み込んだ。しかしタルターリアはまたもや断った。

諦めきれないカルダーノはタルターリアに宛てて、自分の強力な後援者の一人であるミラノの軍隊の司令官アルフォンソ・ダヴァロスと、タルターリアの優れた才能について語りあっていたことを匂わせる手紙を送った。タルターリアは罠にかかった。彼は薄給の数学教師だったので、影響力を持つ富豪が自分を援助してくれるかもしれないという考えが、彼の心に訴えかけてきたのだ。彼はカルダーノに返事をよこした。カルダーノはタルターリアを自宅に招待し、ダヴァロスに会わせると約束した。

一五三九年三月二五日、タルターリアはヴェネチアからミラノへと行った。しかし、カルダーノの約束とは違ってそこにダヴァロスはおらず、タルターリアは落胆させられた。一方でカルダーノは、自宅でワインと食事を前にしながら、タルターリアから秘密を聞き出すあらゆる方法を試みた。夜遅く、タルターリアを酔わせたカルダーノは、決して秘密をばらさないと約束して、秘密の公式を聞き出した。タルターリアは、イタリア語の詩にその公式を織り込んで相手に教えたのだ(8)。

一五四五年にカルダーノは、現在でも有名な『アルス・マグナ』（偉大なる術）という本を出版し、その中で、タルターリアの秘密の公式に基づいた三次方程式の解法と、自分の学生であるルドヴィコ・フェラーリ（一五二二‐六五）が導いた四次方程式の解法を紹介した。カルダーノは、本の中でタルターリアに謝意を述べた。しかし彼は、決して秘密をばらさないという、タルターリアとの約束を破ったことになる。当然ながらタルターリアは激怒し、それから何年にもわたってあらゆる知人に、カルダーノを非難する手紙を送りつづけた。彼はさらに、ミラノでのカルダーノとの会話とその破られた約束、そして彼がばらした公式を本にして出版した。しかし、カルダーノはすでに『アルス・マグナ』によって一流の数学者の地位を確立しており、タルターリアの攻撃にはびくともしなかった。タルターリアはさらに惨めなことに、カルダーノが約束した富豪の後援者に会う機会も得られなかった。彼は短いあいだ大学で教鞭を執《と》ったのち、ヴェネチアで教師の職に戻り、生涯その地位に留まりつづけることとなる。

今日では、タルターリアはカルダーノとともに、三次方程式の解法を見いだした人物として記憶されている。タルターリアも有名な算術の教科書を書き、一五四三年にはユークリッドの『原論』のイタリア語訳を初めて出版した。また、アルキメデスの著作のラテン語訳も出版した。

デカルトは、代数学誕生の顛末と、三次や四次方程式の解法がいかにして発展したかをよく知って

いた。彼はそうした問題に時間を費やし、早くからその分野に関して一つの結果を導いた。デカルトは、もし四次方程式がある特別な形（三次の項を持たない形）をしており、それが

$$x^4+px^2+qx+r=(x^2+ax+b)(x^2+cx+d)$$

というように二つの二次方程式へと因数分解できるならば、a^2はある三次方程式の解となり、b、c、dもaによって定まる有理数（分数あるいは整数）になるということを証明した。これは、方程式を解く上でときに有用となる結果である。これは出発点としては上々であり、それによってデカルトは一世紀前のイタリア人たちの研究を受け継いだことになる。(9) それはまた、ファウルハーバーの行なった研究とも驚くほど近かった。

初期のイタリア人代数学者は、「コージスト」と呼ばれていた。この呼び名は、イタリア語で「物事」を意味する“cosa”（コーザ）に由来している。コーザとは、代数学において解くべき謎、つまり方程式の中の未知量（現代で言うx）に与えられた名前である。デカルトの失われたノートには、木星を意味する錬金術や占星術の記号が記されている。しかしそこには、初期のコージストが用いた右のような記号も見受けられる。

デカルトは、代数学を学んだイタリア人コージストからこの記号の使い方を教わった。のちにデカルト自身が、現代の代数学で用いられている表記法を考案した。xやyを解くべき値に、aやbやcなどを既知の量に用いるよう定めたのである。しかし興味深いことに、彼の隠されたノートにはそれとは違い、錬金術や占星術、そして薔薇十字団の同志たちに刺激を受けた神秘的な表記法が用いられ

ている。この秘密のノートには、以前のどんな文献にも遡《さかのぼ》れない第三の記号が記されていたのだ。

さらにデカルトは、一五五七年にロバート・レコードが考案していた等号（＝）も決して使わなかった。彼は、等しいという関係を表すのに、ギリシャ語のアルファを裏返しにした∝という記号を使いつづけたのだ。面白いことに、デカルトの死から数十年後に、現在われわれが使っている等号を復活させたのは、他ならぬライプニッツだった。(10)

第11章　オルレアンの決闘とラ・ロシェルの包囲戦

デカルトは再びトゥレーヌとポワトゥーを訪れ、その後パリに戻って数カ月間滞在した。しかしその間も、トゥレーヌとポワトゥーとレンヌにいる家族に会うため、それらの地に頻繁《ひんぱん》に通いつづけた。そして姉や義理の兄や父親のもとを訪ねては、しばらく過ごした。ポワトゥーに行くのはさらに土地を売るためだったが、あわせて他の資産も清算したので、ルネはパリに現金を持って帰り、相続した財産で何不自由なく暮らすことができた。彼はまた、家庭教師と家族に会うためトゥレーヌにもしょっちゅう行った。

何年か前、成人したばかりのデカルトは、トゥレーヌに住むラ・メノーディエールという謎の女性と親密な関係にあると噂された。家族は息子に似つかわしくない女性との関係を認めず、別の結婚相手を探しはじめた。若き遊び人の生活も結婚によって安定し、そうなればこの地に腰を落ち着けてふさわしい生活を送るようになるだろうと考えたのだ。家族はルネのために、「血筋が良く多くの長所を持つ[1]」結婚相手を真剣に探しはじめた。

やはり家族がトゥレーヌに住む、とても美しい若い女性がいた。のちに彼女は、ロゼー夫人と呼ばれるようになる。彼女は実に良い家柄の生まれで、デカルト家にぴったりだった。ルネはこの若い女性と何度か会い、互いに惹かれるようになった。だがすぐにルネが旅に出たため、二人の関係が発展することはなかった。

しかし一六二五年、ルネは家族に会って私事を片付けるために、再びトゥレーヌとパリ南部の田舎を結ぶ道を進んでいた。彼は例の女性と何年か会っていなかった。ラ・エーとパリを行き来していたデカルトは、あるとき、パリから南に走る幹線道路沿いのオルレアン近くにある大きな交差点で馬車を止めた。しばらく留まって馬を休ませ、餌と水を与えなければならなかったのだ。この道を行き交《か》う旅行者にはよく知られた宿に、彼は足を踏み入れた。フランスには、街道沿いにそうした施設が数多くある。その宿には、馬を繋《つな》いで餌と水をやるための、塀で囲まれた中庭があった。宿の中には、濃い色の木の梁《はり》で天井が支えられた大部屋があった。そこにはアーチ型の大きな窓もあった。また、丸太作りの簡素な椅子が並ぶ木製のテーブルがいくつもあった。大勢の人がそのテーブルを囲んで飲み食いをしていた。

デカルトと従者はしばらくこの宿で食事と休息を取り、パリに向けて北への旅を続ける準備を整えた。二人は中庭に入って馬を集め、陽の下へと出た。そして馬を馬車に繋ぎ、まさに出発しようとしたそのとき、突然デカルトが目を上げた。そこには、のちにロゼー夫人となるあの女性がいたのだ。

二人は見つめあった。幾年月《いくとしつき》が互いの想いを冷《さ》めさせることはなかったようだった。緑色の琥珀《こはく》織りの服に身を包み、羽根飾りの付いた帽子と剣を携《たずさ》えて見事に着飾ったデカルトは、彼女に近づいていった。彼女は彼をじっと見つめた。二人はしばらく無言で立ちつくし、ただ見つめあっていた。すると彼女の連れが飛び出してきた。嫉妬深いその連れは、剣を抜き、デカルトに決闘を挑んできた。

男はどうやら、相手が剣術と戦闘の経験豊かな人物であることを知らなかったようだ。二人は剣を組み、ひとときき相手の攻撃をかわした。すぐにデカルトがもう一度剣を挙げ、最後の一振りを下した。

相手の剣は宙を舞った。デカルトは剣先を相手の喉元に突きつけ、ロゼー夫人を一目見て彼にこう言った。「この女性は美しい目をしている。それに免じて命は助けてやろう」相手を逃がしてやったデカルトは、うんざりして剣を収めた。女性はデカルトのそばに駆け寄った。デカルトは、最後に一度だけその美しい瞳を見つめ、そして彼女に背を向けてこう言った。「あなたの美貌は何にも比べようがない。しかし私は、真理を一番に愛している」彼は道端《みちばた》で唖然《あぜん》とする二人を残し、すぐに従者を呼んで、土埃《つちぼこり》を立ててパリへと旅立っていった。

何年ものち、彼女が結婚してロゼー夫人となり、デカルトが有名な哲学者になると、女性はこの話を牧師に告白した。牧師はこの話をあちこちでしゃべったが、それが信仰告白の秘密を破ることになるため身元は明かさず、今でも「P神父」としかわかっていない(2)。

ロゼー夫人によれば、彼女がルネ・デカルトを初めて見たのは、彼がまだ青年だった頃、若者どうしではしゃぎながら女性の話をしていたときだったという。彼は仲間たちに、たまらなく魅力的な女性にはまだ会ったことがないと打ち明けた。そしてこう言った。「この世の中で一番見つけにくいのは、美女、良書、完全無欠な牧師の三つなんだ」

しかし、ルネは彼女に出会った。そして彼女が美しく魅力的であることを知り、それからは彼女だけを追いかけた。ロゼー夫人は言っている。「ルネ・デカルトは、私への愛に導かれた若き騎士でした。そして、私のためにいろんなことをしてくれて評判になりました」

ロゼー夫人の話によれば、デカルトは彼女を他の女性たちとともにパリへの旅に連れて行き、その途中オルレアンで、彼の恋敵《こいがたき》に詰め寄られたという。デカルトは決闘に勝ち、恋敵の首に剣を突きつけて次のように言ったという。「おまえの命が助かったのは、私が愛するこの美女のおかげだ」しかし残念にも、そこで恋は終わり、デカルトがこの女性と結婚することはなかった。彼女の話の方が本当なのだろうか？　それとも、デカルトは本当に、彼女の美貌よりも真理の方を愛すると言ったのだろうか？　おそらくはデカルトの説明の方が正しいのだろう。彼の普段の行動とも合致するし、彼は恋愛にかなり冷静だったからだ。そしてまた、デカルトは美しい目を愛していたこともわかっている。

トゥレーヌとポワトゥーを頻繁に訪れる必要がなくなったルネ・デカルトは、一六二八年にパリで、静かに研究をするために再び友人たちから身を隠した。彼は精力的にペンを走らせ、いくつもの重要な成果を挙げた。その一部は九年後に『方法序説』として公刊されることとなる。この頃はデカルトにとって困難な時期だった。哲学者、科学者、数学者としての名声が大きくなるにつれて、数多くの友人だけでなく見知らぬファンにも見つかりはしないかと心配だったからだ。バイエ曰《いわ》く、「お気に入りの地区を追い出されて身を隠さざるをえなくなったことで、彼は腹を立て、ラ・ロシェルの包囲戦を見に行きたいと思った」という[3]。

ユグノー教徒が安全に暮らしていた場所の中で一七世紀初めまで残っていたのは、フランスの大西洋沿岸にあるラ・ロシェルだけだった。ラ・ロシェルは一二世紀に築かれた城塞都市だ。この街には、要塞化された港と、海からの侵入を防ぐために建てられた、銃眼を持つ古い堂々たる塔が二本立っていた。また、一五世紀に建てられたランテルヌ塔と呼ばれるものがあり、これは世界じゅうの商船をこの繁栄した街へと案内する強力な灯台として機能していた。ラ・ロシェルは、塩や小麦やワインの取引で頭角《とうかく》を現すようになった。一六二〇年には住民の八五パーセントがユグノー教徒だった。しかしカトリックを信仰するフランス国家は、ユグノー教徒の力を恐れていた。そこで国王ルイ一三世とその大臣であるリシュリュー枢機卿は、ユグノー教徒の力を抑え込むことにした。

一六二七年にラ・ロシェルの人々は、フランスと対峙するイギリス艦隊に助けを求めた。この行動に対してルイ一三世は、ラ・ロシェルに軍隊を送り、近くのレ島に基地を築いたイギリス艦隊とにらみ合った。フランス軍は、イギリス艦隊にユグノー教徒の支援をやめさせようとしたのだ。そこで国王自らが指揮し、この街を包囲させた。それが、フランス史上最も劇的に記録された戦いへと発展することになる。アレクサンドル・デュマは、傑作『三銃士』の中でこの包囲戦の話を採り上げ、その場面にアトス、ポルトス、アラミスと、ダルタニアンを登場させた。リシュリュー枢機卿は街の外に司令部を置いてフランス軍の半分を指揮し、残り半分は国王が率いた。

ラ・ロシェルの包囲は、一六二七年九月から一六二八年一〇月の陥落まで一三カ月続いた。包囲戦が始まると、フランス軍は街の四方を取り囲み、郊外の肥沃《ひよく》な土地から届く食料をこの城塞都市に入れさせないようにした。しかし堅固《けんご》に要塞化された港は手付かずであり、イギリスはそこを通じて、包囲された街へと食料を運んだ。

包囲が始まってすぐにフランスは、港へと繋がる水路の入口に堤防を築くことを決定した。フランス軍の目的は、港の出入りを完全に遮断し、イギリス艦隊が港に入れないようにすることだった。一六二八年三月、国王はパリへと発《た》ち、リシュリュー枢機卿を軍の副将軍に据えた。枢機卿は水路を塞ぐ堤防の建設を始め、四月に国王が戻ってきてフランス軍の半数の指揮を再び引き受けたときには、すでに工事はかなり進んでいた。フランスは、石など重い積み荷を積んだ何隻もの船を操り、水路を横切る形でそれらを一列に沈めた。十分な船を沈めた包囲軍は、それを土台に木製の堤防を築きはじめた。フランスは、舳先《へさき》を外海に向けて三七隻の大型船を並べ、堤防を建設した。そこにさらに五九隻の小型船が付け加えられた。包囲軍は堤防の両端に二基の要塞を建て、中央には三角形の巨大な木製の要塞を築いた。バイエによれば、この要塞はそれまでにフランスが作った中でも最も手の込んだ戦時建造物であり、この包囲作戦の光景はまさに壮大なものだったという。フランス貴族の若き冒険家たちは、この様子を一目見ようと興味津々《きょうみしんしん》で集まってきた。(4) その中に、いつも好奇心に溢れていたルネ・デカルトがいた。

一六二八年八月末にデカルトは、この包囲された都市のそばへとやってきた。デカルトの人生における この出来事を唯一語ってくれるバイエによれば、デカルトは同世代の若者たちと同じく、軍事行動を観察するだけの目的でやってきたという。彼には、志願兵になる気も、争いに加わる気もなかった。以前に経験した戦争とは違って、この戦いには傍観者としてやってきたのだ。彼は今や科学者であって、兵士ではなかった。デカルトは特に、リシュリューが築いた巨大堤防の物理的性質に興味を持った。

デカルトは、包囲戦のあいだに目撃したあらゆる事柄を数学的に研究した。彼は堤防を築いた技術者たちと話をし、その建設作業の技術的詳細を教わった。また、「力学の専門家でリシュリュー枢機卿に高く評価されている」(5) フランス人数学者デザルグにも会った。

デカルトは、軍事施設や通信手段に加えて、砲弾の描く軌道にも興味を持っていた。尊敬するガリレオに倣《なら》って、重力とそれによる物体の落下のしかたを知りたいと思ったデカルトは、砲弾が空中で描く曲線を数学的な関数として研究した。

巨大な建設計画が完了し、ラ・ロシェルの港は完全に封鎖された。街には何一つ供給されず、住民は飢えに苦しみはじめた。ラ・ロシェルの陥落は徐々に近づいていった。九月一〇日、市民たちは一人の代表を送り出し、自分たちを飢えさせている堤防の中心に建つ要塞で国王に面会させた。代表が国王の足下《あしもと》に跪《ひざまず》き、合意は得られたかのように思われた。しかし数日後、市民たちはイギリス艦隊がまだ助けてくれるかもしれないと考え、合意を反故《ほご》にした。フランス軍は新たな事態に激怒し、街の包囲を強めた。一〇月、イギリス艦隊が追い風を味方に包囲を突破しようとした。しかし艦隊は堤防上のフランス軍に敗れ、イギリスはフランスに一五日間の休戦を求めた。街がもはや滅亡の運命にあるかのように思えたことで、両者はイギリス艦隊の退却を決めるために顔を合わせた。イギリスの将校たちがフランス側と戦闘停止の条件を話しあっているとき、その場に居合わせたデカルトはイギリス将校と会った。(6) 彼にとって、イギリス人との最初の出会いだった。イギリスには優れた科学者がいることを知っていたデカルトは、彼らと会いたいと思っていた。バイエによれば、それから二年後の一六三〇年にデカルトは、短期間ロンドンに滞在し、そこで地球の曲率《きょくりつ》の観測を行なうこととなる。

包囲された街の人々は、今や絶望的な状態にあった。猫や犬やネズミを食べるしかなくなっていたのだ。ついにそうした食料まで底を尽くと、ベルトや靴の皮を食べようとする者が現れた。(7) 包囲が始まってから一三カ月後の一六二八年一〇月、街はフランス軍に降伏した。包囲前には約二万人いたラ・ロシェルの住民だったが、フランス軍が突入したときには、わずか六〇〇〇人だけが飢えつつもかろうじて生き残っていた。なんとか勇敢に戦いつづける者もいたが、銃と豊富な弾薬を抱え食事に困らないフランス軍の兵士の敵ではなかった。(8)

最後の戦いののち、ユグノー教徒たちはヨーロッパじゅうに散らばり、異教徒に対してもっと寛容な国へと移っていった。一部は最終的にアメリカ合衆国へとやってきて、ニューヨーク州にニュー・ロシェルという街を建設した。

デカルトは、街がフランス軍に降伏した一六二八年一〇月二七日、国王の軍隊とともにラ・ロシェルへと足を踏み入れた。そこで彼は、死体を載せた馬車を引く重苦しい葬列や、死にゆく人が最後の聖餐を受ける様子を目にした。フランスが自国のユグノー教徒たちと相対したこの最後の戦いは、とりわけ凄惨なものだった。バイエによれば、紀元七〇年のローマによるエルサレム陥落以来「このような惨状は一度もなかった」という。十分に観察を行なったデカルトは、パリへと戻っていった。彼がフランスの都に到着したのは、彼にとってめでたい日、聖マルティヌス祭の前日である一一月一〇日だった。

なぜデカルトは、大勢の人が飢えや戦いで死んでいく、このような恐ろしい戦争の場にやってきたのだろうか？　デカルトは邪悪な人間でもなかったし、一六一九年にプロテスタント軍を率いたマウリッツ王子の軍隊に志願兵として入隊したことからわかるように、プロテスタントに対する敵意も持っていなかった。しかしデカルトは、常に軍隊組織や軍事施設に魅了されていた。彼は一一歳の時から、キリスト教徒の準軍事的組織として活躍するイエズス会修道士たちに訓練を受けていた。ラ・フレシュのコレージュでは、軍隊に近い規律や秩序、そして制服が導入されていた。ラ・フレシュのような軍隊に似た場所の建築構造や行動組織に、デカルトは魅せられていたようだ。さらに、デカルトは常に冒険や旅を求めていたが、軍隊はそのどちらをも与えてくれた。不思議なことに彼は、周囲で激しい戦いが行なわれていてもなお、物事を明快に考えることができたのである。

一七世紀の戦争は秩序立った形で行なわれており、それはちょうど今日《こんにち》の軍事パレードのようだった（これはかつての軍隊の様子を留める最後の名残といえよう）。両軍の兵士は完璧な列をなして敵と対峙《たいじ》し、一斉に銃を発射していた。現代の戦争はそれとは完全に違い、敵が態勢を整えられないよう、カモフラージュや隠蔽、そして無秩序に見せかけることを重視している。現代の戦争では無秩序性が重要な要素であり、奇襲や機動性、そして予測不可能な動きが重要視される。デカルトの興味や注目を惹いたのは、一七世紀の戦争に特有の完璧な秩序だったようだ。彼は軍事演習や戦闘を観察し、そこに調和や対称性を見いだした。デカルトは空中での弾丸の弾道に興味を持ち、重力下での物体の落下を研究していた。この研究は必然的に、禁じられていたコペルニクスの太陽中心説へと彼を導くこととなる。

デカルトにとって、弾道と軍事作戦、そしてラ・ロシェルの港の入口を封鎖した見事な堤防の建設が、先祖代々一家の住むポワトゥーの海岸に行ってそこで何が起こっているのかを見ようという、強いきっかけになったのだ。そして最後に、デカルトは、常にタイミング良くぴったりの場所に居合わせたいと思う男だった。フランクフルトで皇帝が冠《かんむり》を戴《いただ》いたときにはその場所におり、ヴェネチアと海との結婚式の時にもそこに居合わせ、そして今度は（もちろん血なまぐさい）歴史が作られつつあるラ・ロシェルにいた。デカルトは人生に関してできる限りのことを学びたいと思っており、ラ・ロシェルの包囲戦はそうした学習の一環だったのだ。

第12章 オランダへの移住とガリレオの亡霊

デカルトは一六二八年一〇月にパリへと戻ってきたが、すぐにベークマンに会うためミデルブルフへと旅立った。初めて数学に興味を持たせてくれ、数学者と科学者としての人生を究《きわ》める口火を切ってくれた良き師のもとへと、彼は向かっていた。ミデルブルフでは会えなかったデカルトは、ドルトレヒトへと足を伸ばし、その地にあるベークマンの学校で二人の友人はやっと顔を合わせた。

デカルトは、幾何学と代数学を融合させようという初期の試みをベークマンにも聞かせた。ベークマンの日記によれば、デカルトはヨーロッパじゅうを旅したというのに、数学に関する自分の考えをベークマンほどに理解できる人には一人も会えなかったという。二人は、幾何学と代数学におけるデカルトの新たな手法だけでなく、和音や楽器や音の伝播といった、音楽に関する事柄についても議論しあった。彼らはまた、光の性質や重力といった、物理学における数々の謎についても話しあった。学問に対する愛と数学の力に対する信念という、二人を結びつける絆《きずな》は、以前よりも強固になったようだった。デカルトは友人とともに数日間過ごしたのち、去っていった。しかし彼らは、手紙を通じて定期的に情報交換を続けた。

それから少し後の一六二八年の年末、デカルトは突然オランダへと移住した。その理由はよくわかっていない。この移住は一時的なものではなかった。それからデカルトはオランダで二〇年過ごし、その後は、フランスには戻らずスウェーデンへと向かうことになる。デカルトはカトリック教徒であり、一方オランダは大半がプロテスタントだったので、この移住は奇妙に思える。八年後に出版される『方法序説』の中でデカルトは、自分がオランダに移住したのは、身元が知られている地から身を遠ざけ、平和を享受《きょうじゅ》して活気に満ちた繁栄する国で暮らしたかったからだと述べている[1]。

また、オランダではフランスをはじめとしたヨーロッパの国々よりも印刷に関する法律が自由であり、デカルトが研究成果の一部を出版したがっていたことから考えると、それが一つの理由となって彼は移住を決めたのかもしれない。しかしデカルトの移住は、絶え間なく感じる恐れにも促《うなが》されたものかもしれない。彼の研究はコペルニクスの宇宙論という危険な方向へと向かっており、物理学における自分の発見がカトリック教会の教義に反すると見なされるのではないかと、彼は不安を感じていたのだ。フランス人学者のギュスターヴ・コーエンの推測によれば、デカルトと薔薇十字団との繋《つな》がりに関する噂が一六二三年から一六二九年にかけてパリを駆けめぐったこともまた、彼がフランスを去る決心を促したのだろうという[2]。

しかし時とともに、デカルトのオランダ移住は大きな間違いだったことが明らかとなってきた。この地で彼は、それまでのカトリック教徒よりもずっとひどく、オランダ人神学者に悩まされたからだ。しかしおそらくは、彼の人格の方も変化していたのだろう。デカルトはますます秘密主義になっていったのである。

デカルトがフランスを去ることを決心すると、メルセンヌはがっかりし、彼に移住を思いとどまるよう説得した。しかし努力の甲斐もなく、デカルトはフランスを後にした。その後の二〇年間、彼はオランダじゅうを渡り歩きながらヨーロッパの知識人たちと手紙のやりとりを続け、中でもその大半を占めるメルセンヌとは数学や哲学の問題を議論した。デカルトがオランダ国内を旅し、一ヵ所に数ヵ月や数年留まっては突然別の町や村へと移っていた頃には、メルセンヌ以外に本当の住所を知らせないことが多かった。ある街に滞在していたとしても、手紙には発信地としてその近くの街や大都市を記していたのだ。いまデカルトがどこにいるのかを正確に知っていたのはマラン・メルセンヌだけだったため、他の人がデカルトに手紙を送るときには、必ずこのミニモ会修道士を介さなければならなかった。当時のデカルトは、何ものからか身を隠していたようにも思える。

オランダに移住してしばらくのちにデカルトは、この時期の人生を象徴することとなる数々の諍《いさか》いのうち最初のものを経験する。

ベークマンもまた、デカルトとの交流を通じて変わっていた。彼は指導的科学者としての地歩を固め、聡明な友人とさえ張りあう野望を燃えたぎらせたのだ。二人の関係が始まったばかりの一六一九年四月二三日、デカルトはベークマンに宛てて次のような手紙を送っていた。「もしたまたま私が何かを生み出し、それが不名誉とは思われないようなものだったら、あなたはそれを自分のものだとおっしゃっても当然のことです(3)」しかしこれはおそらく、ベークマンに対してそれが自分の成果であることを主張する挑戦状というよりも、デカルトの極端な礼儀正しさと控え目な性格、そして友人に対する感謝の気持ちを表現したものなのだろう。ともかくベークマンは実際に、それは自分の手柄だと主張するようになったのだ。

ベークマンはデカルトと最後に会ったすぐ後に、パリにいるマラン・メルセンヌと文通を始めた。おそらくデカルトが二人を引き合わせたのだろう。一七世紀ヨーロッパの数学と物理科学を代表する人物で、大陸のあらゆる科学研究の情報拠点として活動していたメルセンヌと文通を始めたのは、ベークマンが自分の知識を誇示したかったからなのだろう。ベークマンはメルセンヌに、そして彼を通じて他の人々に、デカルトに多くの重要なアイデアを与えたのは自分であると主張した。ベークマンは、数理物理学の創始者は自分であって、デカルトはその新たな科学を理解するもう一人の人物でしかなく、彼はその創始者ではないのだと思いこむようになっていった。

メルセンヌはオランダにいるベークマンのもとを訪ね、続けてデカルトを訪問した。デカルトはメルセンヌから、ベークマンがデカルトの知識は自分が与えたのだと吹聴《ふいちょう》していることを聞かされ、ひどく腹を立てた。そしてすぐにメルセンヌに手紙を書いた。

友人の恩知らずな行動に注意を向けさせていただいて、大変感謝しております。考えるに、私が手紙を通じて敬意を伝えたために彼は目がくらみ、一〇年前には自分が私の師だったのだとあなたに言えば、あなたがもっと高く評価してくれるだろうと思ったのでしょう。しかし彼は完全に間違っています。私のように、ほとんど知識がなく何でも受け入れる人物を教えたからといって、はたしてどんな名誉があるでしょうか？　あなたが望まないので、このことは彼には言いませんん。しかし、もし彼からの手紙が手に入れれば、彼を貶《おとし》める材料がたくさんできることでしょう。(4)

デカルトの腹の虫は、メルセンヌにこの手紙を書いただけでは収まらなかった。一六二九年の末に彼はベークマンに、自分の論文の返却を求め、友人関係を完全に断ち切る旨《むね》の手紙を書いた。一六三〇年の中頃にベークマンのもとを訪ねたメルセンヌは、彼から日記を見せられて、ベークマンは確かにデカルトの成果に貢献しており、彼の助力がなければデカルトはすべての発見を成し遂げられなかったたろうと信じた。メルセンヌに日記を見せて自分の主張を証明したという手紙をベークマンから受け取ったデカルトは、それまでになく怒り狂った。そしてデカルトはベークマンに、次のような返事をよこした。「あなたが真の友情や真理よりも愚かな自慢話の方に興味があるとわかったのだから、いくつか言わせてもらおう。……会話であれ手紙であれ、私があなたから多くを学んだとへりくだって言ったのは、丁重さを重んじるフランス語の習慣に従ったまでなのに、明らかにあなたは勘違いをしたのだ(5)」

しかしベークマンは当時の知識人たちに向かって、デカルトに数学や物理学や音楽理論を教えたのは自分であり、デカルトのアイデアはすべて自分との会話の中から生まれたのだと主張しつづけた。彼はデカルトに、この主張を繰り返す手紙を書いた。おそらくベークマンは、デカルトの成果に対しては自分に大きな優先権があり、それを日記に書くことも許されると考えていたのだろう。中でもベークマンは、日記の中にラテン語で「めったにいないのは自然学者兼数学者だ」と記《しる》している。しかしデカルトはベークマンへの手紙で、「あなたが数学的自然学という名前で呼ぶまやかしの自然学から、私は何も学んでいない」と言い放った(6)。

一六三〇年一〇月一七日、最後の決裂のときがやってきた。ベークマンと、自分の名声に対する彼の異論に、デカルトの堪忍袋の緒が切れたのだ。その日、デカルトはベークマンに宛てて、あなたには礼儀正しさと上品さが身に付いていないという手紙を書いた。そしてベークマンを「愚かで無知だ」と非難し、さらにこう続けた。「あなたのこの前の手紙がすべてを物語っているように、あなたは敵意でなく狂気ゆえに罪を犯している」デカルトは、ベークマンから学んだのは「蟻や小さな虫」といった自然のちっぽけな事柄だけで、他には何一つ学んでいないと主張した(7)。

これは驚くことなのだろうが、二人はその後も時折互いに手紙を送り、顔を合わせることさえあった。しかし、彼らの友人関係は決して以前のようには戻らず、そこに思いやりや熱意はほとんどなくなっていた。

一六二九年一〇月、デカルトは物理学と形而上学《けいじじょうがく》に関する本の執筆を始め、[8]その本を『世界論』と名付けた。しかし、四年間にわたる野心的な計画を終え、出版を待つだけだった一六三三年、デカルトはガリレオの裁判のことを耳にした。デカルトは生涯にわたる知的進歩によって、純粋数学から形而上学へ、そして形而上学から物理学や宇宙論へと歩を進めていた。だがガリレオのニュースは、他に比べようのない衝撃だった。

その一〇年前からデカルトは、彼が発展させた代数学と幾何学の原理を使って物理世界の問題に取り組んでいた。デカルトは先人たちの考え方を採り上げ、自らの鋭い幾何学的解析を用いてそれらの多くを立証し、残りを反証した。彼は、太陽系の中心には太陽が位置し、地球を含む惑星は太陽の周りを回っているという、コペルニクスの理論と完全に合致《がっち》する宇宙観を作り出した。落体や重力に関する研究、そして大砲や銃弾がたどる軌跡の観察結果といった、物理学におけるデカルトの成果は、すべてこの理論と一致したのだ。

デカルトの物理学は、われわれが数理物理学や理論物理学と呼んでいるたぐいのものだ。彼は、数学から導いた第一原理をもとに自然法則を導き出した。それは、落体の法則や地球の自転や惑星の公転といった、物理世界に関する答えを数学から導くという、ある種の知的作業だった。科学や数学や哲学の発展を促《うなが》した友人メルセンヌに捧げた『世界論』は、創造物と世界の仕組みを科学的に説明した本であり、科学と宗教的信念とを調和させるために創世記を書き換えるというものだった。しかし、この本の出版直前の一六三三年一一月、デカルトはガリレオに関するニュースを聞き、すぐにその出版を取りやめた。のちに彼は、「さらに原稿をすべて燃やすか、少なくとも誰にも見られないよう始末するよう決心しかけた」と、そのときの決意を語っている。(9)

歴史が証明しているように、デカルトはガリレオを苦しめた危険に対して、自分が思っていたほどには無防備でなかった。第一にデカルトは、ガリレオが著作に教会を象徴するシンプリチオという頭の悪い人物を登場させたようなまねをして、異端審問の罠にかかることはなかった。第二にデカルトは、ガリレオのいるトスカナよりもローマの影響力が弱いオランダに住んでいた。そして第三に、デカルトにはとても強力な支持者がいた。一六三七年、デカルトの友人メルセンヌは国王ルイ一三世から、「わが愛するデカルト」の著作を支障なく出版する特権を得た。しかしそれは何年かのちのことであり、あのときのデカルトの行動を変えることはなかった。デカルトは、物理学に関する著作を出版しないという決心を貫いたのである。

デカルトは物理学を研究しつづけたが、教会の気に障《さわ》りそうな結果を出版することは避け、それとは違った形の物理学に集中した。ガリレオ裁判に衝撃を受けたデカルトは、数学の応用に基づく理論物理学から、現実世界での実験に基づく実験物理学へと転向したのだ。強大な異端審問を怒らせかねない結論をもたらす理論的基盤が、実験物理学にはなかったからである。(10)

デカルトにとって最初でかつ最も重要な著作となる、一六三七年に出版された『方法序説』の中で彼は、『世界論』をめぐるジレンマを公《おおやけ》に説明している。『方法序説』第五部の冒頭直後で、デカルトは次のように記している。(11)

そのためには、学者たちのあいだで意見が対立しているいくつかの問題に関して述べる必要があるが、決して彼らともめごとを起こしたいわけではない。私が望ましいと考えるのは、彼らとの対立を避け、これがどんな問題なのかを一般的な言葉で述べるだけに留め、もっと具体的に大衆に伝える方がよいかどうかの判断は賢人たちに委ねることだ。……私は、神がそうして自然の中に築いてわれわれの心に植え付け、十分に考えれば、世界に存在することに、あるいは世界でなされたすべての事柄の中に正確に観察されることに疑いようがなくなるような法則の数々に、関心を持ってきた。さらに、それらの法則の帰結を考えるに、私は、最初に学んだ、あるいは学べると思った事柄よりも有用で大切な数多くの真理を発見したと思われる。

デカルトの『世界論』は、彼の死から一四年後の一六六四年になってやっと出版された。引用した一節は『世界論』の第七章を受けたものであり、デカルトはこの章で、物体の運動を支配する三つの基本的な自然法則について述べている。その法則とは、空間内における運動の速度、方向、伝達に関するものだ。デカルト曰く、これらの規則は神の法則の不変性に基づいているという。デカルトは、神が自然法則を作り、それを人類に理解されるようにしむけたと信じていた。そして、地球の自転や地球と惑星の公転は、（現代の用語で言う）運動量保存則から直接導かれる自明な現象であると考えていた。

しかし、異端審問を恐れたデカルトは、こうした考えを暗にほのめかすことしかできなかった。暗号ないしは偽装を施された言葉を使って、自らの科学的推論の大半を秘密にしておかなければならなかったのだ。デカルトは、コペルニクスの学説に理論的裏付けを与えることで教会を動揺させることを恐れたため、運動の法則や運動量保存則の発見において彼の果たした役割が評価されることはなかった。デカルトほどの天才をもってすれば、おそらくは、物理学の第一原理の導出によって地球の自転や惑星の運動を導き、それらの法則を太陽系に適用させることもできたはずだ。彼は、導かれた法則を神の意志と捉えた。一六三〇年四月一五日にデカルトがメルセンヌに書いた重要な手紙からは、デカルトの推論過程や物理的分析、そして彼が出版を撤回した『世界論』の主要テーマである、物理学と彼の信仰や宇宙の神に対する見方との関係について、最も深く読み取ることができる。以下に抜粋しよう。[12]

私は、自らの自然学の中で形而上学的な問題に触れることはしません。とりわけ、永遠とされる数学的真理もあらゆる創造物と同じく、神が築いたものであって完全に神に負っているのかどうか、という問題です。実際、「こうした真理が神から独立したものである」と言うのは、神がユピテルやサトゥルヌスのような存在であって、彼が冥府の神や運命の神の支配の下にある、と言うようなものです。どうか誰はばかることなく公言し、発表してください。国王が自国の法律を築いたのと同じく、自然法則を築いたのは神であると。精神が導く限り理解できないものなど存在せず、国王に力があれば法律を国民の心に植え付けられるのと同じく、すべての真理はわれわれの精神に備わっているのです。

デカルトは、自然法則は神が世界に与えたものであり、神がわれわれの意識に植え付けたものなので、自然法則に関する理論の考察を避ける宗教上の理由などないということを、メルセンヌに納得させようと必死だったようだ。それでも彼は、この問題に関して論じた本の出版を取りやめ、心の狭い聖職者や神学者や哲学者からの危険に身をさらすことを避けたのである。

それまでデカルトは、普遍科学（ラテン語では"mathesis universalis"）という極めて野心的な目標に向かって研究を進めていた。そしてある画期的な発見を成し遂げていた。彼は、純粋数学の中の抽象的な分野である幾何学を、宇宙の理論に応用した。[13] 幾何学の原理を、光学や力学を含む物理学と自らの哲学に適用させることに成功したのである。しかし、まさにその発見を出版しようとしたとき、遠いローマで起こっている恐ろしい出来事を知ったデカルトは、腰が引けた。彼は『世界論』の出版を取り下げ、このテーマに関する論文を隠し、新たな論文の内容は暗号化して、その原文は廃棄したのだ。デカルトは、文書に含まれる数字をわかりにくくするために、数字を記号と区別がつかないよう書き、それを自分にしか理解できないようにした。記号が数なのか抽象的なシンボルなのかを判別する鍵は、記号の太さだった。[14]

『世界論』を分析した現代の学者たちが、この論文の中で注目した事柄がある。すなわち、研究者たちが名付けるところの「世界についての寓話」というものだ。デカルトは、自然に対する自らの信念を隠すことに執着するあまり、その世界自体をでっち上げることまでしたのだった。デカルトが撤回した『世界論』に描かれている世界は、われわれの住むこの世界ではない。それはデカルトの心の中だけに存在する架空の世界だ。つまり彼の世界なのである。そしてこの世界についての寓話の中では、地球をはじめとした惑星が太陽の周りを回っている。これによってデカルトは、非難されることを恐れずに、物理学や生物学、そしてこの本の重要なテーマの一つである光の性質について思うがままに語ることができた。デカルトは、自らの物理学を「寓話」によって隠すことで、さらにもう一枚の防護服を身にまとったのだ。[15] 一六三〇年一一月二五日にメルセンヌに宛てた手紙の中でデカルトは、「私はこの世界についての寓話を大変気に入っています」と書いている。だとすれば、なぜ彼は、ローマでのガリレオ裁判のことを聞いて、本の出版を取り下げるといった極端な行動に出たのだろうか？

デカルトとメルセンヌとの手紙は、科学の発展、二人の関係、デカルトの心理状態、そして『世界論』の運命に関して多くのことを教えてくれ、さらにはもしかしたら彼のオランダ移住の理由についてもヒントを与えてくれるかもしれない内容を含んでいる。

一六三四年二月一日、デカルトはオランダのデーフェンターの地からメルセンヌに宛てて、次のような手紙を書いている。

わが敬愛する神父殿

特別お伝えすることがなかった二カ月以上、あなたからも何も知らせがなく、これ以上お手紙を書くのを延《の》ばすべきではないと考えました。優しくも私に好意を注いでくださっている証拠は十分すぎるほどであるので、それを疑うときさえありませんでしたが、それでも、私の哲学に関してお手紙を送るという約束をいまだに守っていないので、あなたの感情が冷めてしまったのではないかと恐れています。地球が動いているという説を擁護するあの本［『世界論』のこと］の出版を私が自分の意志で完全に取り下げ、教会への完全服従のために四年間の研究を棒に振ったことをあなたが知っても、あなたは徳の高さゆえ変わらず私を評価してくれるだろうと信じています。ともかく、書物を検閲する目的で設置された枢機卿会議のほかには何も、教皇も宗教会議もそうした説の擁護を認めたことがないことから考えて、現在のフランスでは、この本を異端的信条表明の書と断罪できるほどに教会の権威が強いことは明白です。イエズス会はガリレオに対して有罪判決が下されたことの一端を担っていたはずであり、シャイナー神父の全著書からは、イエズス会はガリレオの敵だったという証拠が読み取れます。むしろその本からは、彼は太陽の方が動いていると信じていたことがはっきりと読みとれ、それゆえシャイナー神父自身もコペルニクスの意見に賛成していなかったのだとわかりました。私はこれを知って大変驚き、自分にはあえて自説を出版する勇気はないと感じました。私が追い求めているのは、敵意を抱いていては決して得られない心の平穏以外の何物でもありません。私はただ、誤った説を信じている人たち、そして真実が暴《あば》かれるのを恐れる人たちに事実を教えることを望むだけです。

あなたの忠実かつ親愛なるしもべ　デカルト

デカルトは友人のメルセンヌに、出版を取りやめた『世界論』の原稿を送ることさえしなかった。デカルトが手紙の中で触れているクリストフ・シャイナー神父は、太陽の黒点に関する論文を出版したイエズス会の天文学者だ。彼は優れた科学者で、黒点の分析はその現象の最初期の観測結果に基づいている。しかし、ガリレオがシャイナーの研究を嘲笑して彼を敵に回したため、のちにシャイナーは彼の攻撃に荷担することになったのだ。

デカルトはどうやら、自分と科学一般に対して身構えているとひとり思いこんだ手強い敵に、恐れをなしていたらしい。彼は、かの修道士との真の友情を是《ぜ》が非《ひ》でも守りたいと思っていたようだ。しかしこの手紙を注意深く読むと、友人もまた教会の一員であることをデカルトは気にかけていたという印象が残る。教会を遠慮なく非難するのはぎりぎりのところで避けているものの、デカルトの心の内は明らかである。

デカルトが次に出した手紙も同じような内容を述べるものだったが、語調はより激しくなっており、自説のために自分が置かれた状況への恐れはやや薄れている。デカルトが取り下げた論文はとても興味深いものであり、ガリレオの説を支持する上で価値のある科学論文だったことが読み取れる。以下に掲げるその手紙は、一六三四年二月末にデーフェンターの地から送られたものだ。(16)

わが敬愛する神父殿

あなたのお手紙から、以前に私が送った手紙が届いていないことを知りました。確かに正しい宛先を書いたと思うのですが。それらの手紙にはあなたに論文を送らなかった理由を長々と書いてあったのですが、あなたはそれをもっともだと思い、私を非難したり二度と私と会いたくないと思われたりするどころか、自説について及び腰な私を率先して諭《さと》してくださると信じていました。もちろんあなたは、ガリレオが宗教裁判で有罪となったのがそんなに昔のことではなく、地球は動いているという彼の説が異端として非難されたのだということはご存じでしょう。ここで言いたいのは、ガリレオと同様の地動説に関して私が本に記したすべての事柄は、どれも互いに密接に結びついており、しかもいくつかの明白な事実に基づいているということです。それでも私には、教会の権威に歯向かうつもりは微塵《みじん》もありません。……私は平和に生活したいし、歩みはじめた道をこれからも進んでいきたいのです。

ほどなくしてデカルトはガリレオの本を一部入手し、偉大な科学者を破滅へと追いやった異端の説を自らの目で読んだ。デカルトからメルセンヌへの次の手紙は、一六三四年八月一四日にアムステルダムで書かれた。そこには以下のように記されている。

あなたに何もお知らせすることがなく、申し訳なく思うようになってきました。……ベークマン氏が土曜の夜にガリレオの本を持ってきてくれましたが、今朝、彼がそれをドルトレヒトに持って行ってしまったので、私の手元には三〇時間しかありませんでした。全部読む余裕はありませんでしたが、彼が地球の運動に関して深く考察していることはわかりました。もっとも確信には至っていなかったようですが……。彼が言うところの大砲を水平に発射する場合に関しては、もしあなたがご自分で実験されたら測定可能な違いが見つかるだろうと私は信じています。他の事柄に関しては、お答えできるほどの資料を読む時間を使者が与えてはくれず、自分の論文に書いたこれらの原理をすべて説明したからといって、自然学に関するどんな問題にも決定的な答えを示すことは私にはできないので、それは控えようと決めました。

デカルトは明らかに、出版するにせよ差し止めるにせよ、自らの文書には物理学の問題に対する正しい答えが含まれていると信じていた。おそらくそれが、ガリレオに共感しつつも、彼と同様の、あるいはさらに悪い運命を恐れた理由だろう。一六四〇年六月一一日にライデンから出した手紙には、「あなたはいかにもガリレオがまだ健在であるかのように書いておられますが、彼はずっと前に死んだと思います」と記されている。実は当時ガリレオはまだ生きており、それから二年間生き長らえ、一六四二年一月八日に死んだ。おそらくデカルトは、ガリレオのような運命にあまりに恐れおののいたため、彼がどうなったかも知らずに、このイタリア人老科学者はきっと異端審問によって殺されたと決めつけていたのだろう。こうした手紙からは、隠棲を余儀なくされた知識人の横顔が見て取れる。

第13章　秘密の情事

『世界論』を葬り去ったのち、代表作『方法序説』を執筆していたデカルトは、アムステルダムでかなり平穏かつ幸せな生活を送っていた。彼は、ヴェスターケルクにほど近い（現在の）ヴェスターマルクト通り六番地に建つ建物に住んでいた。

デカルトは、自分とトマス・セルジャントという名の従者のために、この建物の一室を借りていた。家主にはヘレナ・ヤンスという名の美しい使用人がいて[1]、彼女がデカルトの家事の世話をしていた。ヘレナは使用人だったものの、のちにデカルトに宛てて書いた手紙からわかるように、文字の読み書きができた。彼女はある程度の教育を受けており、教養もあったのだ。一六三四年のある秋の夜、ヴェスターマルクト通り六番地の建物の共用スペースでくつろいでいた二人は、愛しあうようになった。バイエによれば、ヘレナは一六三四年一〇月一五日日曜日に娘を身ごもったという。クレルスリエがパリで報告しているように、デカルトは一六四四年にシャニュに対して、「神があの危険な関係から私を解放してくれてから、一〇年経った」と語っている[2]。そして、デカルトが「小さなフランス」という意味でフランシーヌと名付けたその赤ん坊は、一六三五年七月一九日に生まれた。彼女は八月八日にデーフェンターで、母親と同じプロテスタントの儀式に則《のっと》って洗礼を受けた。

バイエはこのエピソードについて次のように記している。

デカルト氏の結婚は、親族や支持者から遠く離れて国外で送った彼の謎めいた生活の中でも、最大の秘密である。彼の人生の中でこのエピソードは、哲学者にふさわしいものではなかったのかもしれない。しかし、ほぼ生涯を通じて人体のしくみに最も興味を持っていた男が、禁欲の美徳を厳格に守り、独身生活を送る者に対して我らが気高い宗教が課した規則に従うというのは、なんとも難しいことだった。(3)

『方法序説』を出版したデカルトは、オランダの海岸へと旅に出て、吹きさらしの砂丘と草原が広がる、周囲から孤立したハールレムの近郊に滞在した。この地に腰を落ち着けた彼は、ヘレナとフランシーヌを呼び寄せた。デカルトはある友人に、この移住のことと、「姪」を呼び寄せたく思っている旨《むね》を手紙で知らせた。デカルトは娘の存在を隠していたので、フランシーヌのことはこのように呼んでいたのだ。彼の手紙には、自分が借りている家にヘレナを、おそらくは家主のお手伝いとして呼びたいのだとも記《しる》されている。(4)

デカルトは、フランシーヌをフランスにやり、親戚のデュ・トゥロンシェ夫人にしっかり教育してもらうつもりだった。しかし悲しいことに、少女は猩紅熱《しょうこうねつ》に三日間苦しめられ、一六四〇年九月七日に死んだ。デカルトは娘の死に打ちひしがれた。何年も後にデカルトは、オランダ人神学者のヒスベルト・フーティウスに、「婚姻外で子どもをもうけた」として非難された。しかし、はたしてフランシーヌは婚姻外で生まれたのだろうか？

デカルトとヘレナが秘かに結婚していたという証拠がいくつかある。オランダの出生記録簿に収められているフランシーヌの出生記録は、彼女が婚姻関係にあるカップルの子どもであったと解釈できる。デカルトはヘレナにも娘のフランシーヌにも深い愛情を抱いており、彼が娘の母親と秘かに結婚していた可能性は高い。彼女は使用人だったので、デカルトは、結婚であれ何であれ二人の関係を秘密にしておきたかったのだ。しかし彼にとって、少女は最愛の人だった。それでも彼は放浪し、二人と一緒に長くは暮らさなかった。フランシーヌの死後、デカルトはヘレナとの関係を若気《わかげ》の至《いた》りと考え、自分は男でしかも当時は若かったから貞節の誓いを守れなかったのだと弁解していた。

フランシーヌの死から三週間後、デカルトはアメルスフォールトにいるヘレナを残し、ライデンへと発《た》った。彼は娘を失ったことで失意のどん底にあったが、しばらくはヘレナと連絡を取りつづけ、たとえどこにいても彼女に手紙を書いていた。だが結局、二人の関係は途切れた。

今やデカルトは、貴族としての自分にもっと適《かな》うと思われる女性に的を絞るようになった。まさしく王女に興味を持ったのだ。

フランシーヌが死んだ頃に、デカルトは姉も失った。彼は二人の死に完全に打ちひしがれ、深い悲しみに沈んだ。そして研究に慰めを求めた。しかし彼は、召使いを除けば孤独だったので、誰とも意見交換できなかった。だが、召使いでユグノー教徒のジャン・ジロと話す時間が増えるにつれて、この男には数学の才能があることをデカルトは知った。デカルトはジロに数多くの問題を出したが、それを彼は見事に解いてしまったのだ。この召使いには与えられた仕事より数学の方が合っていると、主人は確信するようになった。デカルトは、友人でオラニエ家の王子の秘書、そして詩人でアマチュア科学者でもあったコンスタンティン・ホイヘンス（一五九六－一六八七）〔クリスティアーン・ホイヘンスの父〕に宛てた手紙の中で、ジロを「私の唯一の弟子だ」と呼んでいる。ジロはのちにホイヘ

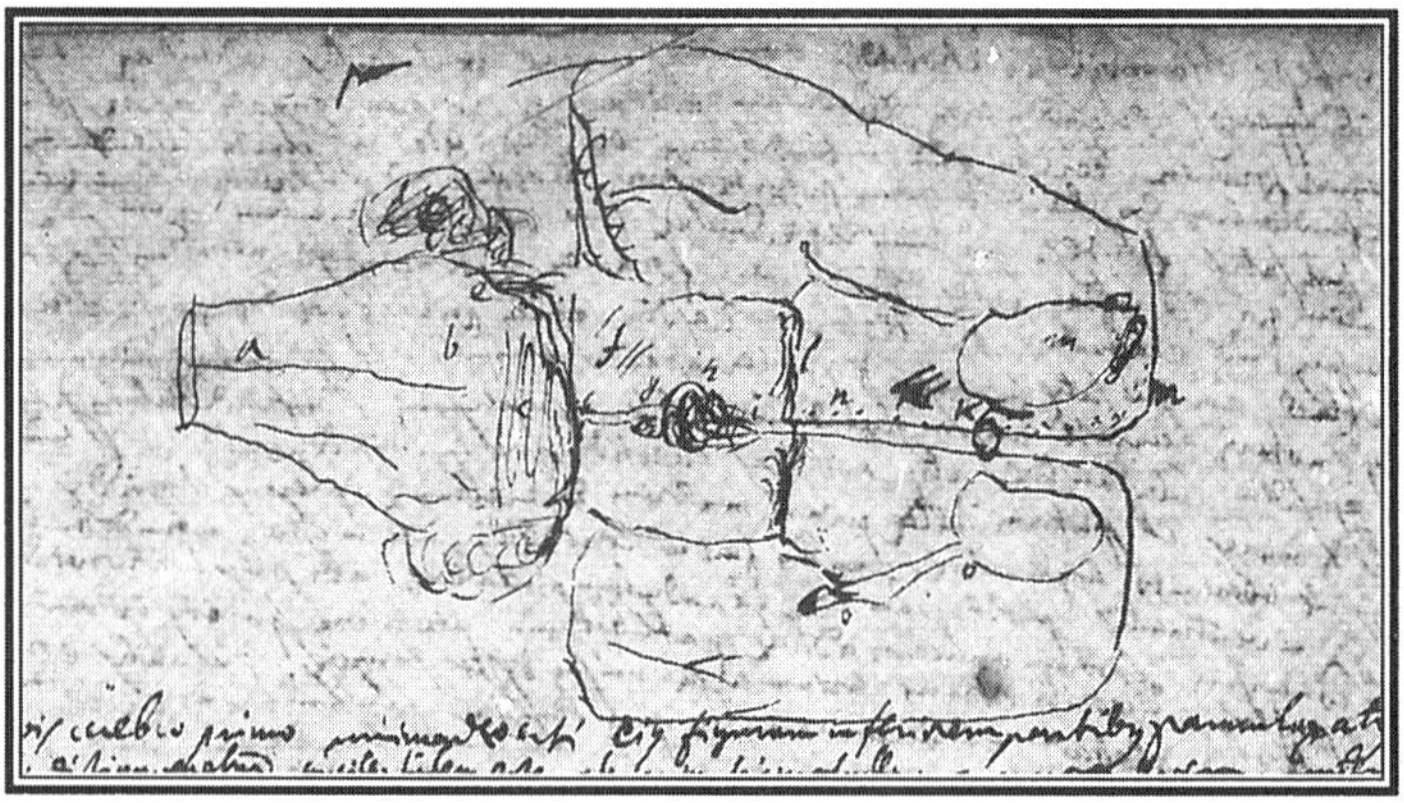

ンス本人とともに研究を手がけるまでになり、その後さらに他の数学者たちとも研究をともにする[5]。最終的にジャン・ジロは、公式のポルトガル国王付き数学者となった。それは職業人生を召使いとしてスタートさせた男にとっては驚くべき偉業であり、デカルトとの結びつきがどんな結果をもたらすかをこのエピソードは雄弁に物語っている。

　デカルトは、二人の死に向かい合ったことで、自分自身の死も気にするようになった。そして四七歳になったとき、デカルトは髪とあごひげに白いものを見つけた。彼は健康だったが、白髪を発見したことで、老化や死についてますます心配するようになった。彼は一頭の犬を引き取り、ムシュー・グラと名付けた。彼が住んでいたオランダの小さな町や村の人々は、孤独な男が犬を連れて物思いにふけりながら歩いているのを、たびたび目撃した。

　デカルトは食事を変えた。ほとんど野菜や果物だけを摂《と》るようになり、肉はほぼ完全に避けたのだ。彼は、農業地域や、新鮮な食材を売る田舎の市場に近い小さな町で、隠遁生活を送った。毎日、召使いを近くの市場に行かせ、新鮮な卵や牛乳、果物や野菜を買ってこさせた。デカルトは、医学と栄養学に関して優れた感覚の持ち主だった。しかし彼はそれ以上を望んだ。一〇〇歳以上まで長生きする方法を見つけたいと思ったのだ。

その目標達成のため、デカルトは肉屋を訪ねるようになった。肉を食べるためではなく、動物の死体を手に入れるためだった。彼は動物の死体を解剖し、その解剖学的構造を細部にわたって研究した。デカルトは、何年にもわたってさまざまな種類の動物を何百頭と解剖した。デカルトが描いた動物の解剖図の一枚を紹介しよう（前ページ）。原図はすでに失われており、これはライプニッツがパリのクレルスリエの家で写したものである。

デカルトは、肉体と魂《たましい》との関係に興味を持った。彼が動物を解剖した理由の一つは、自分が長生きするために解剖学を学んで生命の秘密を探ることだったが、もう一つの理由は、肉体と魂との関係を理解しようというものだった。後で述べるように、デカルトは自らの哲学から、人間だけが魂を持つと信じるようになった。

第14章　デカルトの哲学と『方法序説』

デカルトが現代哲学の父として知られているのは、一六三七年に著書『正しい推論と科学の真理探究のための方法に関する序説』を出版したところが大きい。フランス語の正式タイトルを直訳すると、「自らの理性を正しく導き、諸学問において真理を探究するための方法についての序説、および屈折光学、気象学、幾何学に対するこの方法の試論」となる。『屈折光学』は光学についてのデカルトの発見に関するもので、『気象学』は虹のような自然現象に関する理論の詳説、そして『幾何学』は幾何学における重要な進展とその代数学との関係を説明したものであり、これら三つの付録はデカルトの導いた一般的方法の実証例となっている。デカルトは、母語であるイタリア語で著書を書いたガリレオに倣《なら》い、フランス語を話す人々に最も広く読んでもらえるよう、この本をフランス語で書くことにした。この二人は、教会や大学で使われていたラテン語ではなく、日用語で学術書を書いた初めての人物である。

しかしこの『方法序説』は、フランスで出版されたのではない。この本の初版は、一六三七年六月八日にオランダ・ライデンの出版者ヤン・マイレの手で出版されたのだ。初版は著者匿名《とくめい》という形で世に出た。

『方法序説』（そしてのちの著作の数々で）説明されているデカルトの哲学は、感情や想像ではなく推論や知性を重視するという、一七世紀の「理性主義」を生み出した。理性主義はよく、本質的知識の主な源《みなもと》は経験であるとする「経験主義」と比較される。デカルトの哲学の土台となっているのは、経験から導くのではなく、いくつかの根本的真理を受け入れて、それら先験的真理に基づき、デカルトが「方法的懐疑」と呼んだ推論手法を使って哲学的思考体系を見いだすというものだ。デカルトは、心、神、物質を、世界の知覚的経験からは区別できない生得《せいとく》観念として捉《とら》えた。

デカルトの哲学の目的は、彼の方法によって真理へと到達することだ。デカルトの目標は、ばらばらで多種多様な真理ではなく、自明でない前提を何一つ持たない真の命題の体系を発見することだった。そこで彼は、自らが構築した知識体系の各部分が互いに強い結びつきを持つようこだわった。そのためこの体系は、懐疑論の脅威にびくともしないのである。(1)

デカルトは、哲学が英知の学問であることを理解していた。そして、彼にとってこの英知とは、人類が知ったり理解したりできるあらゆる事柄に関する完璧な知識を意味していた。そこでデカルトは自らの哲学に、形而上学《けいじじょうがく》や物理学、そして自然科学を取り込んだ。さらには、解剖学、医学、道徳までそこに含めた。デカルトは、国家は真の哲学を持たなければ徳を高くできないと説いて、哲学の持つ現実的側面を強調した。彼は意図的に過去を断ち切り、以前の哲学の権威を決して受け入れず、すべての知識を出発点に真理の探究を始めることにした。(2) デカルト曰《いわ》く、すべての科学は互いに結びついており、真理を導くために作られた一つの過程を使って、単一体としてそれを研究しなければならないという。そのためデカルトの考え方は、アリストテレスの原理を奉《たてまつ》り、さまざまな領域の知識は互いに別個のものだと考える、スコラ哲学と呼ばれる既成の中世キリスト教の哲学とは相容《あいい》れないものだった。

デカルトにとって『方法序説』は、（法学の学位取得のために一六一六年に書いた論文を除けば）初めて出版された著書だった。[3]『方法序説』が世に出て、それが当時最も重要かつ最も広く読まれ、そして最も話題の本になったとき、デカルトは四一歳だった。人々は間もなく、この可能性に満ちた本を著《あらわ》した人物の身元を知った。デカルトは、この比較的高齢に達するまで書物こそ一冊も出版しなかったものの、数多くの文書は残していた。彼は、出版を取り下げた『世界論』（正式タイトルは『世界あるいは知識概論』）を書き、『規則』（『真理探究のための精神指導の規則』）を一六二八年には著していたと一般的に信じられている。デカルトはこの本の出版も断っていた。『方法序説』を出版する一方で『規則』の出版を認めなかった理由は、学者たちによって徹底的に議論されているものの、依然として謎のままである。ここには、自らの深遠な思考と理論を世界に示したがらない、「仮面をかぶって」孤独を好む男の姿がある。一六三三年のガリレオの裁判が『世界論』の取り下げの原因だったことはわかっているが、ではなぜ、裁判の五年以上前にこの『規則』の出版を拒んだのだろうか？　そんなに早い時期から異端審問への恐れに襲われていたのだろうか？　あるいは、デカルトの行動には何か別の理由があったのだろうか？

ガリレオは、コペルニクスを支持したかどで一六一六年に初めて教会に非難された。異端審問所はその年の布告の中で、カトリック教会の影響下にあるすべての国でコペルニクスの理論を支持する書物の出版を禁じた。デカルトは以前からこうした展開に目を光らせており、自分の著書が出版された場合の教会の反応に用心していた。そのため彼は、ガリレオの裁判のずっと前から、自分の著作を公《おおやけ》にしないことを決めていたのだろう。ガリレオの裁判のニュースを聞いたデカルトは、自分が正しい判断をしたという思いを強めたのである。

『方法序説』とその補遺である三篇の科学論文は、デカルトの苦しいジレンマを映し出している。一方で彼は、自らの理論がガリレオやコペルニクスのものと完全に一致しているのに、自分は教会の見解に反論しないと誓っていたため、物理学に関する文献を自由に出版できなかった。他方で彼は、一六三七年には出版の必要性を心の中で強く感じ、彼の哲学や自然観について尋ねてきた多くの友人や人々からもプレッシャーを受けていた。

したがって、『方法序説』および三篇の科学論文はデカルトの考えを要約したものになっているものの、ただ一つ物理学の本質的部分だけは、禁じられた太陽中心説に触れないよう削除された。出版された文書に暗に示されているように、デカルトは宇宙を、中心がなく無限に広がるものとして捉《とら》えていた。(4) これらの仮定を置くことでデカルトは、宇宙に関する真の見解や推論を覆い隠し、コペルニクスの巻きおこした論争を完全に避けたのである。しかしこれらの見方は、宇宙は有限であって無限は神だけに属するとする、スコラ哲学の伝統に反していた。

デカルトの執筆の歴史や思想の発展に関する最近の研究によれば、「屈折光学」、「気象学」、「幾何学」という三つの補遺は、出版を取り下げた『世界論』の中に記されていたものだという。したがってこれらは、『序説』の何年か前に書かれていたことになる。その間《かん》にデカルトが行なったのは、文章を入念に書きなおし、『世界論』を取り下げ、禁じられた物理学の痕跡が残らないよう自らの科学を書き直すことだった。そして、身ぎれいになった科学的記述を含む三つの補遺にはしがきを付け加え、それを出版したのだ。(5) 実は『方法序説』の第六部や、一六三三年から三四年にかけてデカルトが書いたさまざまな手紙からわかるように、『世界論』自体も、自然科学に関するさまざまな問題を取り扱い一六三三年に出版の準備が整った、『気象学』という初期の著作を単に拡張したものだった。さらに、『屈折光学』というタイトルが付けられた論文も、すでに一六二九年には印刷所に送られる準備が整っていたものの、出版は取り下げられた[6]。これら初期の文書は慎重に書き直され、そこに現在では有名なはしがきが付け足され、それに『方法序説』というタイトルが付けられたのだ。デカルトの複雑な出版の経緯は、彼が自らの身を守れるようになるまでに長い時間がかかったことを物語っている。おそらくデカルトは、異論のある題材を削除するために、出版史の中でも一、二を争う複雑な作業をこなさなければならなかったようだ。

はしがきのつもりで書かれた『方法序説』にはデカルトの哲学の原理が含まれていたため、それがこの著作の主要部分となった。それは独立した論文として出版されることも多い。『方法序説』は構成も独特であり、この哲学の発展、すなわち自分という哲学者の発見の旅路を伝記風に解説したものとなっている。

デカルトの『方法序説』は、六つの部から構成されている。第一部は、デカルトの考え方を紹介し、それがどのように発展したかを解説している。彼は、ラ・フレシュのコレージュで学んだことについて記し、自分が触れてきた考え方について説明している。「私を最も楽しませたのは数学であり、それはその確実性と論法ゆえであった[7]」と彼は書いている。そして、哲学に数学の証明の考え方が使えると信じるようになった理由を説明する。そこから彼は懐疑の考えを導き、真であると確信できないことはすべて疑うと決心した。この点でデカルトの未完成の考えは、あらゆる命題には偽、真、その中間（蓋然的なもの）という三つのレベルがあるとする、広く受け入れられた中世のスコラ哲学から逸脱していく。

デカルトは、知識を得るための純粋な数学的方法を用いることで、蓋然的なものというレベルを排除し、幾何学の定理の証明に用いたような論理の力で証明できないものはすべて偽だと見なした。彼は次のように記している。「私は、自分が行なうことをすべてはっきりと見据え、自信を持ってこの人生を進んでいくために、真と偽をどのように区別するかを学びたいといつも強く思っていた[8]」さらに、学生時代に続く「世界という書物から学んだ」旅の時期に触れ、内省的研究を通じて真理の探究を続けることを決心したと締めくくっている。

『方法序説』の第二部では、神聖ローマ帝国の新皇帝の戴冠式を目にしてドイツで軍隊に加わったのち、「炉部屋」でひと冬を思索に捧げたことが述べられている。彼が最初に至った考えの一つが、何人もの親方が作りあげたものよりたった一人の親方が生み出したものの方がより魅力的であり、ある意味でより真理に近いことだった。この考え方から彼は、自分が最初にやるべきは、何人もの異なる人々の研究の結果として得られたすべての知識を放棄して、何世代にもわたる数々の人物が作り出した主流の哲学を否定し、デカルトというたった一人の手で知識体系の構築を始めることだと結論した。かろうじて過去の知識から受け継ぐに足るのは論理学、幾何学、代数学だけだが、それで十分ではない。彼は、この試みを導いてくれる四つの原理を並べている。

一　疑いようのないものだけを、真として認める。
二　どんな問題も、正しく解くために、必要な限りの部分へと分割する。
三　最も単純なものから始めて、最も複雑なものへと考えを進めていく。
四　関連する事柄が何一つ除外されないよう、すべての概念を列挙する。

そして第一原理と論理的概念を用いて定理を証明するという、古代ギリシャの手法を発展させた自らの体系を使って、どのように数学の問題を解くかを論じる。さらに彼は、幾何学で用いたものと同じ数学的方法論によって哲学原理を打ち立ててみたいとも述べている。

『方法序説』の第三部は、道徳の問題に充《あ》てられている。デカルト曰《いわ》く、彼は住んでいる土地の法律や習慣に従うと決心したという。そして、すべての行動に対して断固とした決意を持ち、理性と良識を養うことに人生を捧げ、それをすべての行動に当てはめたいと望んだ。デカルトは、再び旅行を始めて九年間「世界じゅうをさまよい歩いた[9]」ことについて語る。そして、知っている地から遠く離れたオランダへの移住についても述べている。

『方法序説』の第四部でデカルトは、この本の主眼である哲学の発展へと話を戻している。まずは方法的懐疑から話を始めた。数学的方法で証明できないものはすべて疑い否定する、と彼は述べている。では、いったい何を証明できるというのか？　いま、すべての事柄が偽であるとする。しかし、それらを疑っているのはデカルトという人間だ。そこで、真であるとして導けるのは、デカルトが存在するという事柄だ。そうでなければ、デカルトは疑うことができない。したがって、すべてを否定することによって、その疑っている人物の存在を証明できるのだ。これは、西洋思想の歴史の中でも最も見事な推論である。この証明は比類なく美しく、しかも数学的な証明の原理に従っている。この推論には、数学的証明でよく用いられる背理法さえも見て取れる。私が存在しないと仮定する。しかし、もし私が存在しなければ、私は疑うこともできないし、宇宙の万物を偽だと見なすこともできない。ゆえに私は存在しているはずだ。この推論から、デカルトの有名な言葉、「我思う、ゆえに我あり」が導かれる。

私が持っている考えは、推論の連鎖の始まりとなる第一の懐疑である。私はすべての事柄を疑う。しかしこの懐疑は一つの考えであり、その考えが私の存在を証明する。私は、私が疑っているという事実を疑うことはできない。したがって、少なくとも私は存在しているはずだ。

デカルトは、真理を導く論理的過程をさらに続けていく。懐疑は暗に不確実性を意味している。そして、不確実性は不完全性という意味を含んでいる。しかし、不完全性という考えには、不完全でないものの存在が必要だ。定義からいって、不完全でないものは完全である。そして、完全性は神に属している。こうしてデカルトは、完全なものが存在していなければならないという事実から、神の存在を導いた。完全な三角形や完全な円は、われわれの不完全な日常世界には存在しないが、現実世界の不完全な三角形や円に近いモデル、すなわち観念としては存在する。理想的な完全性は、完全な存在である神を意味するというわけだ。次にデカルトは、幾何学的空間という概念へと話を進める。デカルト曰く、空間は無限であり、どちらの方向にも限りなく広がっている。デカルトは、空間は果てしないという考えから無限という概念を抽出し、その無限が神であるという結論に達した。すなわちデカルトは、空間が無限であるという考えから、神の存在を確信させるもう一つの証拠を得たのである。

『方法序説』の第五部でデカルトは、物理学と自然哲学の問題へと話を移している。彼は、物理世界に関して自分が抱いているすべての信念を明かすことはできないとして、『世界論』の取り下げについて暗に言及している。ここでは、重力、月、潮汐《ちょうせき》について書かれている。彼の文章から、デカルトは物理学に関する膨大な事柄を理解していたことがわかる。次にデカルトは、自らの推論手法の応用例として生物学と解剖学について述べている。彼は心臓の機能について説明しているが、実は彼の説明は間違っている。デカルトは、心臓の温度は体の他の部分よりも高く、その温度差によって血液が心臓に出入りすると考えたのだ。彼は他の臓器の機能についても間違った形で論じたあとで（彼は肺の機能を理解しておらず、その役目は血液を冷やすことだと考えていた）、動物と人間の違いについて述べている。デカルトは、言語には理性と知性の存在が不可欠であり、ゆえに動物はそのどちらも持ち合わせていないと考えた。動物は自動機械であり、知性と魂を欠いている、と彼は結論づけた。デカルトは、肉体と魂は別々のものであると考えていたが、ここでも彼の哲学は、魂が肉体の一部であるとするスコラ哲学とは食い違っている。

最後の第六部には、デカルトがなぜこの本を書いたのかが記されている。その主目的は人類全体の幸福に資することであり、彼は人類が置かれた状態を改善するために本を書くようになったという。そして再び、執筆行為が本来抱えている危険性と、物理世界に関する自分の考えや推論をすべては語れないという事実について述べている。この本の執筆のために、どのような後援も国家奨励金も受け取るつもりはない、と彼は断言する。彼は、自然の深い理解の探求に自らの方法を応用し、長生きの方法を見つけることを目標とした。この目標は、アダムやノアといった人類の祖に匹敵する歳まで生きたいという、一七世紀当時の人々の願いに沿っていた。最後にデカルトは、なぜこの本をラテン語ではなくフランス語で書いたかを説明している。

しかしデカルトは、自らの哲学が物議を醸《かも》していることを悟った。それが当時の一般的な考えに反することは、彼にもよくわかっていたのだ。デカルトは、自分が頑強な敵に直面することを鋭く察知した。しかし闘士である彼は、自分の哲学を守る準備を整えた。やがて彼は、実際にそうせざるをえなくなる。

『方法序説』の出版によって、デカルトは一躍有名になった。この本は直ちに学者たちからの賛否両論を巻き起こし、デカルトは多くの時間を割《さ》いて、この本に関する数多くの学者からの手紙に返答した。彼の本はヨーロッパじゅうでベストセラーになったが、この本が巻き起こした論争によって、デカルトはますます人目を避け、外界とはもっぱら手紙で情報交換をするようになった。

薔薇十字団は『薔薇十字団の宣言』（一六一四年）の中で、「教会の欠陥を改め、道徳哲学を進歩させる」と主張した。デカルトは一六三七年の時点でもまだ、自分が薔薇十字団の一員だという噂を厄介に思っており、彼らへの反論を続けていた。彼は『方法序説』の中で、「人間の数だけ改革者が現れることになりかねない」と述べて暗に改革を批判し、薔薇十字団との距離をさらに取った。彼はまた、「私がこのような愚行を働く疑いを少しでもかけられると考えたなら」と述べて、自分がこの結社との結びつきを噂されていることを回りくどくほのめかしている。[10] そして『方法序説』の第一部の終わりでは、このようにはっきりした物言いをしている。

そして最後に、悪い諸学説に関して私は、錬金術師の約束や占星術師の予言や奇術師のペテン、そして、実際に知っている以上のことを知っていると公言する者たちの賞賛のたくらみといった、欺瞞の犠牲にならないほどには、そうした学説にどんな価値があるかをすでにわきまえていると思う。[11]

つまりデカルトは、ドイツを離れて二〇年近く経ってもなお、自分と薔薇十字団とを結びつける噂を気にかけていたことになる。しかし、彼の著作を読んでも人々の疑いは消えなかった。『方法序説』の初めの方でデカルトは、「人が最も興味を持つ（curious）であろう話題を採り上げた本には、すべて目を通した」[12]（強調と括弧書きは引用者による）と書いている。数多くの学者が言っているように、フランス語の“curieuses”という単語は一七世紀には特別な意味を持っており、“curious science”とは、魔術、占星術、錬金術といった特別な知識を扱う学問のことだった。[13] この“curious science”と“curious book”という言葉は、『方法序説』の中で頻繁に登場する。

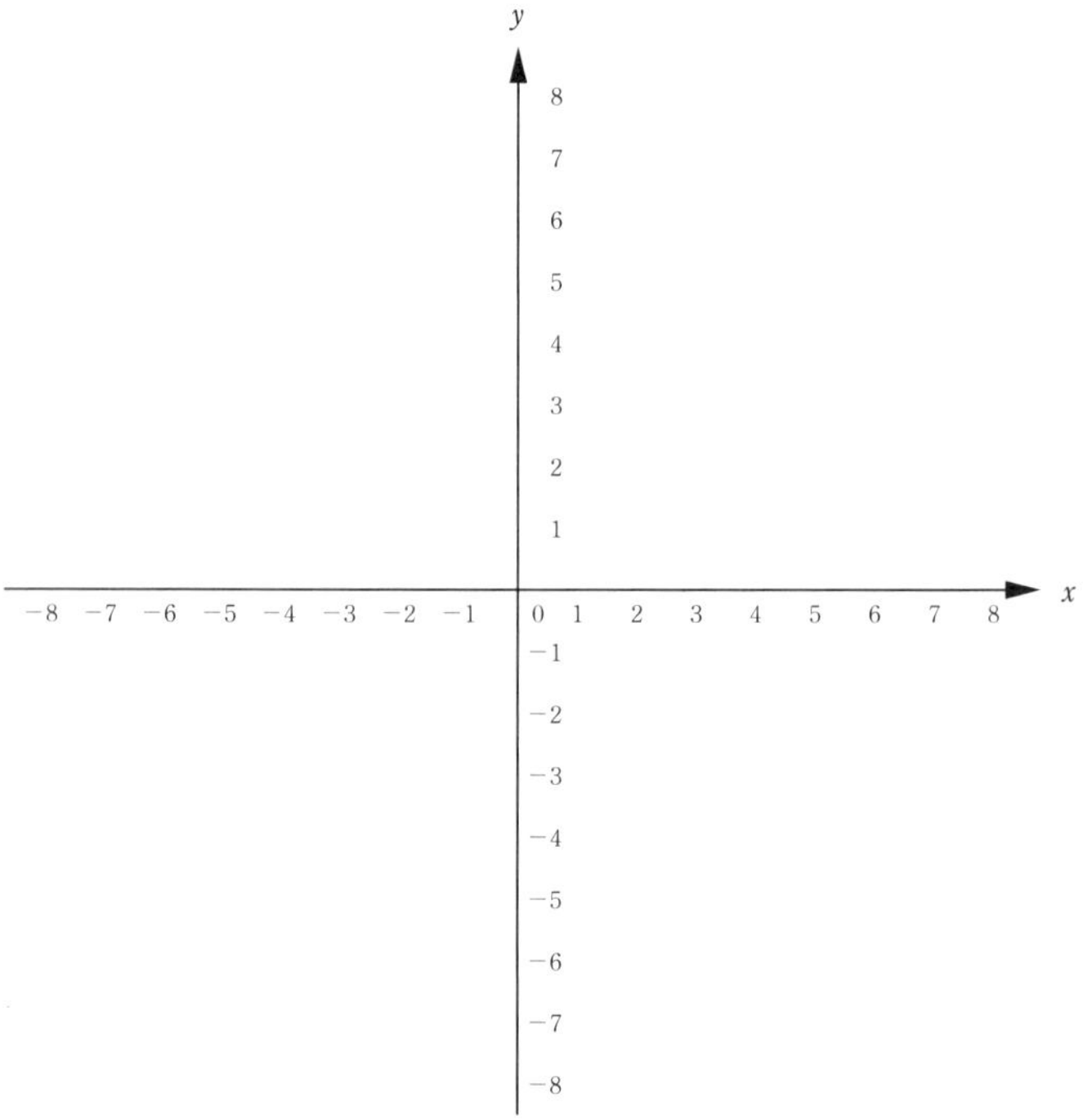

デカルト座標

デカルトは『方法序説』の中で、自分が秘密のノートを持っていることに暗に触れている。第二部には、「古代の解析学と現代の代数学」に関して記している箇所がある。彼は、「わかりにくく曖昧な技術」に欠かせないものとして象徴的な秘密の文字が使われていたことを、暗にほのめかしている。その三ページ先では、一時期集中して行なった研究によって見つけたある問題に対する、重要な「解」について述べている。そこには、「算術」に用いられるある方法論が自分の抱えていた問題を解決してくれた、と記されている。これはデカルトが秘密のノートの中で解いた問題のことを指している、とも推測されている。[14]

デカルトの幾何学の研究成果は、『方法序説』に付された論文『幾何学』に記されている。この論文は歴史上最も重要な補遺であり、幾何学におけるデカルトの画期的成果と、数学における彼の最大の遺産である幾何学と代数学の融合を含んでいる。この『幾何学』は「純粋数学におけるすべての科学の総和[15]」であり、現代数学の発展において欠くことのできない役割を果たすことになる。この補遺を理解するのが飛び抜けて難しいことはデカルトにもわかっており、文章の中で、この本を読むには幾何学の専門的知識が必要だと警告している。『幾何学』には、方程式やグラフに関する徹底的な議論が含まれている。デカルト座標を用いれば一つ一つの方程式を紙の上の曲線として完璧な精度で表現でき、この考え方がなければ、方程式を表現するグラフは誕生しなかったかもしれない。この発明は、古代ギリシャの考え方を発展させたものだった。二次元のデカルト座標系を前頁に示しておこう。

第15章　デカルト、古代のデロスの謎を理解する

デカルトは、立方体の体積を二倍にするという、古代ギリシャ人たちが解けなかったデロスの難問がずっと気になっていた。しかしそれを攻略するには、直定規とコンパスによる作図が正確にはどのようなものかを、さらに深く理解しなければならなかった。そうした作図について研究するための道具が必要だったが、彼の座標系こそがまさにその必要な道具だったのだ。彼はデカルト座標系を使って、数と形、幾何学と代数学を結びつけた。もっとも、古代ギリシャ人も相当なところまで達していた。たとえばピタゴラス学派の人々は、正方形や長方形の辺が数で表現できることを知っていた。それによってピタゴラスの定理が成り立つ。正方形の各辺を一単位と定義すれば、ピタゴラスの定理から、その対角線は2の平方根となる。それは左ページの図からわかる。

すると、左下の頂点から右へと延びる辺も、上へと延びる辺も、長さは1として考えることができる。ここからデカルトは、古代ギリシャ人の観察したことを形式化して、「座標系」を作るという考えに至った。デカルトは、平面上のどんな点も x 座標と y 座標によって記述できることを悟ったのだ。

この大発見は、デカルトに新たな世界の扉を開き、科学にとっても新世界を生み出した。しかしと

りわけ重要なのは、デカルトが今や、直定規とコンパスという古代の道具で作図可能なのは何か、そしてそれはどのように作図するのかを知ったことだった。

デカルトは、a単位離れた二つの点が作図可能であれば数aもまた作図可能だということに注目した。彼の新たな座標系では、点$(a, 0)$か点$(0, a)$が作図できれば数aは作図可能だ。またデカルトは、aとbが作図可能な数であれば$a+b, a-b, ab, a/b$という数も作図可能であることに気づいた。これらの性質を次ページの図に示す。

これは大きな進歩だった。デカルトは、自らの座標系の発明から直ちに、直定規とコンパスで作図可能な数について多くのことを学んだ。しかし後に述べるように、この道具はさらなる対象にも利用できる。作図可能な数は、単なる加減乗除よりも広い範囲に及んでいたのだ。

新たな座標系を使ってこのような有益な結果を生み出したデカルトは、さらに大きな一歩を踏み出した。直定規とコンパスで「数の平方根」を作図できることを示したのだ。この結果がとても重要で、おそらく思いがけなくもあるのは、われわれが考えている数の「体《たい》」と関係がある。

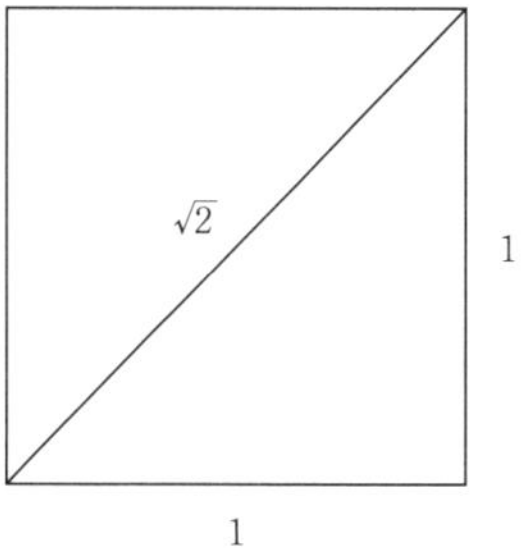

有理数は「体」を構成する。この言葉が意味するのは、有理数からスタートすれば有理数に留まりつづけるということだ。つまり、和や積や逆数を取っても、同じ体というシステムの中に留まることになる。整数であれ二つの整数の比であれ、どんな有理数の逆数もやはり有理数である。単純な例として、7の逆数は1／7だ。また、15の逆数は1／15、3／19の逆数は19／3である。しかし一般的に、平方根は有理数体の外にある（4の平方根が整数2になるといった自明な例外は

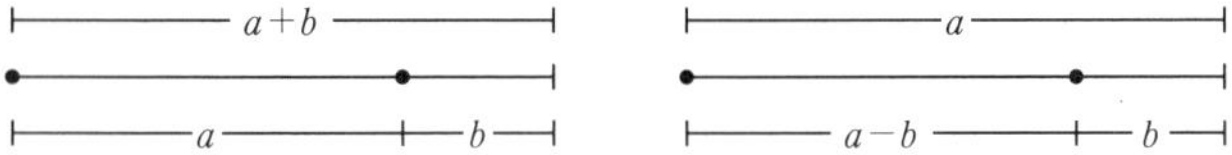
a+b
a
b
a
a−b
b

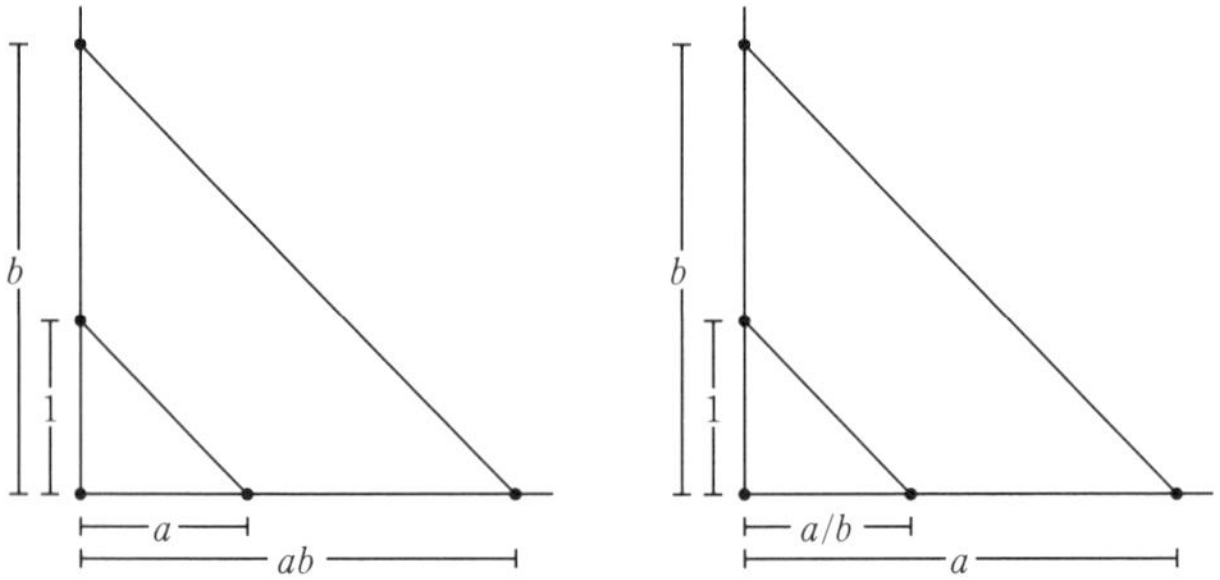
b
1
a
ab
b
1
a/b
a

別として)。たとえば2の平方根は有理数体の外にある。なぜなら、有理数(分子と分母が整数である数)に単純な算術演算を施しても、2の平方根は作れないからだ。

しかしデカルトは、直定規とコンパスを使った作図によって数の平方根も導けることを示した。これは数学における彼の偉業の一つであり、その証明は『幾何学』の第二ページに記されている。[1] 古代ギリシャ人がこの驚くべき証明を目にしたら、きっと唖然とさせられたことだろう。デカルトはこの証明を導く過程で、直定規とコンパスで作図可能なすべての数の「体」は平方根も含んでいるため、それは有理数体よりも大きいということを示した。しかし、この体が立方根やより高次の根を含んでいることは示せなかった。

実はデカルトの二世紀後に、二〇歳で決闘によって命を落とした悩める天才フランス人数学者エヴァリスト・ガロアが、立方根もより高次の根も作図不可能であることを示した。[2] デロンの立方体倍積問題が解けないのは、まさにこの性質ゆえ、つまり平方根までは直定規とコンパスによって作図できるが、立方根は無理だからであるということを、デカルトは理解した。念を押しておくが、デカルトは、平方根が作図可能であることを証明して大きな一歩を踏み出したものの、立方根が作図不可能であることは証明していない。彼はそれを「理解」しただけであり、実際の証明にはガロア理論が必要だった。

この結果は、ある意味で直観的に理解できる。直定規とコンパスは平面上で機能する道具なので、平方根は導いてくれるものの(平面上にある正方形の斜辺もまた平面上にある)、立方根ではそうはいかない。立方体はもちろん三次元空間に存在し、その対角線が立方根なのだ。

ここで、平方根が直定規とコンパスで作図可能であることを、デカルトがどのようにして証明したのかを紹介しよう。彼は、ギリシャの直定規とコンパスを使って、次ページにあるような図を作図し

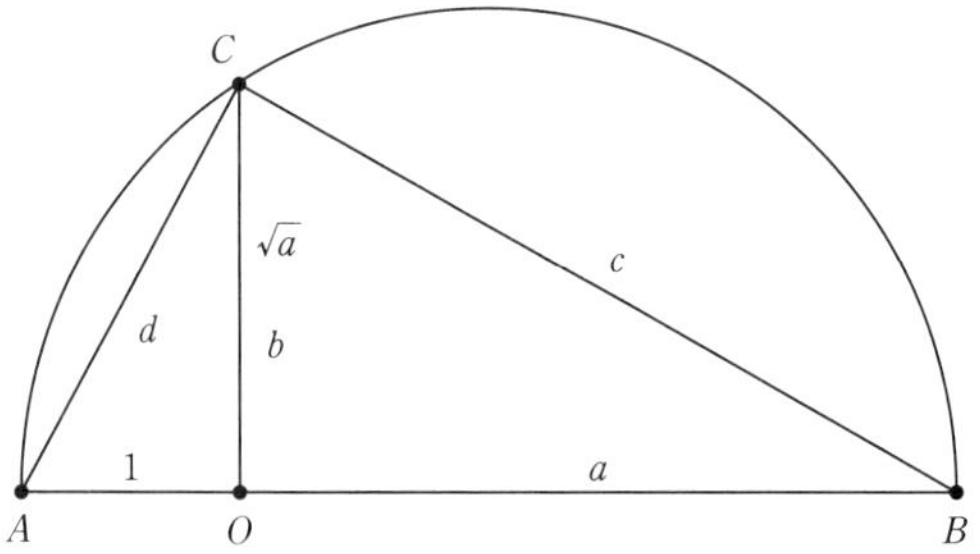

た。

　ここでデカルトは、ピタゴラスの定理を三回利用する。図の中にある三つの直角に注目すると、

$$c^2=a^2+b^2$$
$$d^2=1^2+b^2$$
$$(a+1)^2=c^2+d^2$$

となる。

　次に括弧を開いて、二番めの等式を三番めの等式に代入し、

$$a^2+2a+1=c^2+1^2+b^2$$

を得る。

　そして、第一の等式を使ってc^2をa^2+b^2に置き換え、

$$a^2+2a+1=a^2+b^2+1^2+b^2$$

を得る。

　こうして、

$$2a = 2b^2$$

が導かれる。

つまり、$b=\sqrt{a}$となる。ゆえに、直定規とコンパスを使って平方根を作図することができる。以上。

デカルトは、立方体の倍積化は三次元空間内の操作なので、もともと平面上の二次元の道具である直定規とコンパスではその問題は解けないと悟った。同じことだが、彼は代数学を使って、立方体を倍積化するのは二の立方根を作図するのと同じことだと気づいた。二の平方根が作図可能であることは見事証明できたものの、立方根が作図不可能であることは理解するだけに留まったのである（彼の証明は不完全であり、正しい証明はそれから二世紀後に導かれることとなる）。だが彼は、さらなる高次元について考えはじめた。立方体の数学的性質と、ギリシャ人の手でこの完璧な三次元物体に与えられた神秘的側面に取り憑かれたのである。

第16章　エリーザベト王女

デカルトは、こうしたギリシャ以来の難問に取り組みながらも、相変わらずオランダじゅうを放浪していた。初めはエフモントに住み、次にサントポールト、そしてハールレム近郊へと移った。旅のあいだも彼は、後を追って転送されてきた手紙を受け取っていた。ある日デカルトは、ある王女に関する手紙をもらった。ボヘミアのエリーザベト王女が、亡命中の身でオランダに住んでいるというのだ。彼女は小さな頃に、プラハから両親とともに逃げてきた。前にも述べたように、彼女の父親フリードリッヒ五世は、デカルトとバイエルンの勝利軍と帝国軍が一六二〇年に街になだれ込んできたとき、ボヘミア国王の座を追われたのである。

一六三二年にフリードリッヒが三六歳で疫病のために死に、妻と九人の子どもたち（王女四人と王子五人）が残された。エリーザベト王女はその中で一番年上だった。元国王の母親はナッサウのマウリッツ王子（以前デカルトを軍人として雇っていた人物）の妹だったため、当然ながら国王の末亡人エリザベスと子どもたちはオランダに保護を求めた。そしてエリザベスは、亡命中の死の直前までボヘミア王妃の称号を守った。彼女の孫は、のちに大英帝国国王ジョージ一世となる。

エリーザベトと家族にとって、亡命生活は容易なものではなかった。エリーザベトの父親フリードリッヒは生前に時折、国王だったときによくやっていた娯楽のいくつかに小規模な形ながらふけろうとした。彼はある日、犬と馬を連れて狩りに出かけた。田園地帯で野ウサギを追っていると、犬に導かれるまま畑を横切ってしまった。彼がそれに気づく前に、怒った図体のでかい農民が干し草用の熊手を振り回しながらやってきた。彼は相手が亡命中の君主だと知り、フリードリッヒに怒鳴り散らした。「ボヘミアの王さん！　そうやって俺のカブを踏み荒らすんじゃねぇ！　種を蒔《ま》くのにどんなに苦労したか、思い知らせてやろうか！」元国王は、そんなつもりはまったくなかったが犬に連れられて入ってしまったのだと詫《わ》び、すぐに畑から出た。『デカルト――エリーザベト王女との往復書簡』の中でこの話を詳しく紹介しているJ＝M・ベサードとM・ベサードは、世が世ならこの農夫は無礼を働いたかどで厳しく罰せられていただろうと指摘している。フランスだったら彼は逮捕されていたはずだ。そしてドイツの王子なら、その生意気な農夫を犬に襲わせていたに違いない[1]。

若きエリーザベトは知識に飢えており、自分を高めたいと思っていた。彼女はデカルトの著書『方法序説』のラテン語訳を読み終え、彼の哲学についてもっと学びたいと望んだ。エリーザベトは、デカルトが記した哲学的疑問のすべてに興味を持った。デカルトの形而上学《けいじじょうがく》に関する疑問に対する答えを探したいと思い、肉体と魂の関係に興味を持ち、そして彼による神の存在証明についてもっと知りたいと思った。さらにエリーザベトは数学にも興味を抱き、特にギリシャ幾何学の問題をデカルトがどのように解いたかを学び、彼の方法を使ってそうした問題を自分の手で解きたいと望んだ。

エリーザベト王女はピエモンテ出身のアルフォンス・ポロ（元の名はパロッティ）という男と知り合いだったが、彼もデカルトのことを知っており、やはりデカルトの本を読んでから哲学に対する親しみを深めていた。ポロは手紙でデカルトに、王女が会いたがっている旨を伝えた。当時デカルトは、元王族の住み家からそう遠くないところに住んでいた。王女が興味を持っていることを光栄に思ったデカルトは、彼女と会うことにした。彼はポロへの返事の中で、王女の住む町（偶然にもその町の名は、デカルトが生まれたフランスの町と同じラ・エーだった）に行き、「謹《つつし》んで王女に頭を下げて指図を受ける。その次の展開として望むのは……」と記している。もう若くはない哲学者は、間違いなくそれ以上のことを期待していたのである。

一六四二年にルネ・デカルトと出会ったとき、エリーザベト王女は二四歳だった。四六歳のデカルトは、彼女の倍の歳を重ねていた。彼女と親交を持ったことでデカルトは、人里離れた住み家を離れ、彼女の家に近いライデン近郊に越してきた。エリーザベトはデカルトの哲学の生徒になった。バイエによれば、「師たるデカルトは、洞察力と強固な精神の持ち主であるこの弟子から、これ以上はないというほどの恩恵をこうむった。エリーザベトは、自然の大きな謎や幾何学について深く考察できる人物だった(2)」

エリーザベトは、父親のようにドイツ語を完璧に話し、母親のように英語を完璧に話し、フランス語にも堪能《たんのう》で、さらにイタリア語とラテン語の素養もあった。王女は科学も勉強し、数学や物理学に対する才能と興味を持っていた。彼女は美貌の持ち主だと伝えられており、実際の歳より若く見られた。デカルトは手紙の中で、彼女のことを天使と表現している。彼女はこの哲学者に送る手紙をいつも、「あなたに仕える最愛の友人より」と締めくくった。

二人は意見を交換しあい、優しさのこもった関係を築いていった。デカルトとエリーザベトのあいだで交わされた手紙が数多く残っており、そこからは、旺盛な好奇心をもって年長の哲学者から学ぼうとする、やる気に満ちた若い女性の姿が浮かび上がってくる。エリーザベトは数学に優れた才能を発揮し、デカルトの科学と哲学も良く理解した。デカルトは一度、彼女にこう言った。「経験から私は、形而上学の推論を理解できる人の大部分は代数学の推論を理解できず、逆に代数学を理解する人

エリーザベト王女

はたいてい形而上学を理解できないと知りました。しかし妃殿下《ひでんか》だけは、どちらの分野も等しく理解できる人物です(3)」

二人の手紙には愛情がこもっていたが、そこから二人の本当の関係については窺い知れない。これらの手紙がいかようにも受け取れるのは、デカルトとエリーザベト王女は実際に会って面と向かって話をしており、手紙の大半は彼女がオランダを去らなければならなくなった後に書かれたものだからである。オランダを離れた後、彼女の手紙はいつも弟妹《ていまい》たちを介して届けられたため、そこに細かな秘密の話が書けたはずもない。

しかし、のちにデカルトがスウェーデンに行ってクリスティナ女王の個人教師になると決めてからの数々の出来事は、エリーザベトが彼の新たな興味の対象に嫉妬していたらしいことを教えてくれる。デカルトの手紙でも触れられているそうした嫉妬は、より深い愛情の証なのかもしれない。デカルトは私生活を隠していたため、王女との関係が本当はどんなものだったか、見極めることは不可能だ。少なくとも彼の伝記作家の一人は、デカルトと王女が親密な関係にあったと論じている。デカルトがヘレナと公《おおやけ》に結婚できなかったのは、彼女が使用人であって社会的に彼より低い地位にあったからだった。同じように、エリーザベト王女は彼より高い地位にあったため、彼と結婚できなかったのはほぼ間違いない。そうした理由で、二人は互いの本当の関係を秘密にしていたのだ。しかし少なくとも、二人は友人としても格別親密な関係にあった。

一六六四年にデカルトがオランダ国内のさらに北の地へと引っ越し、ラ・エーから行くにはそれまでの二時間とは違い一日かかるようになると、エリーザベトは彼に、二人を分かつ距離を嘆く手紙を書いた。しかしデカルトは、ますます頻繁《ひんぱん》に引っ越すようになっていた。ひとところに長く留まることに居心地の悪さを感じていたのだ。おそらく、学界での論争を巻き起こしたかどで迫害されていると感じていたのだろう。この論争がのちに、「ユトレヒトの諍い《いさか》」と呼ばれる騒ぎとして爆発するこことになる。あるいはもしかしたら、エリーザベトとの真の関係を世間から必死に隠しており、彼女の近くにいるとその秘密がばれてしまうと思っていたのかもしれない。

一六四四年五月、デカルトはフランスに戻って長期間滞在した。それは一六年ぶりの里帰りだった。彼は、パリのマレー地区を走る、ロワ・ド・シシル通りとフラン＝ブルジョワ通りに挟まれたエクッフ通りにあった、友人のピコー神父の家に泊まった。のちにパリに二回滞在した折には、今日《こんにち》のコントレスカルプ広場のすぐ裏にあるアパルトマンを借りている。

エリーザベトはパリのデカルトに、手紙をつかって物理学や数学に関する質問をしている。デカルトはパリからさらに南の故郷へと行き、ブロワ（トゥール近郊）、トゥール、ナント、レンヌを訪れ、兄の家に泊まり、異母弟のジョアシャンと、死んだ姉ジャンヌの夫でルネの義理の兄に当たるピエール・ロジェのもとを訪ねた。その場所から彼は王女に宛てて、「三、四カ月のうちには、ラ・エーのあなたのもとを訪れる栄誉を得たいと願います」と約束の手紙を送っている。

デカルトは、頻繁に戻ってはエリーザベトのもとを訪ね、遠くにいるときにはしょっちゅう手紙を書いた。しかしまもなく、彼女のもとを訪れていたときにデカルトは、王女の抗議にもかかわらず彼女のもとから引き離され、王妃の部屋へと連れて行かれた。そこでも彼は完全に秘密を守った。スティーヴン・ゴークロージャーはデカルトの伝記の中で、デカルトがオランダを去ってスウェーデンに行ったのは、エリーザベトのためにクリスティナ女王に仲裁を頼むためだったという説を紹介している。この説によれば、デカルトはエリーザベトと恋仲にあり、王女にはふさわしくない亡命生活での貧困さに心を痛めていたという。どうやらデカルトは、スウェーデン女王に、困窮している同じ王室の面倒を見てくれるよう説得できればと思っていたのかもしれない。(4)

エリーザベトは突然、オランダを出てドイツに移住せざるをえなくなった。兄と一人の弟は、すでにイングランドに行って王族の親戚のところに滞在していた。ラ・エーに残った三番めの弟は、フランスでスキャンダルを起こして身を隠していたトゥレーヌ出身のデスピネー氏というフランス人との、個人的な争いごとに巻き込まれた。エリーザベトの弟とその若者が町の香辛料市場で喧嘩を始め、結果的にそのフランス人は死んだ。エリーザベトの母親は激怒し、弟をけしかけたとしてエリーザベトを責めたが、彼女は断固として否定した。しかし母親は「二人とも二度と顔を見たくない」と言い、二人の姉弟はドイツへと去っていった。短期滞在だったはずが、結局は永遠の国外生活となってしまった。

ポーランド国王ヴワディスワフ四世が、妻の急死ののちエリーザベトに結婚を申し込んだが、彼女はそれをきっぱりと断った。彼女の答えは、「デカルトの哲学を愛しており」その勉強に生涯を捧げたい、というものだった(5)。ベルリンに来たエリーザベトは、ますます頻繁にデカルトに手紙を送るようになった。それら手紙は彼女の妹ゾフィーを介してやりとりされたが、今ではそれらは失われている。しかし、ある一通の手紙にはきわどい内容が記されていたことがわかっている。現存しているその後の手紙でエリーザベトが、この手紙を焼却するようデカルトに頼んでいるからである。

エリーザベトはたくさんいる親戚のあいだを転々とし、ドイツ国内で城から城へと頻繁に移り住んだ。彼女は一時期、プファルツ選帝侯になっていた兄のカール・ルートヴィッヒと一緒にハイデルベルクの城に住んでいた。またいっときは、別の親族とブランデンブルクに住んでいた。彼女はよくベルリンにいる友人や親戚のもとを訪ねて、音楽を聴いたり劇を見たりした。しかし彼女の最大の関心事は、デカルトの哲学を究《きわ》めることだった。それは、デカルトが死に、彼女がその終《つい》の棲家《すみか》となるヴェストファーレンの修道院に入ってからも続けられた。この修道院でデカルト哲学のサロンを設立したエリーザベトは、ゲストたちに、自分はその哲学者のことをよく知っていると語っていた。

　何年か後にエリーザベトの妹ゾフィー王女がハイデルベルク城に越してきて、選帝侯の兄と一緒に住みはじめた。彼女は、のちにライプニッツの後援者となるハノーファー公爵と結婚するまでそこに住みつづけた。この繋《つな》がりを通じてゾフィーは、ライプニッツと親密な関係を築いていくこととなる。

第17章　ユトレヒトの陰謀

一六四七年、デカルトは史上最も醜い学問上の論争に巻き込まれた。なぜデカルトがこのひどい揉《も》め事に関わったのかは、なかなか理解しにくい。彼の哲学を受け入れない大きな力がついに集結し、まとめて彼に襲いかかってきたのである。

一六四一年から一六四七年までの六年間、デカルトはオランダの田舎で平和に暮らし、『情念論』（一六四九年に出版される、肉体と魂の区分を扱った本）と『哲学原理』（一六四七年に出版された、彼の哲学思想を拡張した本）という二冊の本を書いた。しかしデカルトは、さまざまな理由から彼の哲学を拒むオランダの学者たちに、ますます悩まされるようになっていった。

『方法序説』の出版後、デカルトの哲学は人気を博し、ヨーロッパの大学でも教えられるようになった。しかし、デカルトの思想は中世の遺産である従来の学界の伝統に明らかに反していたため、デカルト主義に興味が持たれるようになったことで、古い信念を奉《たてまつ》る人々の反感もまた増していった。

一六二〇年代にデカルトがパリで世話をした、数学者で物理学者でも占星術師でもあったジャン＝バティスト・モラン（一五八三－一六六五）は、一転して彼の敵に回り、一六三八年に初めて彼の業績を非難した。そして教会が認めた地球中心の宇宙論を支持し、デカルトの科学的成果に危険な形の思想を読み取った。そして、科学に対するデカルトの姿勢全般に異議を唱え、物理学に関する彼の結論に疑問を呈した。モランはデカルトに、数学に基づく科学は「自然学から導かれるどんな意見にも左右されるべきでない」という手紙をよこした。このようにしてモランは、物理学に関するコペルニクスの考えの邪悪な影響が数学を汚すことを恐れ、その影響から科学を切り離すことを目指したのである。

デカルトの著作に異議を唱えたもう一人の学者が、神学者で司祭でもあったピエール・ガッサンディー(一五九二‐一六五五)だった。ガッサンディーは、哲学に関するデカルトの研究と、彼の懐疑に基づく証明の論理過程、そして彼による神の存在証明に疑問を抱いた。ガッサンディーとデカルトのあいだでは、デカルトの哲学に関する手紙のやりとりがなされている。やはり神学者で司祭でもあったアントワーヌ・アルノー(一六一二‐九四)もまた、デカルトの哲学に関して同じような異議を唱えた。アルノーは、一六四〇年にデカルトが出版したもう一冊の本『省察』を引き合いに出して、次のように述べている。「この著者は、明確に認識できる事柄が真であると確信できるのはひとえに神が存在するからだ、と述べているが、彼はいったいどのようにして循環論法を回避するつもりなのだろうか? 神の存在を確信できるのは、ひとえにそれを明確に認識できるからなのだ」[1]皮肉なことにアルノーは、当初こそデカルトの業績に反対していたものの、のちに重要なデカルト哲学者となる。彼は著書を数多く残し、数学や哲学に関する著作は四三巻にも及ぶ。

デカルトの業績に対する異議の大半は悪意を持ってはおらず、そこからはこの哲学者と論敵との有益な議論が生まれた。アルノーのように何人かは、異議に対するデカルトの返答に納得するようになった。しかしときには、デカルト本人に個人攻撃をしかける者もいた。特にオランダでは、デカルトが自分たちの膝元で暮らしているのを学者たちが知っていたこともあって、攻撃は醜いものだった。

デカルト自身は大学での職に就《つ》くことはなかったが、彼の信奉者たちがそうした地位を獲得したため、デカルトはオランダの学界から付かず離れずの立場にあったといえる。デカルトはオランダ学界の周縁部にいたとも考えられよう。デカルトが大学で教授職に就かなかったのは、彼が自由を重んじ、学生や同僚の教授たちと定期的に会うという、教授に求められる責務を嫌がったからだった。もっともユトレヒト大学は、デカルトと一番密接に結びついていた。この大学ではデカルト哲学が教えられていたからだ。しかしプロテスタントであるオランダの神学者たちは、デカルトの哲学思想を無神論的とか反宗教的と見なすことが多かった。彼らはもっぱらスコラ哲学やアリストテレスの宇宙観を支持し、それゆえ新たな哲学には反対していたのだ。

デカルトは宗教的にはカトリックだったが、にもかかわらず無神論者だとして責められた。こうした非難は時に命取りとなる。実際、一六一九年にヴァニーニという名の男が、不信心の罪によりフランスのトゥールーズで火あぶりの刑に処されていた。オランダにおけるデカルトの大敵が、彼を無神論者だと非難しつづけたヒスベルト・フーティウス（一五八八－一六七六）だった。皮肉なことに、デカルトがフランスを去ってオランダに行った理由の少なくとも一つは教会の詮索から逃れることだったが、逆に彼はオランダでプロテスタントから迫害を受けるようになってしまったのだ。のちにユトレヒトの諍《いさか》いとして知られるようになる論争は、デカルトと彼を非難する者たちとのあいだで手紙によって繰り広げられた。

やがてデカルトが書いた一通の重要な手紙が、フーティウスへの書簡として広く知られるようになった。この手紙の中でデカルトは人権の擁護を主張し、新約聖書『コリント人への第一の手紙』第一三章の聖パウロの言葉を踏まえて、「聖霊の正しさも愛がなければ無に等しい」ということを言っている。これがフーティウスの怒りに火を付けた。デカルトの信奉者でありユトレヒト大学でデカルト哲学を教えていた、レギウス（アンリ・ル・ロワ、一五九八－一六七九）は、デカルトの思想を支持する論文を出版するとともに、デカルトの論文について公《おおやけ》に議論するよう提案して、フーティウスと論争をするデカルトの肩を持った。

このレギウスがデカルト批判側にいいように利用されたことで、論争は激しさを増した。ある友人はデカルトに、敵はブタのような連中で、「誰か一人の尻尾をつかめば全員がブーブーと鳴きだす」と語った。そしてそれが実際に起こった。ユトレヒト大学の理事会が一六四二年三月一六日に招集され、そこでデカルト哲学が公に非難され、大学で彼の哲学を教えることが禁じられたのだ。教養のあるオランダ人は残らず、デカルトの哲学を巡る諍いに飲み込まれた。そして、表面上はレギウスが非難の鉾先《ほこさき》に立っていたものの、この宣言が、オランダ学界に属さず新たな哲学を作り上げたデカルトその人に向けられていたことは、誰の目にも明らかだった。

デカルトにとってさらに都合の悪いことに、宿敵フーティウスが学長に昇進し、新たな権力を使ってデカルトに対する迫害を続けていった。デカルトの哲学を象徴するのは懐疑という概念だったため、フーティウスはそれをうまく利用して、デカルトの「すべてを疑え」という主張は神の存在を疑うことに通じると言い立て、ゆえにデカルトは不信心の罪を犯しているのだと論じた。のちの歴史によってこのフーティウスという人物は、人気のあるレギウスよりも認められたいがゆえに彼の採用したデカルト哲学を攻撃した、嫉妬深い教授だったという判断を下されることになる。

フーティウスは秘密裏に、デカルトをおとしめるための本『ルネ・デカルトによる賞賛すべき新たな哲学的方法』（一六四三年、ユトレヒト）を著《あらわ》した。彼はデカルトに対して、「一目見れば彼が薔薇十字団に所属していたと断言できる」と重大な非難を浴びせたのだ(2)。それ以前の一六三九年にフーティウスは、薔薇十字団を非難する本を出したことがあった。彼はこの結社に関する知識を使って、デカルトとファウルハーバーなど団員とされる人たちとを関係づけたのである。そして彼はさらに、デカルトと薔薇十字団との定かではない繋がりを利用して、デカルトは無神論者であるとの非難を強めた。それからすぐに、薔薇十字団自体がフーティウスの著作を引きあいに出して、有名になったデカルトとの関係が取りざたされていることを売り込み、自らの正当性を主張するということもあった。

やがてこの論争は、無神論者として公に非難されたデカルト自身に対する、フーティウスからの個人攻撃の様相を呈するようになる。デカルトは、ラ・フレシュで教鞭を執《と》っていたイエズス会聖職者であり、自分を高く評価してくれていたディネ神父に手紙を書き、現在直面している学問上の論争に対して助けを求めようとした。しかしデカルトは、自分とその哲学を擁護しようとする中で、フーティウスを人格攻撃しているとも受け取られかねない文章を書いてしまった。『ルネ・デカルトによる賞賛すべき新たな哲学的方法』は、著者として記されているマルティン・スホークではなくフーティウスによって書かれたという事実を、彼は暴露したのである。

フーティウスは、最も邪悪な手段で復讐した。デカルトを名誉毀損《めいよきそん》で訴えたのだ。大学の理事会などの公的機関は、フーティウスの味方についた。そしてユトレヒト市当局もデカルトに敵対する行動を取り、デカルトがディネやフーティウスに宛てた手紙をどこからか入手して、それを一六四三年六月一三日にユトレヒト市中心部に掲示した。デカルトはフーティウスに対する名誉毀損の罪で公式に告発され、打つ手をほとんど失った。彼は深刻な状況に陥《おちい》り、この思いもしなかった苦境から面目を失せずに抜け出す方法は見つかりそうになかった。

しかしデカルトは、自分の置かれた状況がどれほど危険なものかをわかっていなかったようだ。彼は、かつて兵士だったときの合い言葉、「平和に過ごしたいが、戦うときもあるものだ」を思い出した。彼は味方の軍勢を集め、自分を告発した者に対する追求を続けようとした。デカルトはオランダ駐在のフランス大使に助けを求めたが、それはこの国での疎外感をさらに強めるだけだった。一六四四年四月一〇日、デカルトは小さな勝利を収めた。ユトレヒト大学の理事会が、デカルトとその味方の提供した新たな証拠に基づいて、フーティウスはデカルトを非難する上でマルティン・スホークの偽の証言を利用したと指摘し、デカルトに対する無神論者という非難の一部を撤回したのだ。理事会から新たな判断を勝ち取ったデカルトは、なんとか汚名を返上するためにそれをユトレヒト市当局に持ち込んだ。しかし、市当局としては裁判はすでに始まっており、デカルトはフーティウスに対する名誉毀損の罪で告訴されたままだった。デカルトは役人たちから、汚名をすすいで告発を取り下げさせる唯一の方法は、フーティウスに対して公式に謝罪する手紙を書くことだけだと告げられた。

デカルトは、監獄に送られかねないこのひどい争いから抜け出す方法はそれしかないと悟った。そして一六四四年六月一二日、デカルトは不本意ながら、フーティウスに対して謝罪する公式の手紙を書いた。しかし、ラテン語で書かれたその手紙が公にされなかったことで、争いはさらに続いた。ユトレヒト市当局は一六四八年になってやっと、デカルトの手紙をフランス語とフラマン語に翻訳して公表した。デカルトはこの無益な争いに疲れ果て、おそらくどこか別の地への移住を考えるようになっていた。そのすぐ後に、オランダからスウェーデンに来てクリスティナ女王の哲学個人教師の職に就いてほしいと誘われることになるが、彼がそれを引き受けたのは、このことが感情的な背景にあったのだろう。

興味深いことに、デカルト哲学はその後もオランダで隆盛を極めつづけた。ユトレヒト大学でもライデン大学でも哲学を教える新たな職の募集が行なわれ、そこでデカルト哲学の教授が生徒たちを教えてその哲学を広めた。歴史学者の中には、デカルト哲学はデカルトのおかげではなく、デカルトがいたにもかかわらずオランダに根を下ろしたのだと主張する者もいる。この哲学者の側《がわ》にもう少し機

転と駆け引きのうまさがあったら、オランダで彼の教えはもっと広まっていただろう、と彼らは指摘している。(3)

第18章　女王の誘い

ユトレヒトの諍《いさか》いに疲れ切ったデカルトは、再びパリを訪れ、コントレスカルプ広場の裏に隠れた静かな場所にあるアパルトマンに滞在した。デカルトがクロード・クレルスリエと知り合いになったのは、この場所だったのである。

デカルトの父親と同じく、クレルスリエも議会議員だった。彼は弁護士になるための教育を受けたが、哲学や文学に対する幅広い興味と野心も抱いていた。クレルスリエはデカルトの本をすべて読破し、デカルト哲学を熱心に信奉していた。クレルスリエは一六歳のとき、裕福な一家に育った二〇歳の女性アンヌ・ド・ヴィルロリューと結婚してかなりの持参金を手にし、のちに一四人の子どもをもうけたが、その多くは若くして死んだ。裕福だったクレルスリエは文学や哲学に没頭し、本の蒐集と、気に入った本や売り込みたい著者の本の編集や出版に日々を費やした。彼がデカルトとその業績に取り憑かれるあまり、家族全員がデカルト哲学に身を捧げるようになった。クレルスリエはいつも、デカルトの注目を惹こうと手を尽くし、彼の著作を出版して世に広めたいと申し出ていた。

まもなくクレルスリエは、デカルトの著書の編集と翻訳を手がけるようになった。バイエによれば、デカルトはクレルスリエに「心の一番奥底に隠した秘密」[1]を語ったという。しばらくしてクレルスリエはデカルトに、親戚で君にどうしても会いたがっている者がいると告げた。それは、彼の義理の兄ピエール・シャニュだった。クレルスリエはデカルトに、義理の兄は誠実さ、素行の良さ、信条、そして事業や政府での成功によって、すでに大きな名声を勝ち得ていると語った。こうした名声ゆえ、彼は国王の宮廷で、国家にとって有用な人物として認められていた。

普段なら見知らぬ人とは会いたがらず、相手の目的と意図を疑うようなデカルトも、クレルスリエが太鼓判を押していたことと、以前にその人物の噂を聞いていたこともあって、シャニュと会う気になった。以前にデカルトの親友メルセンヌが手紙の中でシャニュについて触れ、彼はデカルトの哲学に興味を持ち、デカルトの著作に大いに敬服していると記《しる》していたのだ。デカルトは、シャニュと会う手はずをクレルスリエに任《まか》せることにした。

シャニュは、クレルスリエにデカルトを紹介されたすぐ後、デカルトに宛てて次のような手紙を書いた。

> あなたに宛てた私の手紙の文面はいかにもずうずうしく、私のことを知らない人が読んだら、四〇年にもわたる友人関係があって互いに嗜好《しこう》もそっくりだから、このように気ままなことが書けるのだ、と思われるかもしれません。嗜好に関して申しますと、私の考えはあなたから大きく後《おく》れており、私はあなたと比べて性格的に弱いと断言できます。私があなたとどこか似ているからあなたが私に愛情を注いでいるのだ、と決めつける人がいたら、その人は間違っていると言えるでしょう(2)。

新たな知人が手紙の内容を行動で示したこともあって、デカルトは彼のお世辞に乗せられた。間もなくシャニュは在スウェーデンのフランス弁務官となり（のちに大使となる）、デカルトを大きな餌でおびき寄せた。女王のお眼鏡にかなったというのである。

一六四六年一一月一日にデカルトは、シャニュが在ストックホルム王宮のフランス弁務官に任命されたのを受けて、この新たな友人への手紙の中に次のような興味深い一節を書き記した(3)。

クレルスリエ氏からの手紙で、私の『省察』をあなたのおられる国の女王に進呈するためにそのフランス語版を所望しておられることを知りました。私は今まで、そんなに高位の人物に名前を知ってもらいたいなどという高い望みを抱いたことはありません。さらに、もし私が、未開人がサルに認めるほどの知性さえ持ち合わせておれば、私は決して物書きとして知られることはなかったでしょう。確かにサルは望んだときにしゃべれるものの、強制されないとあえてしゃべることはしないからです。そして私は、執筆を慎《つつし》む慎重さをサルほどは持っていなかったのです。もしあのとき口をつぐんでいたら、今はもっと楽しく平和に過ごしていたことでしょう。しかし一度犯した間違いは取り返しがつかず、今では私は学界の無数の人々に知られており、彼らは私の著作を疑いの目で見て、私を痛めつける手段にしようとあら探しをしています。そんなわけで、功徳《くどく》を積んだ人々の知己《ちき》を得て、その力と徳で守っていただくことはできないだろうかと、大いに期待しています。

おそらくデカルトは、ユトレヒトの諍いをはじめとしたオランダでの迫害に心も体も疲れ切っており、遠い地の女王に守ってもらえるならぜひそうしてほしいと思っていたのだろう。

スウェーデン女王クリスティナは、国王グスタフ二世アドルフとブランデンブルクのマリア・エレオノラの娘として、一六二六年一二月八日にストックホルムで生まれた。助産婦は初め彼女は男の子だと思いこんでおり、王位継承者の誕生を王国じゅうで祝うようになってやっと、その赤ん坊が女の子だとわかった。彼女の母親は、自分が産んだのが女の子でしかも醜いことを知り、悲しみに暮れた。しかし人々は、二人の唯一の子どもだった新王女の才能に驚かされた。一五歳までに母語のスウェーデン語の他にもラテン語、フランス語、ドイツ語を習得し、最終的には一〇カ国語に堪能になった。彼女は、プラトンやストア学派をはじめ哲学や文学の本を読んだ。そしてまた、乗馬スポーツ、剣術、弓術といった、普通は男性のものとされる技能に才能を発揮した。クリスティナ曰《いわ》く、「私は、女性が好んで話したり行なったりするものをすべてひどく嫌っている。女性らしい言葉や行ないに関して私が完全に無能なのは周知の事実で、その点を直せるとは思えない」

三〇年戦争では、フランスはオーストリアを敵にスウェーデンと同盟を組んでいた。クリスティナの父親グスタフ・アドルフは、戦場で軍を率い、騎兵隊の先頭で殺された。父親の死を受けてクリスティナが六歳で女王に選ばれ、アクセル・オクセンシェルナ首相を長とする五人の摂政《せっしょう》が国を治めた。一六四四年にクリスティナが一八歳になると、女王の親政が始められた。クリスティナは、軍の大半が三〇年戦争の終結に反対する中、一六四八年にヴェストファーレン平和条約に調印して戦争を終わらせた。

クリスティナは、芸術、音楽、文学、科学に興味を持っていた。彼女は、これらの分野の指導者たちを数多く宮廷に招いた。そして芸術家や音楽家たちを支援し、何百という劇やオペラの公演に資金を提供した。何年ものあいだ、あらゆる分野の学者たちがストックホルムにやってきては彼女の「学びの宮廷」に加わった。このため、ストックホルムは「北のアテネ」と呼ばれるようになった。クリスティナは、ある鉄鉱山を馬で訪れているあいだにデカルトの『哲学原理』を読み、デカルトを学びの宮廷に参加させようと決めた。フランスの弁務官であり、助言者として彼女に気に入られていたピエール・シャニュは、その望みを彼女が語るのを真剣に聞き、これは自分にとってもチャンスだと悟った。

シャニュは一六四六年一一月一日にデカルトに宛てた手紙の中で、「女王はあなたの名前をよく知っており、世界じゅうの人もそうであるに違いありません」と書いた。このお世辞は、完全に意図的なものだった。デカルトをストックホルムに呼び寄せたのは、フランスの影響力を強めようという、弁務官（すぐにこの北の王国に駐留する大使となった）の大きな計画の一部だったのだ。

シャニュは文化を利用してフランスとスウェーデンとの同盟関係を強固なものにしようと考えていたが、その計画にデカルトはぴったりの人物だった。若きスウェーデン女王は、新たな考えを進んで受け入れた。彼女は生まれつき知識欲が旺盛で、特にフランスの文化に魅力を感じていた。抜け目のないシャニュが、彼女の興味につけ込んだわけである。彼は、フランス国王から彼女への貴重な贈り物として、国王向けに特別に刷られた聖書を進呈するよう手配した。大喜びした彼女にシャニュは、フランス王宮の誰もが、あなたはどんな贈り物よりも一冊の貴重な本に喜んでくれることを知っている、と語った。

シャニュはその後の三年間にわたって、スウェーデン女王クリスティナとルネ・デカルトとの長い交際の仲を取り持つことになる。女王がシャニュに、この哲学者に新たな質問の手紙を書いてほしいと頼み、デカルトはそれに答えたが、内容が女王の注意を惹くことを知りつつも、いつも手紙はシャニュ宛に送られた。

一六四六年一二月、女王はシャニュを介してデカルトに、愛の悪用と憎しみの悪用ではどちらがより悪いだろうか、と尋ねた。デカルトは、人間性と愛憎の感情に関する一篇の論文を書いてそれに答えた。すぐに女王はさらに多くの質問を浴びせてきた。そしてついに最も重要な質問が出た。わずか二一歳で国を率いるクリスティナは、どうすれば国をうまく統治できるかを知りたがっていたのだ。彼女は、信頼するシャニュを通じてデカルトに尋ねた。良い統治者の資質を教えてほしいと。

デカルトは、シャニュからの手紙を受け取ったその日に返事を書いた。スウェーデンに送る長い手紙を書いたが、今度ばかりは直接女王に宛てた。彼はこう記《しる》している。「シャニュ氏から伺《うかが》った通り、良い支配者に関する私の意見について、古代の哲学者が語るところを考慮しつつ、謹《つつし》んで陛下にお伝えします」続いて彼は、「神が良い支配者であるのは、その創造物とは比較にならないほど完全だからです」と書いた。そしてさらに、ゼノンやエピクロスに言及しながら、統治者に対するギリシャの考え方を何ページかにわたって説明した。彼は女王に自らの意見として、統治者の優れた資質はすべて、神の属性を見習って神に近づこうとするところから現れるのだと説いた。

若き女王は、デカルトの答えと、そして彼自身に完全に魅せられた。ある質問に対する彼の答えを読んだ彼女は、シャニュにこう言った。「彼が書いた手紙とあなたがお話しくださった肖像から考える限り、デカルト氏は世界一幸運な男性で、その境遇は羨望に値します。私が彼を大いに敬っていることを、間違いなく伝えてもらえればありがたく思います」

女王は、手紙では満足できなくなっていた。デカルトに哲学の個人教師になってほしいと思ったのだ。そのためには、彼がオランダを去って宮廷にやってこなければならない。シャニュは、ついに自分の計画が成功しはじめたと有頂天になった。しかし目論見を成し遂げるには、もう一つハードルを越えなければならない。今度は、デカルトをスウェーデンに来る気にさせなければならないのだ。

女王の返事にデカルトは喜んだ。一六四九年二月二六日、彼はオランダのエフモントから女王に宛てて、次のような返事の手紙を書いた。「もし天国から私に手紙が送られて、その手紙が雲から降りてくるのが見えても、陛下からのあの手紙ほどは驚かず、畏敬の念も感じないでしょう」(4)

いまだにデカルトはオランダの神学者や哲学者との戦いで惨《みじ》めな身の上にあり、依然として心の中では、自分が選んだ国の人間から向けられる悪意を感じていた。その頃エリーザベト王女に宛てた手紙に記されているように、彼はたびたびフランスへと戻り、「二つの国に片足ずつ置いた」暮らしを余儀なくされていた。しかしさまざまな問題にもかかわらず、彼はオランダの静けさを楽しんでおり、この国を去りたくはないと思っていた。だがここで、スウェーデンが心機一転のチャンスを与え、彼は権力の座に寄り添うこととなる。哲学者なら誰しも、自らの哲学を俗世界の権力と結びつけたいと思っているはずだ。アリストテレスが若きアレキサンダー大王の個人教師になった例が思い起こされる。(5)しかしデカルトは、オランダで再び自由を得ていた。夜はたいてい一〇時間は眠り、朝は寝坊してベッドの中でだらだらと好きなだけ本を読んだ。そして快適な環境に暮らしていた。たいていは、自然の中を散策でき新鮮な食料が手に入るという理想の暮らしが可能でありながら、ライデンやユトレヒトやアムステルダムといった、良い図書館があって多くの友人を含め知識人たちと出会い議論を交わせる大都市からも遠すぎない、田舎の小さな町に住んでいた。このような生活を、彼は簡単には諦められなかったのだ。

しかしシャニュも辛抱強かった。彼はデカルトに手紙で、女王の優れた知性と知識欲、そして魅力について語った。しかし彼の切り札は、デカルトに対する女王からの賞賛だった。シャニュはデカルトへの手紙に、「女王はあなたの運命をとても気遣っておられます」と書いた。そしてさらに、「女王があなたの哲学に触れられても、あなたをスウェーデンに呼ばないでおられるか、私にはわかりません」と記した。

デカルトは、女王に興味を持たれていることにとても惹かれる、と返事を書いた。しかし、オランダを去って「岩や氷のあいだに広がる、熊の住む土地」と考える場所に行くのは、生まれ故郷の「トゥレーヌの庭園」に帰るのよりも嫌だった。いつでもフランスに戻れると思っていたからこそ、オランダでの面倒事が決定的な理由になることはなかったのだ。彼はフランスではいつも歓迎され、母国でかなり有名になっていたが、高い地位に就《つ》けるとは思っていなかった。彼は自らの失意をエリーザベトに語っている。「フランスの人は私をゾウやヒョウのような珍しい動物のごとく歓迎しているのであって、有能だなどとはかけらも思っていないのです」

スウェーデン女王クリスティナからやがて正式な招待があることを匂わせるシャニュからの手紙に対して、デカルトは一六四九年二月二六日に次のような返事を返した。「私がこの場所に縛りついているのは、ここより良さそうな場所を他に知らないからだけです[6]」シャニュは丁重な説得を続けたが、ついに最も単刀直入な手紙を送った。「スウェーデンの女王は、ストックホルムであなたと出会い、直接あなたから哲学を学びたいと望んでおられます」

デカルトは渋々《しぶしぶ》ながらクリスティナ女王の誘いを受け、スウェーデンに行って女王の哲学教師として仕《つか》えることにした。女王は気前の良さを見せ、シャニュを通じてデカルトに、新たな国へと渡る前に何カ月か猶予を与え、さらにスウェーデンに慣れてからも新たな地位での仕事が始まる前にさらに数カ月間の自由を与えようと提案した。そして女王は極めつけの意思表示として、海軍提督フレミングをオランダに派遣し、デカルトを国王並みの賓客としてストックホルムにお連れするよう命じた。

スウェーデン王立艦隊のフレミング提督は、一六四九年八月にオランダに上陸してエフモントにあるデカルトの家まで向かったが、哲学者は船まで連れられていくのを拒んだ。誰かわからない人に付いていくことはできないと言い張ったのだ。そのとき彼が友人に宛てた手紙からは、彼がいまだにオランダを去ることを嫌がっており、このような言い訳をして時間稼ぎをしていたのだろうことが読み取れる。結局は彼のもとに、フレミングは正真正銘の提督であり、デカルトをお連れするために女王が派遣したのだという手紙が届き、彼は荷造りを始めた。彼は金銭上の問題に気を遣《つか》って、金を別の銀行の口座に移して借金を清算し、遺言を書き替えた。そして友人たちに別れを告げ、出発の準備を整えた。出発に立ち会った人が何カ月かのちに語ったところによれば、彼は死を予感しており、スウェーデンへの旅路と先の読めない将来に不安を感じていたという。

一六四九年九月一日にデカルトは、アムステルダムに停泊しているストックホルム行きの船に乗り込むためエフモントを出発したが、その場に居合わせた人によれば、彼は「髪をきれいに巻き付け、先が尖《とが》った靴を履《は》き、きれいなひだが入った純白の手袋をしていた」という。彼は、本人の母語に加えてフランス語とラテン語に堪能《たんのう》なドイツ人の新たな従者、ヘンリー・シュルターを従えた。出発前にデカルトは、シャニュの義理の弟である友人のクレルスリエに宛てて、自分がスウェーデンに行くのはシャニュを信用しているからであって、決して自分が行きたいからではないと手紙に書いた。そして彼は、未来を予見したかのごとく、次のように続けた。「私がスウェーデンに行くことで、女王は勉学に熱心なあまり別の宗教の信者から教えを受けるのか、などという意地の悪い噂が立ったとしたら、私はひどくうろたえてしまうでしょう(7)」

この懸念に関しては、デカルトはこの上なく正しかった。クリスティナ女王の学びの宮廷は、「文法学者」に牛耳《ぎゅうじ》られていた。司書や哲学者などから成る文法学者の一団は全員がカルヴァン派の信者であり、カトリックに猛烈に反対していた。特にデカルトが女王お気に入りの助言者になったとしたら、文法学者はみな彼に不信を抱き、彼を嫌うようになるだろうと思われたのだ。

オランダからスウェーデンまでの航海には一カ月を要した。異例に長い航海期間であるが、これは悪天候に加え、向かい風のために船足が遅くなったためだった。船長によれば、デカルトは科学を駆使して難所の航海を手助けしてくれ、何十年にもわたる大海原の航海よりもデカルトと海上で過ごした数カ月間でよりたくさんのことを学んだという。

デカルトは一六四九年一〇月四日にストックホルムへと到着し、女王の代理人の出迎えを受けた。原稿など彼の所持品が入った木箱が船から下ろされ、彼は用意された部屋へと案内された。次の日、デカルトは式典の場でクリスティナ女王の歓待を受けたが、女王が彼に対してあまりに丁重な儀礼を尽くしたため、宮廷ではこの新参者に対する嫉妬の念が広がった。中でもこの哲学者を最もねたみ、彼に対して最も反感を持ったのが、女王の司書長だったフラインシャイミウスという人物だった。

クリスティナは、デカルトに対する敬意をさらにエスカレートさせた。デカルトにスウェーデン市民権を与えると申し出て、さらに高貴な位《くらい》を与えたいとも考えたのだ。それに加えて女王は、ヴェストファーレン平和条約で手に入れたドイツの土地を彼に与えようともした。しかし哲学者は、こうした気前の良い申し出を丁重に断った。

女王は、新たな個人教師の授業計画を早く決めたがった。彼女の希望は、朝の起床後すぐ、つまり午前五時ちょうどに彼と会うことだった。それまでのデカルトの生活スタイルは、夜更《よふ》かしをして好きなときに床に付き、朝は一〇時前には起きず、目を覚ました後もベッドの中で読書をしたり考えにふけったりするというものだったが、ここでもデカルトは礼を尽くして慎《つつし》み深く振る舞い、ご希望の日程は自分の生活リズムと正反対だなどと不平を言うことはしなかった。こうしてデカルトは、五三歳にして新たな生活スタイルを始めることとなった。朝早く起きてフランス大使館の温かいベッドを抜け出し、スウェーデンの凍える冬の中、冷え切った女王の書斎に向かい、朝五時に到着して、一時

第 18 章　女王の誘い

スウェーデン女王クリスティナとデカルト

間にわたって哲学の授業を行なわなければならないのだ。とはいえデカルトには、このスケジュールに気持ちを合わせて新たな国での生活に慣れるまでに、六週間の猶予《ゆうよ》があった。

デカルトは、大使館の敷地内にあるフランス弁務官の邸宅でシャニュ夫妻と一緒に暮らした。デカルトが到着したとき、ピエール・シャニュはストックホルムにはおらず、政府との協議と自分の大使昇任祝典のためにパリに滞在していた。デカルトの友人クレルスリエの姉であるシャニュ夫人は、客人に気を遣い、王宮から三〇〇メートル足らずの距離にある自宅の上階に彼を泊めた。ピエール・シャニュが戻ると、デカルトは、シャニュがクリスティナ女王に大使の信任状を手渡す儀式を目にした。当時の大使はたいてい貴族階級が占めていたが、シャニュは中流階級の一員だったため、このような昇進は珍しかった。シャニュの昇進は、彼が残した功績によるものだった。彼は二国間の関係を前進させ、フランスの偉大な哲学者をスウェーデン女王の助言者に転身させることもやってのけたのだ。

デカルトは、クリスティナと何回か会っただけで、二人のあいだには強い絆《きずな》があることを悟った。それは、新たな悩みの種《たね》をデカルトにもたらした。デカルト、クリスティナ、エリーザベトという、肉体関係ではないにせよ、プラトニックな三角関係である。デカルトはスウェーデンに到着してすぐに、愛するエリーザベト王女に次のような手紙を送った。それはデカルトがエリーザベトに宛てた最後の手紙となる。(8)

一六四九年一〇月九日、ストックホルム

マダム

四、五日前にストックホルムに到着して考えたのですが、数ある務めのなかでも自分が真っ先にすべきは、陛下に対する慎ましいご奉仕を改めて申し出ることです。……
「クリスティナ女王が」私に最初にお尋ねになったのは、あなたから何か知らせがあったかどうかということでしたが、私は陛下に関して考えていることを率直にお話ししました。女王の強いお心から判断するに、それによって女王の嫉妬心を掻き立てる恐れはなかったし、女王に対する私の感情をあなたに隠さず語ったところで、陛下もまた嫉妬なさらないはずだと確信していたからです。

デカルトは女王への授業を始め、女王は自分が完璧な生徒であることを証明した。彼女の根気と知識欲は尽きることがなかった。デカルトにとって午前五時からの授業を行なうだけでも苦痛だったのに、クリスティナはそれでもまだもの足りないようだった。彼女は毎日、デカルトとの朝の授業以外にも何時間も勉強に費やした。狩りで馬に跨《またが》っているときも本を抱《かか》え、獲物を追いかけている合間や公務のあいだにも読書をしていた。クリスティナはデカルトに、文学や宗教や政治といった、哲学以外の問題についても質問した。デカルトは、女王の一番お気に入りの助言者となっていった。女王は徐々にデカルトの魅力の虜《とりこ》となり、宮廷の誰もがそれを感じ取った。

文法学者たちは、デカルトが女王にフランスやカトリックの影響を与えていると考えて腹を立て、彼を陥《おとしい》れようと陰謀を企《たくら》んだ。デカルトはその敵意を感じ取り、他にどんな良い面があろうとも移住したことを後悔するようになった。一六五〇年一月一五日、彼はブレジーという名の友人に宛てて次のような手紙を書いている。「ここの人々の心は、冬には湖のように凍りつく。……わが荒野に戻りたいという思いは日に日に強くなっていく[9]」別の友人に宛てては、「この廷臣たちはよそ者を皆ひどくねたんでいる」と書いている。不幸にもデカルトは、このねたみを逃れて「荒野」に戻ることも、トゥレーヌの庭園に戻ることも叶《かな》わなかった。

第19章　デカルトの謎めいた死

ストックホルムに到着して五カ月後の一六五〇年二月三日、デカルトは病《やまい》に倒れた。彼の伝記のほとんどは、彼の病気の原因は不慣れな早起きとスウェーデンの厳しい寒さだったと結論づけている。事実、その冬は六〇年ぶりの厳冬だった。ストックホルムでデカルトを診察した医師も、彼の症状は肺炎によるものだと診断した。

クリスティナ女王の「第一医師」は、フランス国民だった。その名はデュ・リエル、デカルトの友人で彼の業績を高く評価していた。デュ・リエルはスペインで生まれ、若いうちにフランスへと移り住んでモンペリエ大学で医学の学位を取得していた。デカルトの哲学に触れた彼は、クリスティナ女王の宮廷でその有名な哲学者と出会う前から、自分はデカルト主義者であると熱心に語っていた。デカルトはデュ・リエル医師を信頼しており、彼の指示には従おうと思っていたはずだ。デュ・リエルに診《み》てもらっていたら、彼はきっと助かっていたに違いない。しかしデカルトが病に倒れた日、デュ・リエルは女王から言いつかった任務でストックホルムから遠く離れた地におり、すぐに戻ることはできなかったのである。

そこで女王は、彼女の「第二医師」であるウーレスという名のオランダ人医師にデカルトを診察させた。バイエによれば、ウーレスは「ユトレヒトとライデンの聖職者や神学者がデカルトに戦いを宣言して以来、彼の不倶戴天《ふぐたいてん》の敵だった」という(1)。ウーレスはオランダ学界の反デカルト分子たちと結託しており、バイエによれば「デカルトの死に目を見たい」と思っていたという。この男は、「デカルトを傷つけられそうなあらゆるチャンスを利用した」そんな医師がこの病に苦しむフランス人哲学者の治療に充《あ》てられた理由は、今でも不穏な謎のままである。

一七世紀には医学の知識が乏《とぼ》しく、風邪とインフルエンザと肺炎の区別を知らない医師もいた。効果的な治療には、正しい診断が必要だ。しかし、肺炎であれ胃痛であれペストであれ、彼ら医師が指示した治療法は決まって同じく、瀉血《しゃけつ》だった。

デカルトが病に倒れたのは、ピエール・シャニュが病気になってから一五日後のことだった。大使が寝たきりのあいだ、デカルトは毎日彼を見舞っていたのだ。シャニュが一五日めに床から起きると、デカルトは寒気を感じるようになった。その日シャニュは気分が良くなり、快方へと向かった。デカルトが病気になってから二日めは、聖母マリアの清めの祭日だった。デカルトも祭式に出席したが、気分が悪くなって中座し、ベッドに潜りこんだ。

その夜、すっかり気分が良くなったシャニュ大使は、デカルトを医者に診せるよう女王に頼んだ。バイエによれば、「女王に対する恩義と医師としての誇りを背負っていた」ウーレスがフランス大使のところにやってきて、病気の哲学者を診察しようと申し出た(2)。デカルトは偽医者や藪医者に用心深かったため、最初の二日間は医者に診てもらうことを拒《こば》んだ。しかしもはや選択肢はなくなった。ウーレス医師を遣《つか》わせたのは女王であり、しかもデカルトは彼を拒めないほど重症だったのだ。

ウーレスは、デカルトの枕元に来るとすぐに、患者を瀉血すると決断した。何十年も解剖学の研究に時間を費《つい》やしてきた哲学者は、同時代のほとんどの人が知らないことを知っていた。瀉血は何の役にも立たないということを。それは感染を引き起こすだけだったのだ。事実、二年前にデカルトの親友マラン・メルセンヌが、軽度の病気を治療するために瀉血を受け、それがもとで腕に細菌が感染して死んだ。

ウーレスはデカルトに近づき、メスを入れようとした。デカルトは、信頼する従者ヘンリー・シュルターや友人の大使夫妻に見守られていた。誰もが彼に、医師に瀉血してもらうよう説得した。

「諸君、フランス人の血を流させるな」とデカルトは叫んだ。

ウーレスは無理強《むりじ》いをせず、ほとんどが薄いスープだけの刺激のない食事、水、休息という、患者自身の治療法に任せた。

デカルトはシャニュに病気を移されたのだろう。二人とも高熱を出し、医師には肺の炎症があると診断された。シャニュは瀉血を受け、それによって回復したのだと思いこんでいた。そのため彼は、医師が部屋から出た後も、ウーレスに瀉血してもらうようデカルトの説得を続けた。しかしデカルトは、原始的で危険だと知っていた治療法を断固として拒みつづけた。

「瀉血は命を縮める」と彼は小声で言って、目を閉じた。そして再び目を見開いて、こう付け足した。「私は成人してから四〇年間、瀉血を受けずとも健康に過ごしてきた[3]」

次の日、デカルトの病状はますます悪化していた。熱もあり、今まで経験したことのないようなひどい頭痛もあった。初期の伝記作家たちは、彼は今にも頭が爆発しそうに感じていたと記している。大使とシャニュ夫人は、彼の枕元にやってくるやいなや、あのオランダ人医師に瀉血してもらうよう再び迫った。しかしデカルトは聞く耳を持たなかった。彼はウーレスのことを次のように言ったという。「もし死ぬことになるとしたら、彼の顔を見ない方が安らかに死ねる[4]」

そして彼はベッドの周りに集まった人々に、休みたいから帰ってほしいと頼んだ。シャニュとその召使いたちはみな帰り、デカルトの枕元には彼が信頼する従者だけを残した。

しかし、おそらく誰かがあのオランダ人医師にデカルトの言葉を伝え、医師はそれを悪く受け取った。このことで彼は、以前にも増してデカルトを毛嫌いするようになった。ウーレスは、自分の意に反してこの病人を治すことはしないと言い放った。

日付が変わっても、病人はまだ高熱と激痛に苦しんでいた。その夜ウーレスは、この病人は助からないという見通しに至った。バイエによれば、医師は自分の予言が現実となる場面をその目で見る決意を固めたという。

しかしその朝、デカルトは驚くほど気分が良くなった。「熱が頭から引いたので、彼の理性が戻ってきた」のだ。彼はベッドの中で体を起こして本を読み、パンを少しと水を口にした。そして集まったみんなに、気分が良く、病気はいなくなってしまったようだと語った。彼はアルコールを飲みたいと言い、それにタバコの香りを付けてほしいと頼んだ（バイエの推測では、デカルトはそうやって吐き気を促そうとしたという）。

ウーレス医師は、デカルトのような体調では誰であれ、そんな混ぜものを口にしたら死んでしまうと判断した。しかし彼は、こうなったらデカルトの好きにさせるべきだと言った。そして彼は部屋を出て、アルコールとタバコの臭いがする色の濃い液体をグラスに入れて戻ってきた。そしてそれをデカルトに与えた。

翌朝までに、デカルトの病状は急激に悪化していった。彼は血や黒っぽい液体を吐いた。口からは痰も出てきた。そして激しく苦しんだ。午前八時、衰弱して希望を棄《す》てかけたデカルトは、ついに抵抗をやめ、医師に瀉血してもらうことにした。血はほとんど出なかったため、一時間後に医師は再び瀉血した。これでシャニュ夫妻は希望を繋《つな》ぎ、やっと治療に同意した友人に感謝した。しかし、瀉血によってデカルトの病状はますます悪化した。時が経つにつれて、彼の病状はどんどん悪くなっていったのだ。

その夜に他のみんなが夕食に出ているとき、デカルトは従者に、ベッドを出て暖炉のそばのソファーに寝かせてほしいと頼んだ。彼はなんとかソファーにたどり着き、しばらくそこで横になった。しかしあまりに気分が悪く、しかも瀉血によって体力も奪われていた。彼は口を開いて言った。「ああ、シュルター君。もう逝《い》くときだ」

それがデカルトの最後の言葉だった。彼が意識を失うと、シュルターはすぐにシャニュ夫妻と医師と召使いたちを呼びに走った。

数時間後、デカルトは助からないことがはっきりしてきて、最後の聖餐のためにヴィオゲ神父が呼ばれた。翌朝の四時、デカルトは息を引き取った。一六五〇年二月一一日、あと少しで五四歳になるところだった。

デカルトの最も初期の重要な伝記作家であるアドリアン・バイエでさえ、哲学者の死の直後に広まりはじめた噂について触れている。ウーレスがデカルトを敵視する宮廷の人々と共謀して、彼に毒を盛ったというのだ（バイエが採《と》り上げているもう一つの噂によれば、デカルトは女王につれなくされて傷ついたために死にたいと思い、スペインのワインを飲み過ぎて死んだという[5]。もちろんどちらも真実ではなさそうだ。デカルトが飲み過ぎることなど決してなかったし、女王は哲学者に惚れ込んでいたからだ）。近年、ジャン＝マルク・ヴァローが二〇〇二年にフランスで出版したデカルトの伝記は、デカルトは毒殺されたのだと主張している[6]。

クリスティナ女王の宮廷は、デカルトに敵意を抱く連中で溢れていた。デカルトの身の回りにいる人の多くは彼が女王と親密であることに嫉妬しており、残りの人々は彼の哲学を嫌い、彼のことを無神論者と見なしていた。そしてまた、このフランス人哲学者が我らが女王に影響を与えかねないことを恐れるゆえに、彼を嫌っていた者もいた。デカルトはカトリックであり、女王や家臣のほとんどはルター派信者だった。多くの人が、女王に寄り添うカトリック教徒の影響を恐れていたのである。さらに、デカルトの「死に目を見たい」と広言した医師が彼を治療したという事実によって、毒殺説の信憑性《しんぴょうせい》はますます高くなる。

実は、デカルトとその影響力に対する文法学者たちの懸念は、デカルトの死後に現実のものとなる。一六五四年、クリスティナは退位し、カトリックに改宗するのである。

デカルトを守るべき立場にあったフランス大使ピエール・シャニュは、哲学者の死後に不可解な行動を取った。最愛の助言者だった友人の死に悲しむ女王は、デカルトにスウェーデン貴族の位《くらい》を与え、代々のスウェーデン国王と一緒に埋葬したいと考えた。そしてまた、「わが素晴らしい師」と呼ぶ愛《いと》しき哲学者のために、大理石の大きな霊廟《れいびょう》を建てようと計画した(7)。

しかし意外にも、シャニュ大使がその構想に反対した。大使は女王に、デカルトはカトリック教徒として死んだので、彼をスウェーデン国王とともに葬ればスウェーデンの貴族たちが腹を立てるだろうと主張した。代わりに彼は女王に、デカルトを孤児院の墓地に埋葬させてくれるよう頼んだ。そこには、物心つかないうちに死んだ子どもだけでなく、この国では宗教的に少数派であるカトリックやカルヴァン派の信者たちも葬られていた。

女王は大使の要求をとても奇妙に感じ、それを無視しようとした。しかしシャニュは口がうまく、一方でクリスティナは若く未熟な女王だった。シャニュは女王に、とりあえず今は家臣たちを敵に回すのは得策でないので、私の言うとおりにした方が良いと説得した。大使は女王の秘密を握っていた。

退位してカトリックに改宗するつもりであることを知っていたのだ。彼はそれをちらつかせ、自分の計画を認めさせた。女王は渋々《しぶしぶ》ながら合意したが、デカルトの葬儀費用を出すことだけは譲らなかった。(8) 翌日の葬儀は、派手さこそなかったものの、ローマカトリック式の通常の土葬に則《のっと》って執《と》り行なわれた。デカルトの棺《ひつぎ》は、シャニュの長男とフランス大使館の三人の上級職員によって担《かつ》がれた。大使がデカルトの墓としてこだわった粗末な墓地に哲学者の遺体が埋葬されたとき、他に参列する人はほとんどいなかった。

デカルトが死んでから何年か経った一六六六年一〇月二日に彼の遺体が掘り出され、遺骨はおそらく頭蓋骨を除いて祖国に送られた。フランスには一六六七年一月に到着し、聖パウロの礼拝堂に安置された。デカルトの骨は、さらにパリの聖ジュヌヴィエーヴ＝デュ＝モン教会の地下聖堂へと運ばれた。(9) しかしこの教会は、フランス革命のさなかに破壊された。フランスでは、偉大な哲学者の遺骨を高名な市民たちとともにパンテオンに埋葬しなおそうという動きが起こり、国民公会の投票で移設が認められたが、総裁政府がその決定を覆《くつがえ》し、遺体はフランス英雄記念館に運ばれた。一八一九年になってやっと、デカルトは終《つい》の棲家《すみか》を古いサン＝ジェルマン＝デ＝プレ教会に見つけた。(10)

セリウム、セレン、トリウムといった元素を発見した有名なスウェーデン化学者のイェンス・ヤコブ・ベルセーリウス男爵（一七七九－一八四八）は、デカルトの遺骨が埋葬しなおされたときにパリにおり、ちょうどその場に居合わせた。そしてデカルトの遺骨に頭蓋骨がないことを知って驚いた。ベルセーリウスがスウェーデンに戻ったまさにそのとき、運命に導かれたかのように、ストックホルムでオークションが開かれ、売却品の一つとしてルネ・デカルトのものとされる頭蓋骨が出品された。ベルセーリウスは落札者にかけあって、その頭蓋骨を買い受けた。

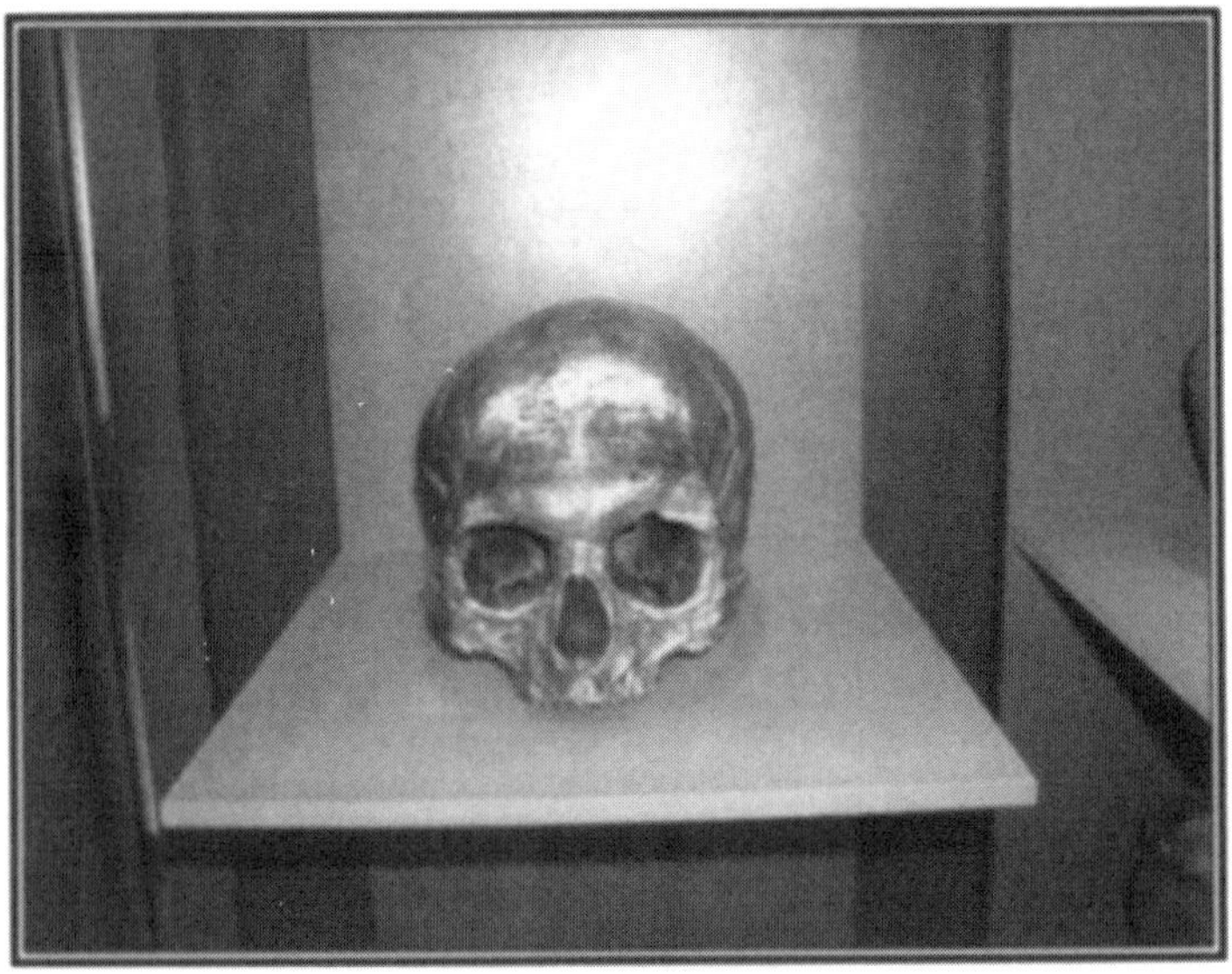

デカルトの頭蓋骨

そしてベルセーリウス男爵は、フランス科学アカデミーの永年書記だったフランス人のジョルジュ・キュヴィエ男爵に一通の手紙を書いた。手紙の中で彼は、購入したばかりのルネ・デカルトの頭蓋骨をフランスに寄贈すると申し出るとともに、サン＝ジェルマン＝デ＝プレ教会にある残りの遺骨とともに埋葬してほしいという意味で、「哲学者の他の遺骨とともに安置するように」と記《しる》した。[11] しかしフランス人男爵の考えは違っていた。理由は決して説明しなかったが、頭蓋骨を受け取ったフランスアカデミーの永年書記は、それを博物館に展示したのである。

　下顎と歯がなく、頭頂部から額にかけてぼんやりしたインクの跡が残るデカルトの頭蓋骨は、パリの人類学博物館で屈辱的な結末を迎えた。[12] 偉大なフランス人哲学者のものと評される頭蓋骨は、あちこちいじり回されたあげく、現在では人間の頭蓋骨の発達に関する悪趣味な展示品の一部となっている。同じガラスケースには、「クロマニヨン人、一〇万歳」とか「クロマニヨン人、四万歳」といったラベルが付けられた頭蓋骨や、「初期のフランスの農民、ホモ・サピエンス・サピエンス、七〇〇〇歳」と記された人間の頭蓋骨が収められ、ビデオカメラがとらえた見学者の頭を映し出すテレビスクリーンでは、「あなた、ホモ・サピエンス・サピエンス、〇から一二〇歳」という字幕が画面の下方に付されている。

デカルトの頭蓋骨には、「ルネ・デカルト、ホモ・サピエンス・サピエンス、フランス人哲学者・大科学者、出生地：トゥレーヌ州ラ・エー、スウェーデンに移住」というラベルが貼られている。その下には「三四三歳（一九九三年現在）」と続いている。頭蓋骨と説明文の下には、一冊の古い本『ルネ・デカルト、デカルト著作選集』の表題ページが広げられている。

一六五〇年二月一三日にストックホルムでデカルトが埋葬されたのち、ピエール・シャニュはこの哲学者の所持品の完全な目録を作るべきだと考えたが、それを自分一人で編纂すべきではないと進言した。シャニュは女王に、目録の作成を手伝ってその現場に居合わせる代理人を大使館に派遣してくれるよう頼んだ。デカルトの葬儀の翌日、二月一四日に女王は、クルーヌベリの男爵でフィンランドのオーボの裁判所長であるエリク・スパールを、代理人として目録作成の任に充《あ》てた。他に居合わせたのは、デカルトが懺悔《ざんげ》を捧げた大使館付きのヴィオゲ神父と、死んだ哲学者の従者ヘンリー・シュルターだった[13]。

デカルトの衣服と個人的な所持品はすべて、良き主人を失って悲しみに暮れるシュルターに与えられた。バイエによれば、シュルターは数年後にこれらの品物を売って、わずかばかりの資産を手にしたという。[14] デカルトは何冊かの本も遺していった。それらの本は、フランスにいるデカルトの遺族たちに送るとして別扱いされた。

翌日も同じ面々が、デカルトの金庫の中で見つかった品物の取り扱いを決めるため再び大使館に集まった。金庫が開けられると、中から何束かの手書きの文書と、デカルトが重要だと思った自筆の手紙や文書の写しが見つかった。これらの資料にも目録が作られ、シャニュ大使はそれらの品物をすべて「特別な保護下」に置いた。[15]

鍵付きの箱の中にデカルトが遺していった品物は、哲学者が心の中にしまって世間から隠したのが何であったのかを教えてくれる。その中には次のようなものが含まれていた。

- フーティウスに対するばつの悪い謝罪の手紙――デカルトをオランダから追いやった大災厄の苦い記録。
- デカルトがフーティウスを非難する九通の手紙の写し。
- デカルトに敵対するオランダ内外の学者たちから送られた異論に対する、デカルトの「返答」の写し。
- デカルトが最愛の友人エリーザベト王女に送った手紙の写し。

箱の中には他に、『序言』、『オリンピカ』、『デモクリティカ』、『エクスペリメンタ』、『パルナッソス』といった曖昧なタイトルが付けられた、いずれも出版されなかった断片的な手書きの文書があった。デカルトがこれらの文書を自分の手元に隠し、決して他の人に見られないようにしていたのは間違いない。その中には、暗号化された数学記号、幾何学的な図、そして意味不明の謎めいた記号が書かれた、羊皮紙でできたノートが一冊だけあった。目録に記録された品物にはすべてA、B、C……といったラテン文字が付けられたが、Uの文字には必ずウムラウトが付けられた（シャルル・アダンとポール・タヌリは、これはシュルターの影響であると推測している）。謎めいた記号や図や数の列が記された羊皮紙のノートには、「品目M」という名前が付けられた。

シャニュは死んだ哲学者の遺骨の行く末をあまり気にせずに、それらをスウェーデンのありふれた墓に埋葬させ、おそらくは遺骨の散逸《さんいつ》を防ぐこともできないまま、もっぱら彼が遺した文書の方に注意を向けていた。シャニュは、フランスにいるデカルトの遺族への相談もなしに、目録にある品物をすべてパリにいる義理の弟クロード・クレルスリエに贈り物として送ることにした。しかし、シャニュはあまりに多忙で実際の作業にはかかれず、これらの財宝はしばらく待ちぼうけを食らうことになる。

それから二年半後にシャニュは、新たな役職であるオランダ大使に就任するために、スウェーデンを去る手はずを整えた。まずは身の回りの品を送り、一緒にデカルトの文書や手紙をクレルスリエに送付した。実は以前からシャニュにはデカルトの文書を出版せよという要望が寄せられており、特にリューベック在住のドイツ人伝記作家ダニエル・リプシュトルプは、この哲学者の伝記に使うからデカルトの文書を見せてほしいとシャニュに繰り返し頼んでいた。しかし大使は、フランスを代表した立場でスウェーデンやドイツにおける重大な外交上の仕事に関わっており、実は一時期リューベックに滞在してもいたのだが、こうした出版の要求に応える時間も忍耐力も持ち合わせていなかった(16)。ともかく彼は、クレルスリエにすべてを送りつけてしまいたいと思っていたのだ。そして彼は、ようやく船積みの手はずを整えた。デカルトの隠された文書が収められた箱は、ルーアンに向かい、セーヌ川をパリへと遡《さかのぼ》り、船とともに沈み、引き上げられ、そして文書はクレルスリエによって救い出されたのだ。

クロード・クレルスリエは、デカルトの文書を所有したまま一六八四年に死んだ。それは、ライプニッツがパリで文書の一部を急いで写した一六七六年から八年後のことだった。クレルスリエが死ぬと、デカルトの文書はジャン＝バティスト・ルグラン神父の手に渡った。しばらくして神父は、やはり聖職者であるアドリアン・バイエ神父に、執筆中のデカルトの伝記に使いたいのでその文書を見せてほしいと頼まれてその要求に応えた。ルグランは、バイエの取り組みにできる限り助力をすると請《う》け合《あ》った。こうしてバイエは、デカルトの隠された文書や手紙を見ることができたのだ。彼はその資料を、一六九一年にパリで出版されたデカルトの伝記に組み込んだ。三〇〇年以上経《た》った今でも、このバイエの著作がデカルトに関する最も包括的な伝記である。

ルグランの死後、デカルトの文書は行方不明となった。現在残っているのは、ライプニッツによる一部の写しと、いくつかの文書についてバイエが伝記の中に記した解説だけである。しかし、もしかしたらいつの日か、どこかフランスの修道院にある忘れ去られた埃まみれの文書館からデカルトの文書の現物が発見されるかもしれない。

バイエの著によるデカルトの伝記には、一六五〇年二月一四日と一五日にストックホルムで作られた資産目録が掲載されている。アダンとタヌリは一九一二年にパリのフランス国立図書館でこの目録の写しを発見したと書き記している。もう一つの写しが、ピエール・シャニュの手でオランダの友人コンスタンティン・ホイヘンスのもとに送られていた。ホイヘンスはそれを、のちに有名な物理学者で数学者となる息子のクリスティアーン・ホイヘンス（一六二九-九五）のためにと思って欲しがったのだ。クリスティアーン・ホイヘンスは一六五三年に、目録に添えられていた父親宛の手紙から、デカルトの未発表の文書がパリ在住のクロード・クレルスリエという人物の手にあることを知ることになる。

デカルトが死ぬと、クリスティナ女王は取り乱して深く落ち込んだ。彼女は、自分が権力に留まるべきではないと確信するようになった。良い統治のしかたを助言し、人生の意味を教え、そして信仰の強さを持った哲学者の心温かい導きを失って、彼女はむなしさを感じたのだ。

デカルトの死から一年経たないうちに、クリスティナ女王はひどい神経衰弱にかかった。驚いたことに彼女は、カトリックの司祭であるアントニオ・マセド神父に会いたいと何度も訴えた。どうやら、デカルトの影響力は墓を抜け出て広がり、女王をデカルトの奉じた宗派へと惹きつけたようだ。一六五四年、クリスティナは退位して、カトリックの総本山ローマへと移住するためにスウェーデンを去った。途中、彼女は騎士になりすましてヨーロッパじゅうを巡り、カトリックの聖職者たちと会っては、自分にとって新たな宗教の教えをさらに学んだ。そして彼女はカトリックに改宗し、ローマに居を構えた。クリスティナはなかなか落ち着けず、おそらくは女王時代を懐かしんでいたのだろう。というのも、ナポリを奪取してその女王であると宣言しようという企《くわだ》てを起こしたりしているからだ。その企《たくら》みは無惨に失敗したが、彼女は諦めず、ポーランドの王位を手に入れようともした。この試みも失敗すると、クリスティナはローマに戻り、そこに永住した。彼女は一六八九年に息を引き取り、サンピエトロ大聖堂に埋葬された。

デカルトの死から一二年後、元スウェーデン女王は次のように書き記している。

デカルト氏がわが栄誉ある改宗に大いに寄与し、彼とその輝かしい友人シャニュ氏が、神の摂理《せつり》の力をもって、カトリック、ローマ教皇、ローマ宗教の真理を悟らせた神の恵みと慈悲に我を初めて気づかせたことを、この文書をもって正式に認める。[17]

元女王はこの声明を公表し、何が彼女の決定を導いたのかを世間に知らせた。その点から見れば、文法学者たちの心配はまさにもっともだったのである。

第20章 デカルトの秘密を追い求めるライプニッツ

ストックホルムでデカルトが死んだ一六五〇年、ドイツのライプツィヒにいた四歳の少年は、二年前に調印され三〇年戦争を終結させたヴェストファーレン条約に則《のっと》ってこの街から撤退する、スウェーデンの兵士たちを見つめていた。戦勝国のフランスとスウェーデンは、ドイツの地を去ることになっていた。しかしドイツは、占領が終わって戦争が終結すると、長年の戦争がもたらした挫折に続いて長い学問的文化的な凋落《ちょうらく》の時代を迎えることとなった。

その少年、ゴットフリート・ヴィルヘルム・ライプニッツは、たぐいまれな子どもだった。四歳の時にはすでに、誰もが彼の驚くべき才能に気づいた。ライプツィヒ大学の教授だった彼の父親は、わが息子が天才であることを知ったが、不幸にも少年がまだ六歳の時に七〇を前にして死んだため、息子の偉業を生きて目にすることはなかった。ゴットフリートは、父親の書斎で見つけた古代ギリシャ語やラテン語の古典を読み、数年のうちに歴史、芸術、政治学、論理学に関する書物を読みあさった。しかし彼は、多くの分野に興味を示しつつ、数学に関しては格別の才能を発揮した。若きライプニッツは、数学の中でもある独特の能力を備えていた。暗号の解き方を知っていたのである。

少年はこの特別な才能を、言葉にも数にも活用した。彼は、謎めいたもの、隠されたもの、禁じられたものに夢中になった。彼の情熱は、秘密のメッセージの解読と、数学における隠された知識の探求へと向けられた。ライプニッツは、膨大な組み合わせが存在する文字列を並べ替え、驚くほどのスピードで単語をこしらえることができた。また彼は、数をいくつかの素数に因数分解する方法や、組み合わせの数を数え上げる方法も知っていた。こうした技法は、組み合わせを研究する数学の分野である組み合わせ論に含まれる。組み合わせ論におけるライプニッツの成果の一例が、以下のようなものだ。彼は、単純な概念 a、b、c、d の組み合わせから構成されるものとして y という概念を定義し、さらに次のような組み合わせを定義した。$l = ab, m = ac, n = ad, p = bc, q = bd, r = cd, s = abc, v = abd, w = acd, x = bcd$。そして、$ax, bw, cv, ds, lr, mq, np$ という組み合わせだけが y を導くことを見いだしたのである[1]。彼の豊かな才能を知っていたゴットフリートの母親は、ライプツィヒにあるニコライ学校という一流校に彼をやることにし、一六五三年に彼は入学した。

学校でラテン語を正式に学んだライプニッツは、他の生徒たちよりはるかに速く上達した。というのも彼は、上級生が置き忘れた本を見つけ、それを貪《むさぼ》り読んだからである。教師たちは、彼が教室以外でもラテン語を学び、他の生徒が基本に取り組んでいるあいだにすでにこの言語を習得していることを知って取り乱し、母親とおばたち（子育てを手伝っていた）に上の学年の本を読むことをやめさせるよう指示した[2]。しかし彼はその後も亡き父親の書斎に忍び込み、さらに高等な本を読んでいた。

一六六一年、一五歳でニコライ学校を卒業したライプニッツは、哲学を学ぶためにライプツィヒ大学に入学した。彼はアリストテレスの著作を読み、ヨハン・クーン教授が開くユークリッドの数学の授業を履修した。この授業はあまりに難解で、内容を理解できたのはクラスの中でもライプニッツだけだった。彼は最後には、クラスメートに定理を教える教授の手助けをするようになった。ライプニッツは、ベーコン、ホッブス、ガリレオ、そしてデカルトも勉強した[3]。

ライプニッツを特別惹きつけたのは、デカルトだった。若きライプニッツはデカルトの論理学や哲学に夢中になったが、同時に独自の考えも発展させ、それはしばしばデカルトの考えと食い違っていた。偉大なイギリス人哲学者で数学者でもあったバートランド・ラッセル（一八七二－一九七〇）によれば、ライプニッツの思想は大学の伝統の中で形成されたものであり、彼はアリストテレスやスコラ哲学の宇宙観に染まりきっていたという。彼がこの哲学と袂《たもと》を分かつのは、晩年に行なった数学の研究においてだけである。[4] こうした信念ゆえ、ライプニッツはデカルトの哲学を受け入れなかった。さらに言うと、ライプニッツは性格的に、どんな学問分野に足を踏み入れるときも必ず革新者として独自の影響を残さずにはおられなかったのだ。[5]

　ライプニッツは、デカルトの業績に対して心酔と嫌悪の入り交じった奇妙な感情を抱いており、このフランス人哲学者の遺産を愛憎の目で見ていた。当時、ドイツの大学ではどこでもデカルト哲学に対する反対が強く、デカルトの考えを擁護しようとする教授は皆、大学での職を失う危険にさらされていた。[6]

　ライプニッツは、デカルト哲学の基礎となっている懐疑の原理には欠陥があると考えていた。彼は次のように書き残している。

> デカルトが説く、不確実さをほとんど持たないあらゆる物事に対する懐疑の必要性は、もっと納得のいく正確な形に直すことができる。それは、どんな概念に対してもそれに値する是認や留保の程度を考慮しなければならない、というものだ。もっと単純に言えば、一つ一つの主張の根拠を調べなければならない、となる。こうすれば、デカルトの言う懐疑が持つ欠陥を取り除くことができる。[7]

そしてライプニッツは、デカルトの言う絶対的懐疑の欠陥の実例を数多く挙げている。一例としてライプニッツは、青と黄色が混ざった色を見たとき、自分の知覚しているのが緑色であることを完全に疑えるだろうか、と問うた。そして、二つの色をよく混ぜ合わせれば実際に緑色ができあがるので、そうした懐疑にも程度があると結論した。同様に彼は、片手に寒さを感じてもう一方の手に暑さを感じたら、どちらの手を信じればいいのか、と問いかけた。どちらの手の感覚も、完全に疑わなければならないのだろうか?

ライプニッツはやがて、デカルトに関する事柄をできる限り学びたいと思うあまり、出版されている著作だけでは我慢できなくなってしまった。先のことになるが、大学卒業後の一六七〇年と七一年に彼は、出版されていないデカルトのオリジナル文書と手紙を購入する。その中には、アムステルダムで入手した『精神指導の原理』の原稿、一六三八年に『幾何学』の新たな序論として出版された『デカルト氏の算術』というタイトルの原稿、そして『デカルトの哲学の業績』というラテン語の文書も含まれる。(8) しかしそれでもまだ満足しなかったのだ。

ライプニッツは、哲学と法律との関係に関する哲学修士論文を書き、一六六四年に学位を取得した。その九日後に彼の母親が死んだ。卒業後、親を失った悲しみに暮れるライプニッツは、法律の勉強を続けるために大学へと戻った。一六六七年に彼は、アルトドルフ大学から法律の学位を得た。

デカルトと同様にライプニッツも、一三世紀の神秘主義者ライムンドゥス・ルルスの著作に惹きつけられた。同心円状に組み合わされた二枚の円盤を用いて、そこに書かれた文字に潜む膨大な概念の組み合わせを生み出すという、ルルスの「偉大な術」は、新たな深い意味を持ってライプニッツの目に飛び込んできた。ライプニッツはこれらの仕掛けを、単なる神秘主義の遊びというだけでなく、組み合わせを研究するための数学的取り組みであると捉えたのだ。ライプニッツはこれと同じ概念を数学理論へと発展させ、一六六六年に『結合法論』というタイトルの論文として出版した。この著作は、フランスのパスカルが独自に発見した事柄も含んではいるものの、組み合わせに関する数学的基礎を打ち立てた画期的なものである。

その少し後、ニュールンベルクにいたライプニッツは、ある錬金術師の団体に加入した。ライプニッツの秘書で最初の伝記作家であるヨハン・ゲオルク・エックハルトによれば、ライプニッツはニュールンベルクの錬金術師団体の会長に、世間に知られていない錬金術の専門用語を使って手紙を書いたという。会長は手紙の送り手が錬金術の秘密に詳しいことを見抜き、ライプニッツに入会許可を与えた。(9)

ライプニッツは、戦いに負けて勢いのない祖国ドイツにいたのでは、特にフランスのように文化と思想の高い他の国のように知的進歩を遂げる機会はないと感じはじめた。彼はなんとかしてパリに行く方法を見つけようとした。そして政治に対する鋭い感覚が、彼にドイツ出国のチケットを与えることとなる。法律の学位を取得したすぐ後に、有名なドイツ人政治家のヨハン・クリスティアン・フォン・ボイネブルクという後援者を得ていたのだ。

ボイネブルクは、ある特別な任務のためにライプニッツをパリへと派遣した。その任務とは、フランス国王ルイ一四世の気をヨーロッパ征服から逸《そ》らせよ、というものだった。その目標を達成するためにライプニッツは、ボイネブルクの助けを借りて、フランスはエジプトへの軍事侵攻に乗り出すべきだと提唱する論文を書いた。フランス国王が二人のドイツ人にエジプト侵攻を説得されるとも思えないが、ボイネブルクはその可能性はあると考え、またライプニッツをパリに派遣する金も持っていた。ボイネブルクは、この計画に自分の金銭的利益も託していた。彼はフランスに所有している土地を貸しており、ライプニッツの任務がフランス王室の気に入られれば、その地代を支払ってくれるだろうと期待していたのである。(10)

しかし彼はあわてることなく、自分のアイデアに興味を示すフランス人たちと顔を合わせたが、彼とボイネブルクの外交作戦は進展しなかった。ライプニッツ自身の政治的な思惑は、対立する宗教を和解させてヨーロッパを統一するという発想を中心に展開していた。彼は影響力を持つ人々との繋がりを作り、政治上のイニシアチブを取ろうとする上での後ろ盾を作ろうと目論んだ。

ライプニッツは一六七二年五月末にパリに到着したが、国王ルイ一四世は彼と会おうとしなかった。

ライプニッツはパリに惚れ込み、その後の四年間、ここを自分の故郷にしようとあらゆる手を尽くした。ボイネブルクも、いずれはライプニッツがフランス王室の注目を惹いてくれるだろうと期待し、しばらくのあいだ彼を支援した。ライプニッツは、やはりパリに住むボイネブルクの息子の家庭教師としても雇われた。しかし、間もなくボイネブルクが死に、ライプニッツはパリに留まるために別の収入源を探さなければならなくなった。ドイツを離れる前に彼はすでに、哲学に関する自らの著作をいくつかハノーファー公爵に送り、彼と接触を取っていた。ライプニッツが再びその公爵と接触を取ると、公爵はしばらくのあいだ彼を支援すると約束し、任務の助けになればと推薦状まで書いてくれた。しかし公爵はライプニッツに、ゆくゆくはドイツに戻る予定を組み、ハノーファーで司書として自分に仕えるよう迫った。このままでは時間切れになる、とライプニッツは焦った。成すべきことはあまりに多く、公爵の命令に従わずパリに留まりたいと切に願った。

再びライプニッツは、数学へと興味を向けた。彼は数学的思考の理解を深め、新たなアイデアを展開しはじめた。その一つが機械的に計算を進める方法であり、そこから彼は原始的な計算機を組み立てた。ライプニッツは、こうした業績によってフランス科学アカデミーに受け入れられて、パリに留まる後ろ盾を得るはずだった。しかしアカデミーは、彼にその機会を与えなかった。アカデミーはすでに、イタリア人天文学者カッシーニとオランダ人物理学者・数学者のクリスティアーン・ホイヘンスという、二人の外国人会員を抱えていたからだ。しかしライプニッツには、ホイヘンスという友人ができた。

ライプニッツは数学の探究に集中していた。彼は計り知れないほど重要なある理論を発展させ、一六七五年一〇月にはその理論を完成させた。一方彼は、デカルトへの興味の赴くまま、その著作をさらに読み尽くしていった。しかし、それでもまだ足りなかった。デカルトが書き残した文章をすべて自分の目で見なければならない、差し迫った理由があったのだ。

パリに滞在して三年以上経った一六七六年の春、ライプニッツの政治的試みは完全に打ち砕かれた。もはや宗教と外交に関する彼の計画が成功する望みはなくなったのだ。すぐにドイツへと帰り、司書としてハノーファー公爵に仕える以外に道はないことを知っていたライプニッツは、すぐにでもデカルトの文書を見つけなければならないと焦った。彼は出会った人に片っ端から、もっとデカルトの文書のありかを知っていないかと尋ねた。ついにクリスティアーン・ホイヘンスが、出版されなかったデカルトの文書の目録について話して聞かせ、クロード・クレルスリエという名前を教えた。

こうしてライプニッツは、一六七六年六月一日にクレルスリエに会いにやってきた。ライプニッツはクレルスリエに事の顚末《てんまつ》を話し、デカルトの隠された文書を見せてくれるよう頼みこんだ。老人が渋々《しぶしぶ》許可すると、ライプニッツは腰を下ろして作業を始めた。

『序言』を読んでいたライプニッツは、次のようなデカルトの言葉を目にした。

全世界の博学な学者たち、特にG・F・R・Cに再度捧げる。

そしてライプニッツはこの文書の写しに、ドイツのラテン語名を括弧書きで付け加えた[11]。

G（ゲルマニア）・F・R・C

ライプニッツは、「F・R・C」という頭文字が何のことだかよく知っていた。それは「薔薇十字団」（Fraternitas Roseae Crucis）を意味していたのだ。ライプニッツは、薔薇十字団が刊行した全書物に精通していた[12]。彼は『薔薇十字団の宣言』についてもよく知っており、その細部について私信のあちこちで延々と議論を展開したこともあった。またライプニッツ自身の著作にも、『薔薇十字団の宣言』から直接引用したように思える、この秘密結社の色合いを強く帯びた箇所が見られる[13]。ライプニッツは、一六六六年にニュールンベルクで薔薇十字団に加入していたのである。複数の資料によれば、ライプニッツはこの結社の書記にまで選ばれたという。実は薔薇十字団は、ニュールンベルクの錬金術師団体の上部組織であった[14]。

現在では、『序言』と『オリンピカ』がこの秘密のノートと密接に関係していたことがわかっている。『立体要素について』というタイトルが付けられたこの失われたノートの内容は、ライプニッツが三世紀以上前に気づいていた決定的な事実を研究者たちが再発見するまで、明らかにされることはなかった。デカルトが決して出版せず誰にも見せなかったこれらの私的な文書は、互いにバラバラのものではなかったのだ。これらはすべて、より大きなパズル、すなわちデカルトが解こうとしていた

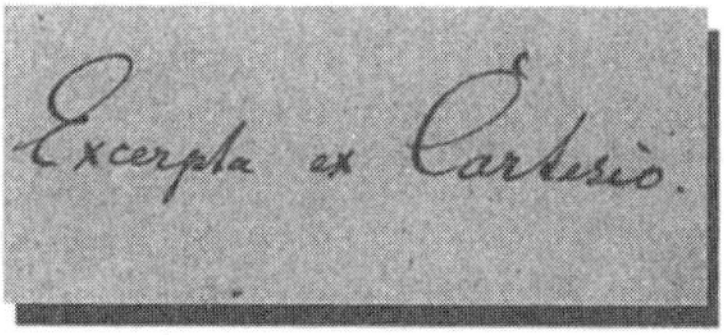

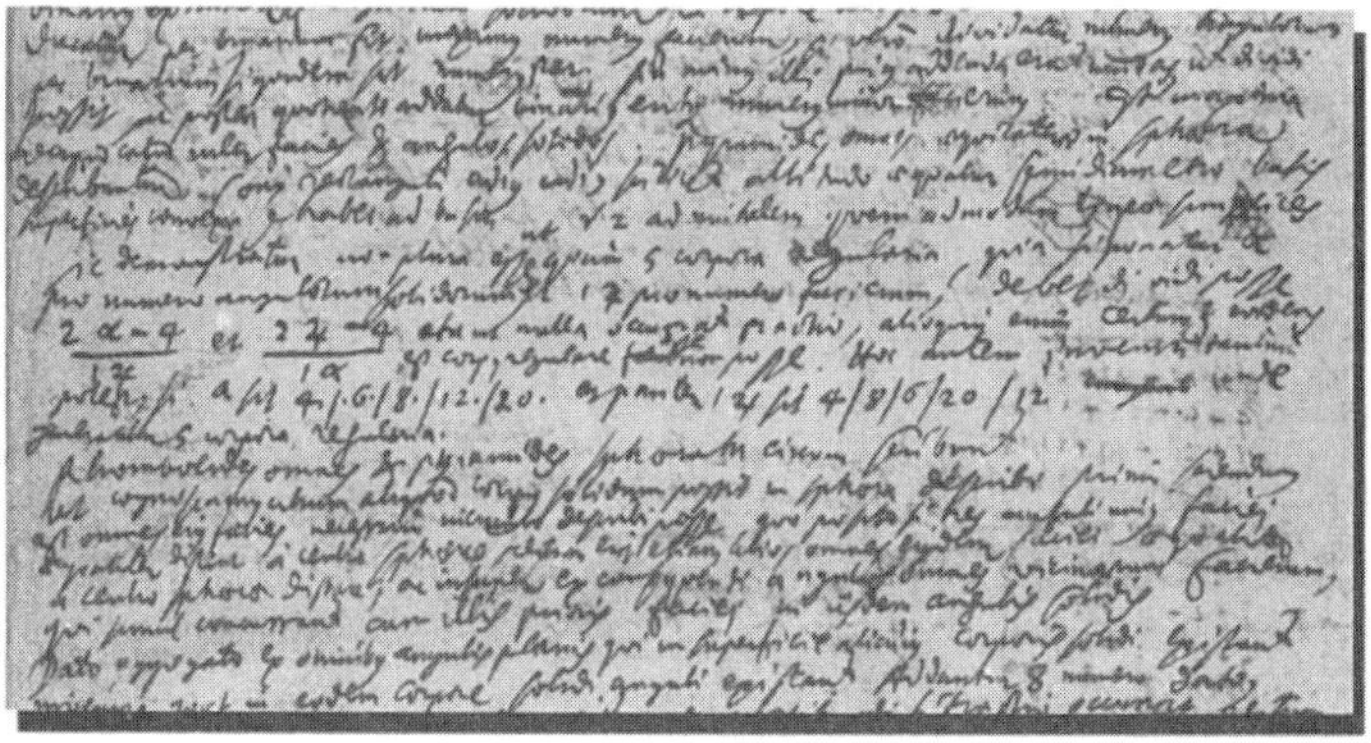

世界というパズルを形作る断片だったのである。

デカルトの哲学は、人間の学問を幾何学に基づいた合理的基礎の上に据えようというものだった。デカルトは、人々が日常生活でも、数学の問題を解くときの推論方法を使って思考するようになればと考えていた。その点から言えば、この秘密のノートは彼の最高傑作だった。そこには、デカルトが捉えたとおりに宇宙の謎を包み込んだ、さらに上の段階の幾何学が含まれていたからだ。

ライプニッツはデカルトの秘密のノート『立体要素について』を開き、目の前に広がる文章をじっと見つめた。使える時間はわずかだった。もっとも、たかだか見開き一六ページのノートである。ということは、クレルスリエはノートを写させたく思っていないとライプニッツが考えていたか、あるいはノートを写す上でクレルスリエが厳密な制約を課したかの、どちらかだった。[15] ライプニッツは、活用できる数学の技術を総動員しなければならなかった。しかし、組み合わせ論と暗号解読に長《た》けた彼は、暗号を破るのに必要な手段を持ち合わせていた。デカルトの暗号を破れる人がいたとしたら、ライプニッツこそがその人だったのである。

　ライプニッツは、デカルトの秘密のノートのページを見つめた。片面には、デカルトがびっしりと描いたいくつもの図形があった。それが何なのか、正確にはわからなかった。反対の面には数式や記号が書かれていたが、ライプニッツにも即座には解読できなかった。すぐに彼は図形の方へと視線を戻した。そして、これらの図形が何を表現しようとしたものかを理解した。それは、立方体、三角錐《すい》、

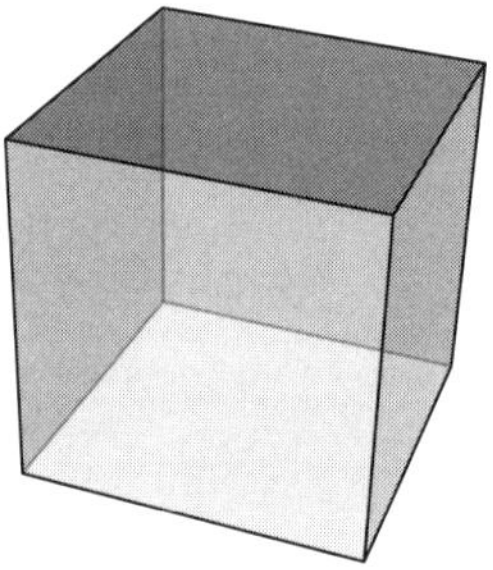

立方体

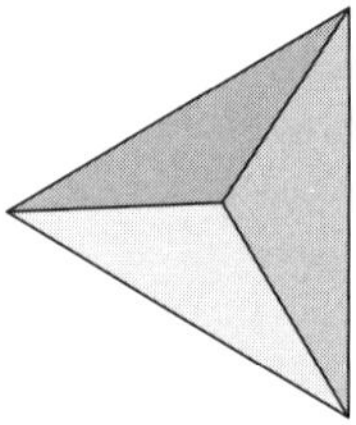

三角錐

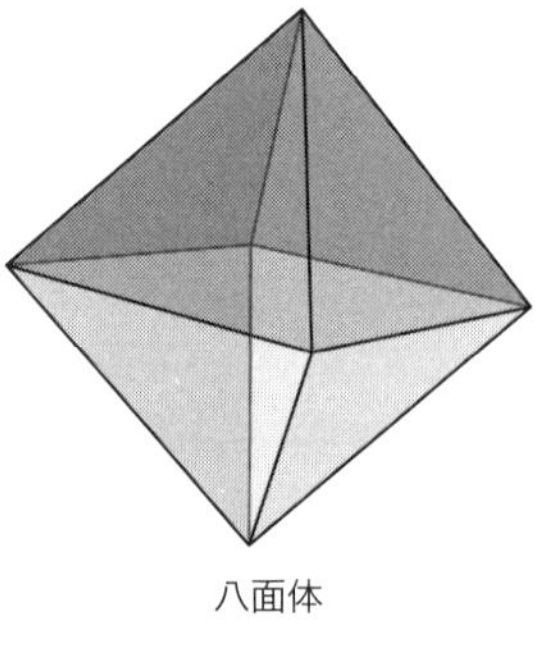

八面体

八面体（二つの四角錐を底面で繋ぎ合わせたもの）だったのだ。

立方体には六つの面があることに、ライプニッツは気づいた。また彼は驚くほど頭の回転が速かったため、実際に数えずとも三角錐に六本の稜《りょう》があることを悟った。そして八面体は六個の頂点（かど）を持っている。

ならばデカルトは、黙示録の獣《けもの》を探していたに違いない。三つの図形はどれも六を与え、合わせると六六六と読める。これこそが、デカルトが秘密裡《ひみつり》に行なっていたこと、つまり薔薇十字団流のやり方で神秘的な力に迫る、ということだったのだ。そしてライプニッツはページをめくった。

デカルトが研究していたのは、古代ギリシャ人が直定規とコンパスを使って体積を二倍にしようとしたが叶《かな》わなかった、対称性に富む三次元物体である立方体だ。デカルトはファウルハーバーとの交流から、三角錐には神秘的な力が備わっていることを知った。そして、こうした謎めいた物体についてもっと知りたいと思ったのだ。ラテン語に訳されたユークリッドの『原論』が、彼にその機会を与えた。

ユークリッドの『原論』は一三巻からなっている。その中には、直角三角形に関する有名な定理や素数の研究、平面幾何学に関する定理、そして三角形や円の性質といった、ピタゴラスが残した重要な研究成果も収められていた。しかしユークリッドは、この一三巻の大部分を「正多面体」の記述に割《さ》いている。正多面体は、それを見つけたプラトンにちなんで「プラトン立体」とも呼ばれている。

プラトン立体は五種類ある。

1　正四面体、正三角形の面を持つ角錐。

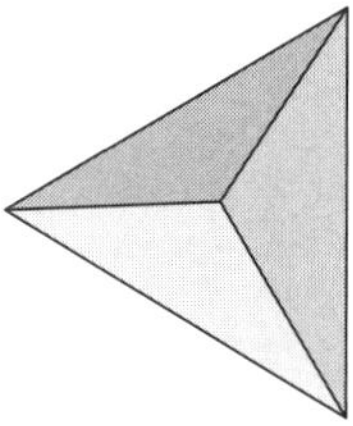

正四面体

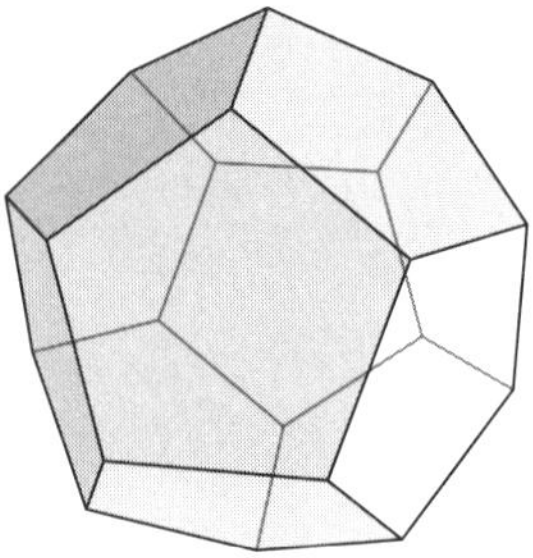

正 12 面体

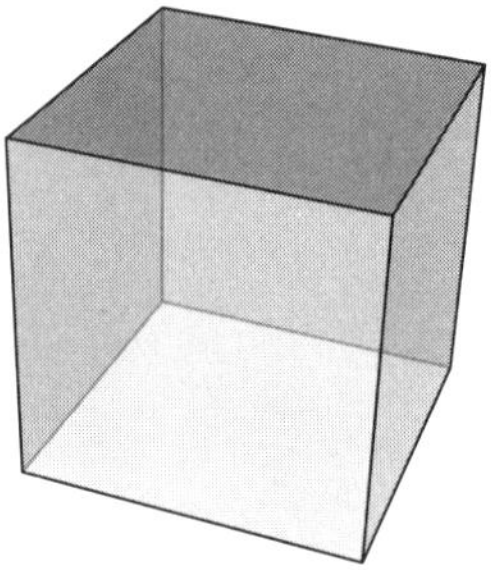

立方体

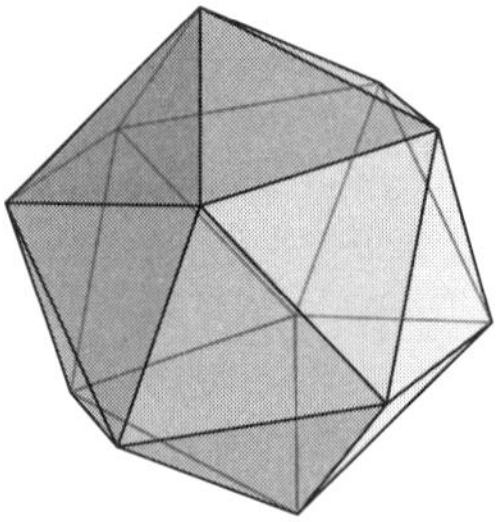

正 20 面体

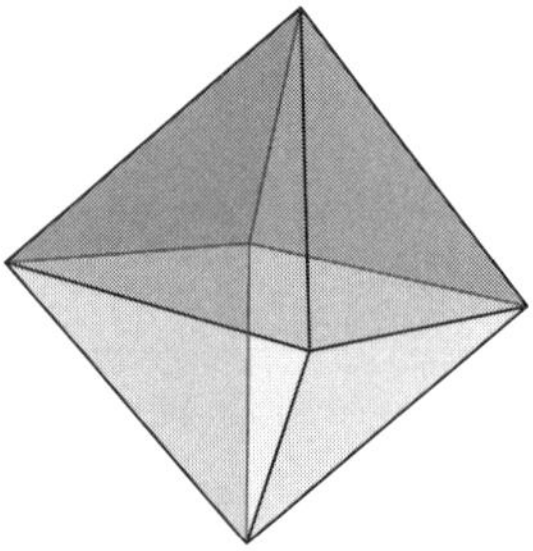

正八面体

2　立方体、正方形の面を持つ。
3　正八面体、正三角形の面を持つ。
4　正一二面体、正五角形の面を持つ。
5　正二〇面体、正三角形の面を持つ。

これらの立体が正多面体と呼ばれているのは、すべての面が合同であり、面どうしの角度もすべて等しいからだ。プラトンは、そのような三次元「多面体」(平らな面から構成される立体)が五種類しかないことを見いだした。そのため、古代ギリシャ人はこれらの立体を、神秘的な性質を備えていて超自然的な力を持っており、自然を説明してくれるものであると考えていた。事実、正多面体は自然界にも見られる。自然に存在する結晶には、完全な(あるいは完全に近い)正多面体であるものが多いのだ。ユークリッドは『原論』の第一三巻で、球面に内接した正多面体に関する定理を数多く証明している。たとえば立方体は、その八つの頂点が球面に接するように、球面の中にぴったりはめ込むことができる。同じことは他の正多面体にも言える。この事実は、一六世紀末のヨハネス・ケプラーの研究において極めて重要な役割を果たすことになる。

実は正多面体は、ユークリッド(紀元前三世紀)やプラトン(紀元前五世紀)以前から知られていた。立方体、正四面体、正八面体は、ギリシャ文化から一〇〇〇年以上遡る古代エジプトでも知られていた。また、プラトンより何世紀も昔に作られた青銅製の正一二面体が発見されている。[16] これらの立体はギリシャ数学にとって極めて重要であり、そのためそれに関する高度な議論や複雑な定理はユークリッドの『原論』の最後の巻に収められている。正多面体は、三次元へと拡張されたギリシャ幾何学の頂点に位置するものと見なされていた。そして、こうした立体には宇宙の秘密が潜んでいると

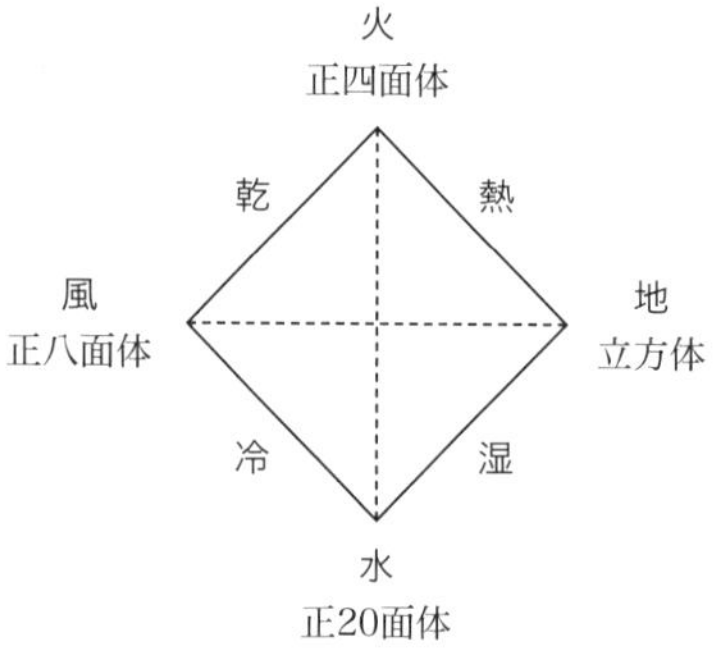

信じられていた。

プラトンは五種類の正多面体を、土、水、風、火という四元素と、もう一つは宇宙全体を表すと考えた。これは、数学的な概念や実体に神秘的性質が備わっているという古代ギリシャ人の考えと、神や宇宙は数学的存在であるという彼らの世界観を、具体的に表現したものである。プラトンは、四元素を上のような図で表した（五番めは宇宙を表す）。

デカルトは、ユークリッドが導いた正多面体に関する定理を研究していた。しかし彼は、ユークリッドや古代ギリシャ人のはるか先まで歩《ほ》を進めようと努力した。幾何学と代数学を融合させた男は、すべてのプラトン立体を統一する式を探し、そこから数学、そして自然界に関する神の真理を導き出そうとしたのだ。数学におけるそうした究極の栄光は、彼の哲学を補完して確固たるものにするはずだった。

ページをめくったライプニッツは、そこに残りのプラトン立体を見つけた。デカルトの秘密のノートには、その五種類すべてが記されていたのだ。ということは、デカルトの目的が六六六でないのは間違いない。ではいったい、デカルトがプラトン立体に見いだそうとしていたのは何だったのか？　われわれが知るとおり、ライプニッツはこの文書を大慌《おおあわ》てで写した。一ページ半写し終わるまでは、それが何かわからなかった。しかしそこで突然、すべてを悟った。ライプニッツは重要な手がかりを見つけたのだ。

それ以上写す必要などなかった。彼がすべきは、余白に小さなメモを書き足すことだけだった。それから何世紀にもわたり、ライプニッツの写しを分析した誰一人として、そのメモを理解することはできなかった。それを初めて理解したのは、ピエール・コスターベルだった。今では謎は解けている。デカルトが書いたノートの残りのページは、見る必要がなかったのだ。もはやライプニッツは、デカルトが何を発見したのかを正確に悟っていた。フランス人聖職者で数学者でもあったピエール・コスターベルも、ライプニッツが写したデカルトのノートを解読しようと何年も費やした末、一九八七年についにその暗号を解いたのである。

ライプニッツがデカルトのノートを写した二〇年後に、その現物は行方不明となった。一七一六年にライプニッツが死ぬと、彼の写した書類はハノーファーの王室図書館（現在のゴットフリート・ヴィルヘルム・ライプニッツ図書館）の文書館に寄贈された。ライプニッツは膨大な資料を遺《のこ》していったため、デカルトのノートの写しは二世紀近くも人の目に留まらなかった。

一八六〇年、ソルボンヌ大学のルイ＝アレクサンドル・フーシェ・ドゥ・カレイユ伯爵がハノーファーの文書館でライプニッツの書類を調べているときに、デカルトのノートの写しを偶然発見した。フーシェ・ドゥ・カレイユは数学者でなかったため、デカルトが自分の成果を隠すために使った秘密の鍵を解き明かせなかった。しかも彼は、デカルトの奇妙な表記法に惑わされ、ライプニッツが写したデカルトの神秘的記号を3と4という数字と取り違えた。そのため、彼の解釈はますます間違っていった。[17] 結局、その年に出版されたフーシェ・ドゥ・カレイユの報告書は、役に立つ代物ではなかったのだ。フーシェ・ドゥ・カレイユの研究によって、のちの学者は長年にわたってますます混乱させられ、デカルトが隠した真の意味からはどんどん遠ざかっていった。互いに独立して同じ年にデカルトの秘密を解読しようとした二人のフランス人学者、E・プルーエとC・マレの研究成果にも、同じような運命が待っていた。

フランス科学アカデミーは一八九〇年に、ライプニッツの写しを再刊するとともに、アーネスト・ドゥ・ジョンキエール中将による新たな研究に基づいた解説をそれに付けようと準備を始めた。しかし以前のフーシェ・ドゥ・カレイユと同様に、アーネスト・ドゥ・ジョンキエールにも、暗号を解読してライプニッツが写したデカルトの文書を理解するための数学的能力はなかった。アカデミーは計画を諦めざるをえなかった。

およそ八〇年後の一九六六年、このノートを分析していたある研究グループが、一九一二年にシャルル・アダンとポール・タヌリが編纂したデカルトの著作集から導いた情報を参考に、新たな研究成果を得た。しかし、またもやこのノートは、その秘密を曝《さら》すことを拒《こば》んだ。奇妙な記号、数字の列、そして独特な図の本当の意味は、謎のままであった。

一九八七年にピエール・コスターベルが、ライプニッツが写したデカルトのノートの最終的な分析結果を出版した。この瞬間、ノートはその謎をあらわにした。コスターベルは、ライプニッツがノートの余白に記したメモを入念に研究し、デカルトの文書が持つ真の意味を解き明かす秘密の鍵をライプニッツは発見していたと悟った。謎を解く鍵は、デカルトがノートの中で数の列を扱った際の規則を見つけることだった。その規則とは、「グノーモン」であった。この古代ギリシャ語の単語は本来、地面に落とす影の長さと方角から時間を読み取る道具を意味していた。しかしギリシャ数学では、与えられた数の列を並べ替える規則を意味するようになっていた。

第20章　デカルトの秘密を追い求めるライプニッツ

デカルトは、古代ギリシャの正多面体、すなわちプラトンの謎めいた立体について調べていた。そして彼は、これら三次元幾何学物体の中に、恋い焦がれていた数式を発見した。これら崇高な立体の構造を支配する規則である。それは、ギリシャ人たちが欲しがっていた、ギリシャ数学の聖杯であった。しかしデカルトは、自ら発見したその隠れた真理を誰にも明かすことはなかった。知識の一部は秘密にするしかなかったのだ。しかしなぜ彼は、幾何学の一成果をそこまで秘密にしたのだろうか？

第21章　ライプニッツ、デカルトの暗号を破り謎を解く

ヨハネス・ケプラーは、地球が地軸を中心に自転するとともに、太陽の周りを公転していることを知った。彼の天文学の研究はすべて、デカルトも秘密裏《ひみつり》に支持していたコペルニクスの宇宙観へと向かっていた。その数年後に、今日《こんにち》でも天文学や宇宙飛行に用いられている惑星運動の法則を導くこととなるケプラーは、太陽系の惑星の軌道が規則的である原因を見つけたいと思っていた。そのためにケプラーは、ギムナジウムで教鞭を執《と》っていた一五九五年、ギリシャ時代に発見された五種類の正多面体と、当時知られていた六つの惑星（天王星、海王星、冥王星はまだ発見されていなかった）の規則的な軌道とのあいだに関係があるという仮説を立てた。

ケプラーは『原論』の第一三巻に記されているユークリッドの驚くべき定理を学び、五種類の正多面体はいずれも球面に完璧に内接することを知った。彼は太陽系の創造における調和性を探す中で、天空を構成する複数の正多面体が存在し、おのおのが内接する球面は互いに入れ子になっていると提唱した。つまり、一つ一つの正多面体は、それより小さい正多面体とそれを内包する球面を中に含んだ、より大きな球面に内接しているということだ。こうして五種類のプラトン立体が、入れ子になった一連の球面の中に収められた。ケプラーは、当時知られていた五種類の惑星（水星、金星、火星、

土星、木星）と地球の軌道をその入れ子になった球面上の円と見なす一方で、ギリシャ幾何学から、五種類の正多面体はそれぞれこの入れ子になった球面の中にぴったり内接することを悟った。ケプラーはこの太陽系モデルを『宇宙の神秘』（一五九六年）という著書の中で発表し、純粋な幾何学を用いてコペルニクス理論を見事に裏付けるという、自分にとっての最大の偉業であると見なした。おのおのの球面はそれぞれ一つの惑星の軌道をその表面に含み、内部には正多面体を抱え込んでいる。それら惑星と正多面体の順序は、水星、正八面体、金星、正二〇面体、地球、正一二面体、火星、正四面体、木星、立方体、土星となっている。

　ケプラーの『宇宙の神秘』から引用した次ページの図は、五種類のプラトン立体とそのあいだに入れ子となった惑星を用いた、ケプラーの宇宙モデルを表している。太陽は、プラトン立体と惑星を含む球面の中心に位置している。(1)

　ケプラーは、宇宙の成り立ちを説明してコペルニクス理論を裏付けるためにプラトン立体を利用したが、デカルトは、それら立体を支配する宇宙の公式を探すために、これら古代ギリシャの神秘的な三次元幾何学立体の数学的性質を研究しはじめた。ということは、彼の純粋に数学的な研究成果は、禁じられたコペルニクスの宇宙論に理論的な根拠を与えるものとなりかねなかったのだ。デカルトの秘密のノートに記された最初の項目の一つが、古代ギリシャ人も知っていた、正多面体の球面への内接に関する定理だった。しかしデカルトは、それよりはるか先まで歩《ほ》を進めた。

　デカルトは、すべての正多面体を説明する超越的な真理を探していたのだ。のちに彼は、追い求めていた公式が、五種類の正多面体だけでなく、正多面体であろうとなかろうとあらゆる三次元多面体を記述できることを発見することになる。もともとデカルトが目論んでいたのは、これら立体の数的性質を捉えられないかということだった。そして、解析幾何学を支配する自らの定理を利用して、こ

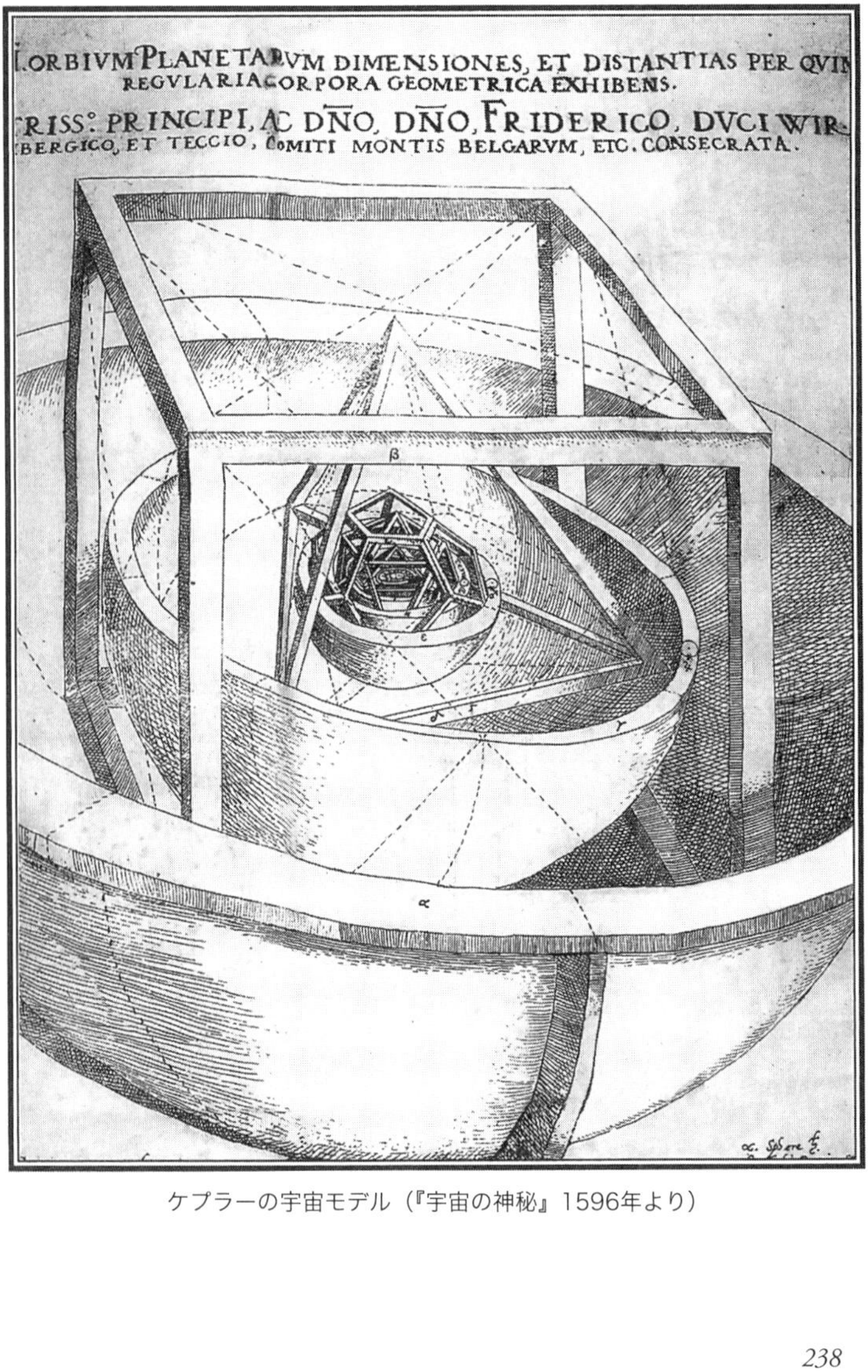

ケプラーの宇宙モデル（『宇宙の神秘』1596年より）

れら立体の代数学的性質と幾何学的構造を結びつけようとした。しかし彼は、古代ギリシャ幾何学の正多面体とケプラーの宇宙モデルが直接関連しているため、これらの立体に関する自らの研究が、禁じられたコペルニクス理論を支持するものと見なされかねないと考えた。異端審問を恐れる彼は、自分の研究成果を隠さざるをえなかったのである。

ライプニッツは、次のような謎めいた数の列を見つめた。

4　6　8　12　20　　4　8　6　20　12

この数列が意味するのは何か？　ライプニッツはそれを見抜いた。

デカルトはまず、五種類の正多面体が持つ面の数を数えた。そして次のような数列を得た。

4（正四面体）、6（立方体）、8（正八面体）、12（正一二面体）、20（正二〇面体）

次に、五種類の正多面体それぞれの「頂点」の数を数えた。それは次のようになった。

4（正四面体）、8（立方体）、6（正八面体）、20（正一二面体）、12（正二〇面体）

正多面体の図を調べれば、これらの数が正しいことは確認できる。ここでライプニッツは、このページの裏に描かれていた曖昧な図が五種類の正多面体を表していることに確信を持った。[2]

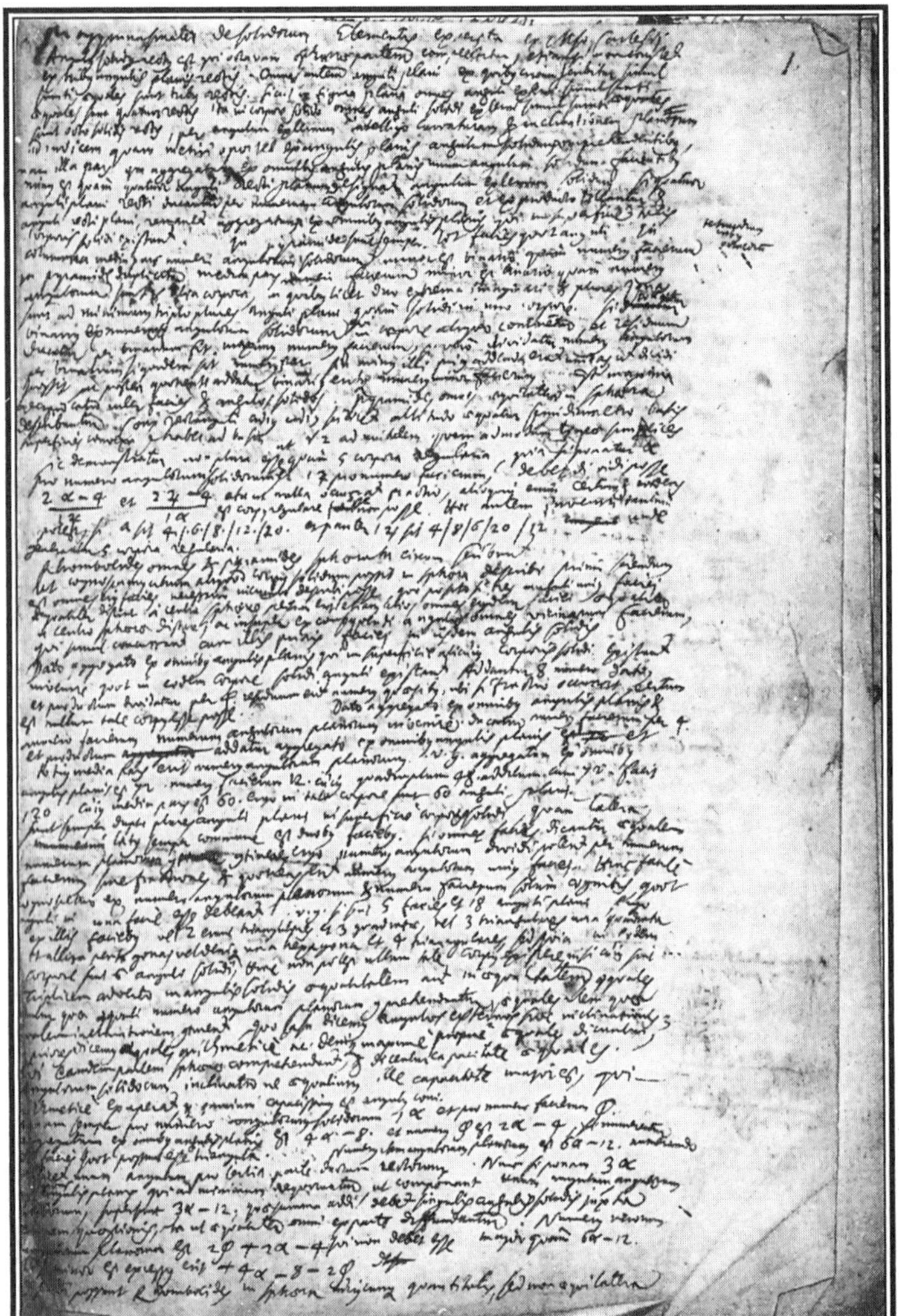

ライプニッツが写したデカルトの秘密のノートからの1ページ

謎を解く鍵は、これら二つの数の列をどのように取り扱うかだった。それがデカルトの暗号だったのだ。ライプニッツは、鍵であるグノーモンから、デカルトの二つの数列の扱い方を正確に見抜いた。その規則は、デカルトが文章中で別の数の列を変形させた際の方法に埋め込まれてあった。ライプニッツはそのグノーモンを発見し、それを写しの余白にメモしたのである。彼はその規則から、デカルトの残した二つの数列は次のように二段に並べるものだと理解した。

4	6	8	12	20
4	8	6	20	12

しかし、デカルトの偉大な発見はこの先に控えていた。次に彼は、五種類の正多面体の「稜《りょう》」を数えた。それをこの表の次に付け加えてみよう。するとこのような表が得られる。

	正四面体	立方体	正八面体	正一二面体	正二〇面体
面（F）	4	6	8	12	20
頂点（V）	4	8	6	20	12
稜（E）	6	12	12	30	30

表を完成させたデカルトは、あることを発見した。この数の並びについてとても興味深いことに気づいたのだ。初めの二列の和と三番めの列を比較してみよう（読者は気づくだろうか?）。

デカルトが発見したのは、どの正多面体に関しても、面の数と頂点の数を足してそこから稜の数を

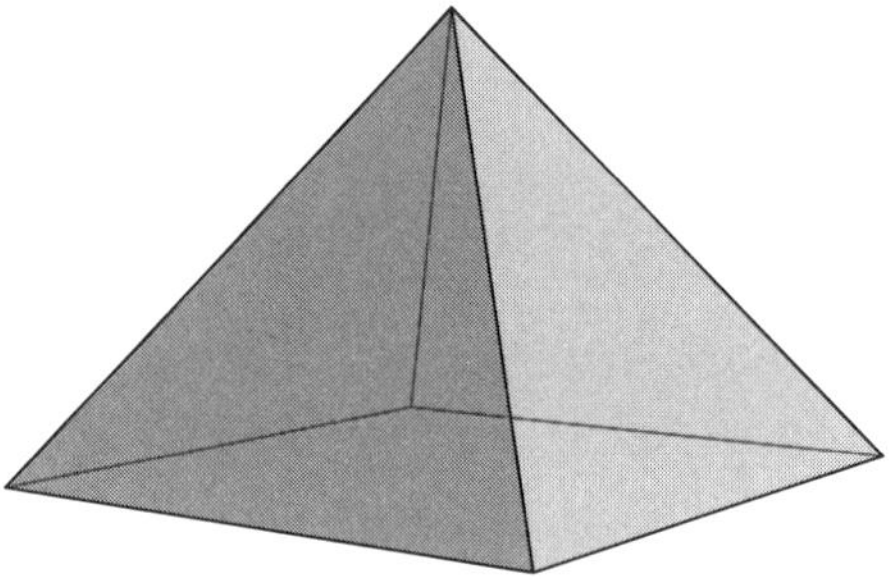

引くと二になるということだった。式で表せば

$$F+V-E=2$$

となる。

さらにデカルトは、この公式が、正多面体であれそれ以外であれ、どんな三次元多面体にも通用することを発見した[3]。四角錐で確認してみよう（四角錐には一つの正方形と四つの三角形の面があるので、正多面体ではない）。

しかし、デカルトがこの公式の発見者だと見なされることはなかった。もし三次元立体に関する分析結果を公表していたら、彼は幾何学の研究を大きく進歩させていたことだろう。しかし彼が異端審問を恐れたため、この重要な発見は隠されつづけたのである。

$F+V-E=2$ というデカルトの公式は、史上初めて発見された「位相不変量」である。面の数と頂点の数を足して稜の数を引くと二になるというのは、空間そのものの性質だ。この公式を導いたデカルトは、トポロジーという極めて重要な数学分野を開いたことになる。今日《こんにち》では、トポロジーは数学における大きな分野の一つであり、物理学など他の学問にも重要な形で応用されている。しかしデカルトは、代数学を幾何学と融合させ、デカルト座標を考案し、他にも数学において重要な成果を残すことで、解析幾何学という分野を興《おこ》したものの、自らの発見を秘密にしていたがゆえに、空間の性質を研究するトポロジーの創始者としての名声は得られなかった。この分野を興した栄誉は、別の人物が手にすることとなる。

バーゼルで生まれたスイス人数学者のレオンハルト・オイラー（一七〇七 - 八三）は、一八世紀で最も偉大な数学者の一人である。オイラーは、現代数学のさまざまな分野にわたって数多くの功績を残した。彼は、ロシアに渡ってサンクトペテルブルク・アカデミーで研究を始めてからしばらくして、あらゆる三次元立体の構造を支配する魔法の公式、$F+V-E=2$ を発見した。この等式は「オイラーの公式」と呼ばれるようになったが、ここまで説明したとおり、これはもしかしたらデカルトの公式と呼ばれていたかもしれない式なのである。この物語には興味深いこぼれ話がある。オイラーは、サンクトペテルブルク・アカデミーの自然科学教授に就任するため、一七三〇年にバーゼルからサンクトペテルブルクへと向かう途中、ドイツのハノーファーに立ち寄った。彼はしばらくのあいだ、ハノーファーの文書館でライプニッツの文書を読んでいたことがわかっている。しかし、彼がライプニッツの写したデカルトのノートを探していたかどうかは明らかでない。

二世紀半にわたってオイラーの定理やオイラーの公式と呼ばれてきた真理は、一九八七年にピエール・コスターベルがデカルトの秘密のノートを解読したのを受けて、現在ではデカルト＝オイラーの定理とか、デカルト＝オイラーの公式と呼ばれることが増えてきた。しかしこの呼び方はまだ広く受け入れられた習慣にはなっておらず、多くの数学者は今でも、定理や公式の形で表されるこの重要な性質をオイラーの名で呼んでいる。もしデカルトがこの貴重な知識をあれほどまで執念深く秘密にしなかったら、この発見には彼の名前だけが冠されていたことだろう。

デカルトは、一つの分野を興した偉大な数学的発見の栄誉だけでなく、さらに多くのものを失った。デカルトが生前、教会との諍《いさか》いを避けるために細心の注意を払っていたにもかかわらず、死から一三年後の一六六三年に彼の著作は「禁書目録」に掲げられた。そして一六八五年に国王ルイ一四世は、フランスでデカルト哲学を教えることを禁じた(4)。オイラーが生きた一八世紀には、デカルトの哲学は風前《ふうぜん》の灯火《ともしび》だった。一七二四年に出版社連合が、現代のものを除けば最後となるフランス語版のデカルト著作集を出版した。その後フランスでは一〇〇年にわたって新版のデカルト著作集が出版されず、この哲学者とその業績は、新たな思想が生まれて哲学が発展するにつれ、ほぼ完全に忘れ去られていった。ちょうど一世紀後の一八二四年になってやっと彼の著作が再刊され、哲学者、科学者、数学者としての彼の偉大さが再評価された。それから一世紀半後のピエール・コスターベルによる、デカルトの秘密のノートに対する最終的な分析によって、デカルトはようやくトポロジーの創始者としての名声を取り戻したのである。

興味深いことに、デカルトは死から数十年後に、その発見にふさわしい評価を受ける寸前まで行ったことがある。バイエは、一六九一年に出版されるデカルトの伝記の執筆準備として、ルグラン神父から借りた、秘密のノートを含むデカルトの数学的記述を理解しようとした。しかし彼は、その謎めいた記号や図を一つも理解できなかった。バイエに尋ねられたルグランは、クレルスリエは何年か前に死んだが、彼のもとをある若きドイツ人数学者が訪れてデカルトの文書を写し、この謎めいた羊皮紙のノートに何が書いてあるのかを突き止めたかもしれないと語った。そこでバイエは、ハノーファーにいるライプニッツと連絡を取った。ライプニッツはバイエの頼みを聞き入れ、デカルトの数学について説明した。しかし数学者でなかったバイエは、伝記の中でデカルトの発見について論じることができなかったのだ。ただし彼は、はしがきの中で、「ドイツ人数学者ライプニッツ氏」の助力に謝意を表している。(5)

ライプニッツ本人はその後も、今は亡《な》きフランス人哲学者兼数学者への愛憎相半ばする態度を捨てかねていた。デカルトの秘密の文書を解読した男は、渋々《しぶしぶ》ながらも彼の業績を讃え、デカルトに関するのちの彼の言葉から明らかなように、おそらくは羨望《せんぼう》のまなざしを持ってこの天才フランス人の能力を自分と比較していた。デカルトのノートを写して分析した三年後の一六七九年に、ライプニッツは次のように書き記《しる》している。

> デカルトに関しては、もちろんここでこの人物を、どんな賞賛の言葉も及ばない偉大なる天才として褒め称えるべきではない。彼は間違いなく、真理であり正当でもある思考の道筋を辿りはじめて、はるか遠くまでやってきた。しかし彼は、度を超えた拍手喝采を浴びることを目指していたため、研究の筋道を逸脱し、形而上学的《けいじじょうがく》思考や幾何学的研究を行なって注目の的となることで満足していたようだ。(6)

ライプニッツは生涯、デカルトとその業績に取り憑かれていた。彼は、デカルトが現代科学や数学の基礎を築く上で欠かせない役割を果たしたことを知ってはいたものの、デカルトはある時点で進歩をやめてしまったのだと説きつづけ、自分はもっと先まで進んでいると信じていた。デカルトの業績が彼に影響を与えつづけたことに疑いはなく、現代の学者は、ライプニッツの哲学にデカルト的要素

と反デカルト的要素の両方を見いだしている。(7)

ライプニッツは、デカルトの友人や信奉者たちとの接触を続けた。一七世紀末から一八世紀初頭にかけて最も有名なデカルト哲学者が、ニコラ・マルブランシュ（一六三八－一七一五）である。マルブランシュが初めてデカルトの哲学に触れたのは、一六六四年にクレルスリエが出版した文書だった。彼はデカルトの考えを読んであまりに興奮したため、動悸《どうき》を感じて寝込んでしまったという。それから一〇年後にマルブランシュは、『真理の探究』というタイトルの、デカルト哲学に関する論文を書いた。ライプニッツは、六一歳になっていたエリーザベト王女とも手紙のやりとりをした。ハノーファー公爵と結婚した妹ゾフィーを通じて王女のことを知ったのである。一六七九年一月二三日、ライプニッツはマルブランシュに宛てて次のような手紙を書いている。

家系と同様に学識においても名高い殿下エリーザベト王女を通じて、「デカルト哲学に関するあなたの論文」に出会うことができました。……デカルトはいくつか素晴らしいことを言っています。彼は極めて鋭く思慮深い心の持ち主です。しかし一度にすべてを行なうのは不可能なもので、彼は出発点こそ素晴らしいものの、物事の真相には到達していません。私には、彼は真の分析と包括的な発見の術からは程遠いように思えます。彼の力学は間違いに溢れており、その物理学はあまりに拙速《せっそく》であり、幾何学はあまりに偏狭《へんきょう》で、そして彼の形而上学にはこれらすべてが当てはまると、私は確信しています。(8)

デカルトの不朽《ふきゅう》の思想を深く知り、彼の隠された文書を追いかけた男の口から、なぜこのような辛《しん》辣《らつ》で明らかに不当な批判が出てきたのだろうか？　その理由は、微積分法にあった。

ライプニッツは、一六七六年にクレルスリエのもとを訪ねてデカルトの秘密のノートを目にする前に、微分法と積分法を開発していた。微分法とは、数学関数の勾配、すなわち瞬間における変化率を求める数学的手法だ。デカルトが出版した文書には、その手法へと至る途中の要素が含まれていた。もっと正確に言うと、デカルトは特定の曲線の勾配を求めることはできたものの、一般的な関数の勾配を求める体系的な手法は持っていなかったのだ。積分法は勾配を求めるのとは逆の操作であり、数学関数を積分するというのは、その曲線より下側の面積を求めるという意味である。古代ギリシャ人、特にアルキメデスやエウドクソスもこの分野を進歩させたが、ライプニッツはその一般的な手法を発見したことになる。

一六七三年、ライプニッツはパリからロンドンへと向かい、そこで数学者たちと出会った。イギリスの科学者や数学者は彼の業績に感銘を受け、彼はイギリス王立協会の一員に選ばれた。ライプニッツは、それから一一年後の一六八四年に微分法の理論を発表し、その二年後には積分法を発表した。一方ニュートンは、一六七一年にはすでに微積分法の成果を導いていたが、彼の著作は一七三六年まで出版されなかった。ライプニッツは、デカルトの隠された文書を目にする前の一六七五年一〇月に、パリで独自に微積分法を完成させたのである。

しかし、微積分法はたった一度の発明で生まれたものではなく、古代ギリシャの数学者アルキメデスやエウドクソスから、ガリレオやデカルトやフェルマーに至るまで、何世紀にもわたって開発されてきた数々の手法や技術から成り立っている。微積分の発明において統一化された一般的方法を見つけるという栄光の最終段階は、ライプニッツとニュートンによって成し遂げられた。それゆえ、特定の解を導いている傍《かたわ》らでイギリスの数学者と議論していたライプニッツは、他人のアイデアを利用したとして非難された。実際にはそうではなく、ライプニッツは微積分法の理論を独力で開発したことが現在ではわかっている。しかし当時は、それに関する数々の重要な数学的発見の優先権を巡って、イギリスと大陸の両学者陣営のあいだで論争が巻き起こった。一七三六年より前にアイザック・ニュートンが微積分法の理論を編み出していたことは知られていたため、ライプニッツは一六七三年にロンドンを訪れた際に、微積分法に関するニュートンのアイデアをたまたま知ったのだと断言する者もいた。

ライプニッツは、自分の重要な発見は独力で行なったものであり、ニュートンの成果を利用したものではないことを証明する必要に迫られるあまり、自分の考えが誰か他人に影響されたものではないかという疑念に対して過敏になった。その「他人」の筆頭がデカルトだったのだ。一六七五年五月に何人かのイギリス人数学者が、数学に関するライプニッツの成果のいくつかは「デカルトをもとに導いたものでしかない」と主張した。[9] また、一六七六年にはライプニッツのもとに、「新たな数学的手法の真の創始者はデカルトであり、その継承者たちの功績はデカルトの考えを延長させて精密化しただけである」という手紙が送りつけられた。[10]

ここでライプニッツは、道は一つしかないと悟った。自分の身と発表した微積分法の理論をあらゆる非難から守るには、出版されたものも隠されたものも、そして将来活字になるかもしれないものも含め、デカルトが書いたすべての文書に目を通さなければならない。こうして彼は、デカルトの隠された文書のありかをすべて見つけ、その文書を所有するクレルスリエを探し出し、そしてデカルトの発見をできる限り写して内容を理解しなければという、激しい衝動に駆られたのだ。デカルトの文書の中に、微積分法に関する自らの著作とそっくりなものは何もないことを、彼は確認しなければならなかった。そうしなければ、盗用だという非難はいつまでも拭い去れない。一六七六年六月にクレルスリエを訪ねて説明したのは、事は急を要するということと、自分はデカルトの成果を単に発展させただけだと非難されているという事実だったのである。

しかしイギリス人たちは、ライプニッツを盗用のかどで非難しつづけた。一六七六年八月、ニュートンはドイツ人通訳を通じてライプニッツに、自分の成果を利用したと非難する手紙を書いた。手紙の配達が遅れたため、ライプニッツの返事を待ちわびたニュートンは激怒し、返事を書くのに六週間もかかったライプニッツはやはり剽窃漢《ひょうせつ》だったと考えた。そして彼は実際に、自分の成果はニュートンの訴えに返事を書くのに一日か二日しかかけなかった。実はライプニッツは、ニュートンと無関係であることを証明していたのである。そのために彼は、自分はニュートンの特定の解法をいくつか聞かされただけであり、一般的解法については聞いていないことを明らかにした。彼の（そしてニュートンの）微積分法は、さまざまな種類の数学的問題を解く極めて一般的な手法だったため、いくらライプニッツでも、縁のあるイギリス人数学者に聞いた個別の特定解からそれを導くことは不可能だったはずだ。[11]

のちにライプニッツがデカルトの業績を批判したのは、彼のアイデアを利用したと非難されないよう、デカルトの才能から距離を置くための方便だったのかもしれない。デカルトの成果の中にライプニッツの微積分法を直接導くような要素はないものの、数学に関するデカルトの発見は、間違いなく微積分法の先駆けだったのである。

アイザック・ニュートンは、ケンブリッジ大学で学んだ最初の年である一六六一年にデカルトの数学に関する本を読んでいたことがわかっている。[12]そのずっとのち、有名な数学者で科学者になっていたニュートンは、「私が他の人より少しだけ遠くを見渡せたとすれば、それは巨人たちの肩に乗っていたからだ」と率直に語り、暗にガリレオ、ケプラー、そしてデカルトの功績を認めた。[13]もしデカルトが代数学と幾何学を融合させなければ、数学の等式を使ってグラフを表すことは不可能であり、微積分法は、おそらく純粋な理論として以外には完全に意味を失っていたことだろう。

ライプニッツは、一六七六年の夏の終わりに渋々ながらハノーファーへと戻り、さまざまな肩書きのもとでハノーファー公爵に仕えつつ残りの人生を送った。彼は、教師、外交官、相談役、司書を務めた。そしてウィーン、ベルリン、イタリアへと頻繁に行った。最後の任務は、彼が仕えたブラウンシュヴァイク家の家史の編纂だった。ライプニッツが死んだとき、この家史はまだ完成していなかったという。ライプニッツは一七一六年にライプニッツは一生独身だった。フランス科学アカデミーの永年書記であったベルナール・ドゥ・フォントネルがライプニッツに対する追悼文の中で詳しく語っているように、ライプニッツは五〇歳の時にある女性にプロポーズをしたが、女性は答えを出すのにあまりに長い時間をかけたため、彼はプロポーズを取り下げてしまったのだという話がある。彼の莫大な遺産を相続したのは、彼の妹の息子だけだった。自分たちがいくら相続したのかを聞かされたこの甥の妻は、ショックで倒れて死んでしまったという[14]。

二一世紀の結び

デカルトは、宇宙の謎を解き明かそうとする初期の宇宙論学者だったとも言えよう。その点で彼は、アインシュタインの先を行っていた。一六一九年一一月にデカルトが自らの発見に狂喜してからちょうど三〇〇年後にあたる一九一九年の秋に、アインシュタインは有名人となった。数カ月前に起こった皆既《かいき》日食の際にアーサー・エディントンが、太陽の周囲で星からの光が湾曲《わんきょく》する現象を測定したことで、アインシュタインの一般相対論が裏付けられたためだった。デカルトの発見のおおもとを支えた精神は、スティーヴン・ホーキング、ロジャー・ペンローズ、アラン・グースといった現代を代表する宇宙論学者によってさらに推《お》し進められ、宇宙のしくみに関して学ぶわれわれの視野を広げているのだ。

デカルトの業績を突き詰めて言うと、ユークリッド幾何学を基礎として用い、物理学と宇宙論を確固たる数学的基盤の上に据えたことである。現代宇宙論学者の著書を読めば、宇宙モデルの構築に幾何学が多用されていることに気づく。現代の科学者の成果とデカルトの成果との違いは、現代の宇宙論が、一九世紀に発展してアインシュタインに多用された非ユークリッド幾何学のような、より高度で特殊な幾何学に基づいている点である。こうした幾何学では、空間は平坦であるというユークリッドの前提が破棄され、さまざまな種類の曲線を基本要素として持つ、より一般的な空間構造が認められる。

しかし驚くことに、現代の宇宙論学者が用いている手法は、基本的にデカルトが切り開いた方法を拡張したものである。物理空間はあまりに複雑なので、宇宙論学者がその基本的性質を研究するには、純粋に代数学的な手法に頼らなければならない。彼らは、群《ぐん》の性質を分析することで空間の幾何学を研究しているのだ。群とは、ある数学的性質を持つ要素の抽象的な集合のことであり、デカルトが研究した代数学から直接導かれる概念である。そして、現代の宇宙論学者が高度な分析を行なう上で道具として用いている幾何学と代数学との繋《つな》がりは、ここまで語ってきたとおりデカルトによって確立されたものだ。しかし、デカルトが何よりも隠したがった古代ギリシャの正多面体は、はたして宇宙論と何か関係があるのだろうか？

二〇〇四年六月八日、ギリシャのテッサロニキにあるアリストテレス大学天文台の天文学者が、一世紀のあいだに二回ほどしか起こらない金星の太陽面通過を観測することになっていた。(1) その前の晩アメリカ人天文学者のジェイ・M・パサチョフが、太陽系に関するわれわれの知識の歴史に関する講演を行なった。パサチョフは、五種類のプラトン立体に基づくケプラーの宇宙モデルを引き合いに出し、「それは宇宙を表す美しい理論モデルだった。しかし残念なことに、それは完全に間違っていた」と語った。

したがって、プラトン立体は宇宙の構造と何の関係もないように思われたことだろう。ケプラーのアイデアは正しくなかったのだから、デカルトがこれら立体の性質に関する発見をしつこく隠す必要などまったくなかった。プラトン立体は宇宙の構造に関する秘密を握ってはおらず、教会が信じる地球中心説に対する真の挑戦にもなっていなかったのだ。しかし、二〇〇四年六月にある数学雑誌の論文で発表された新たな研究結果が、すべてを一変させたかもしれない。

二〇〇一年六月三〇日にNASAは、ウィルキンソン・マイクロ波非等方性探査衛星（WMAP）を打ち上げた。これは、宇宙を生み出したビッグバンの余韻として空間に充満している、マイクロ波背景放射のわずかな揺らぎを研究するために設計されたものだ。この衛星が観測する揺らぎは、宇宙全体の幾何学に関する基本的情報を含んでいると考えられている。

二〇〇一年八月一〇日、WMAP衛星はその軌道上を地球からはるか遠く離れたところまで到達し、マイクロ波アンテナを地球とは反対側の深宇宙へと向けた。それ以来この衛星が生み出しつづけているデータは、世界じゅうの科学者によって研究されている。

しかし、このデータを巡るある謎に科学者たちは悩まされた。それまで科学者たちが推測していたように、もし宇宙が無限に広く平坦な構造を有しているとしたら、データにはあらゆる周波数の揺らぎが含まれていなければならない。しかし驚くことに、決して見つからない周波数の揺らぎというのがいくつかあったのである。科学者たちは、特定の周波数の揺らぎが欠けているという事実から、宇宙の大きさがその元凶ではないかと考えた。空間に充満するマイクロ波背景放射の周波数は、基本的に音の周波数と似ている。そして、鐘の振動が鐘自体より大きくなりえないのと同様に、空間の放射の周波数も空間そのものの大きさに制約を受ける。そういうわけで宇宙論学者たちは、宇宙の構造に関する新たなモデルを探さなければならなくなった。衛星からのデータに一致するモデルだ。こうしたモデルは、現実に欠けている周波数の放射の発生を認めないようなものでなければならない。

この謎を解くために、複雑な数学的解析が行なわれた。そして、得られた答えに科学者たちは仰天した。データとの食い違いを説明できるような宇宙の大スケール構造は、プラトン立体のいくつかを基にしたものだったのである。太陽系の惑星の軌道こそ古代ギリシャの立体には従わなかったものの、宇宙全体の構造モデルはまさにそのとおりだったのだ。特に、マッカーサー財団の研究員である宇宙論学者のジェフリー・ウィークスが、《アメリカ数学会会報》に掲載された論文(2)の中で、正八面体や正一二面体などに基づいた宇宙の構造モデルが新たな発見ととてもよく一致し、欠けた揺らぎの謎を完全に解いてくれるという理論を公表した。

宇宙の構造の新たなモデルの一つが、あらゆる方向で「自分自身に折り重なった」巨大な正八面体である。その正八面体では、反対側にある面どうしを同じものと見なすことができる。つまり、宇宙船が正八面体の内部から一つの面に向かって飛んでいくと、その面を通り過ぎた瞬間、正八面体の内側へととんぼ返りして、そのちょうど反対側に姿を現すということだ。もう一つのモデルが、やはり反対側にある面どうしを同じものと見なせる巨大な正一二面体である。これらのモデルは、閉じてはいるものの端を持たない宇宙を導く。このような宇宙の中(三次元内)を旅するのは、言ってみれば地球表面(二次元上)を旅行するようなものだ。たとえば東へと進みつづけると、世界を一周して出発点に戻ってきてしまう。「端」にぶつかることなく、「反対側から」家にたどり着くのだ。この原理を「自分自身に折り重なった」正一二面体に当てはめれば、三次元空間内の反対側から、つまり通過した面とは反対の面から戻ってくることになる。

そのような構造を思い浮かべるのはなんとも難しいが、数学者は同じ大きさの正一二面体をどれもまったく同一のものと見なしているので、新たに提唱された宇宙の構造を理解する方法としては、そうした正一二面体(あるいは正八面体)が繰り返されたパターンを視覚化するというやり方がある。そうすれば、宇宙空間を、正八面体や正一二面体が三次元内であらゆる方向に無限に繋《つな》がったものと

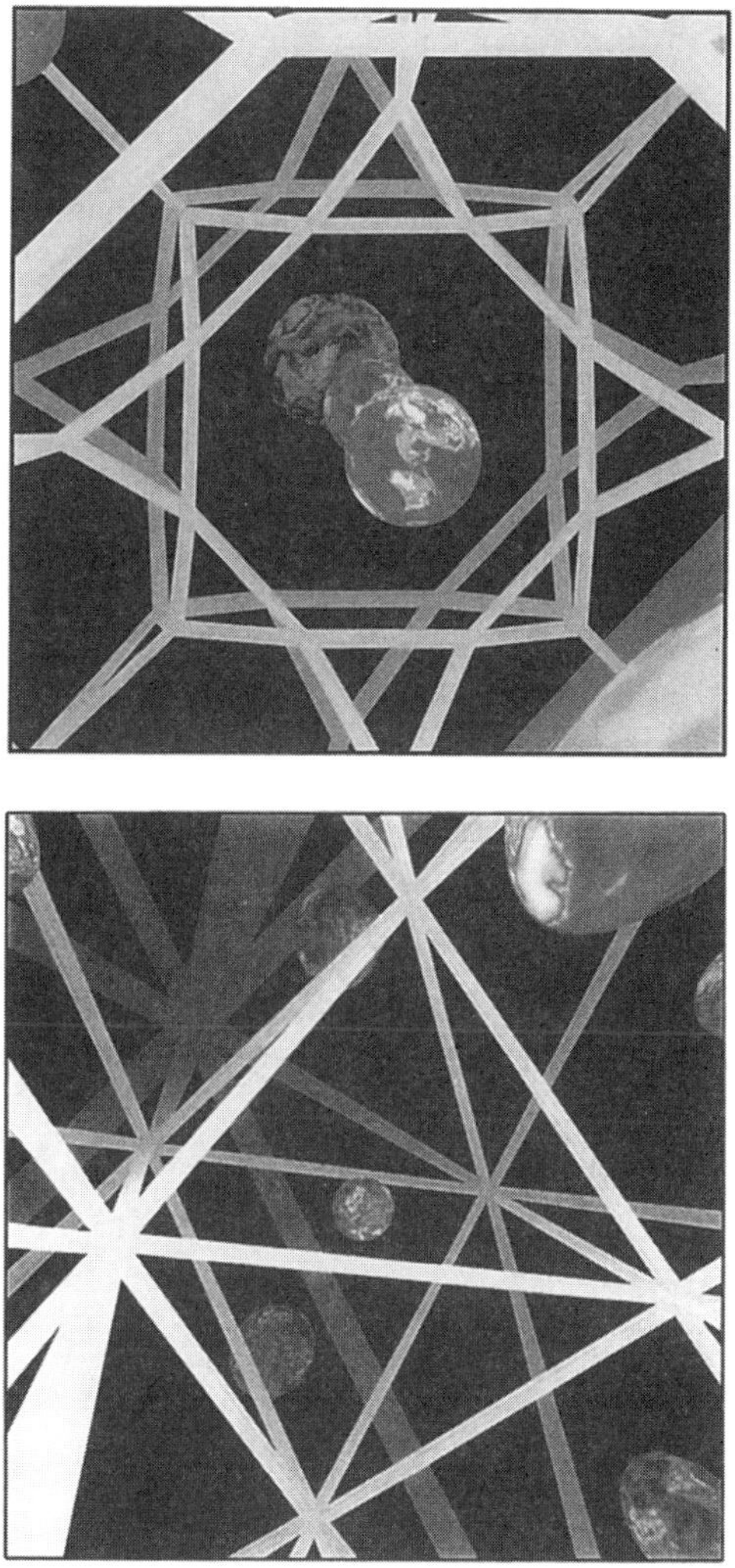

プラトン立体に基づく宇宙論モデル

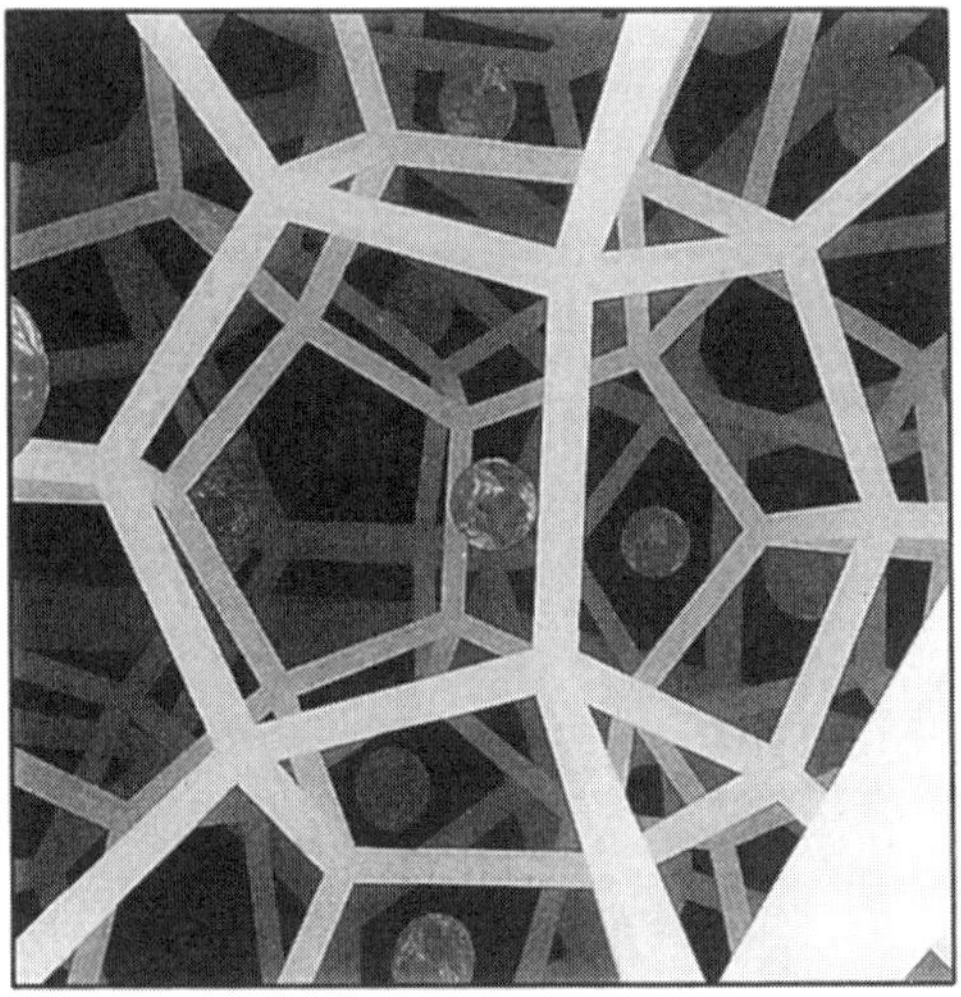
プラトン立体に基づく宇宙論モデル

見なすことができる。それら考えうる宇宙の構造を、前頁図と上図に示す。
この理論が他の専門家たちの精査に耐え、時を経ても生き残ったならば、プラトン立体と宇宙論には繋がりがあると考えたケプラーの正しさが、本来の形とは異なるものの証明されることになる。そしてデカルトも、自らの偉大な数学的発見の対象が宇宙論と深く関連していると信じていた点で、やはり正しかったのかもしれない。

原注

はしがき

（1）Roger Ariew and Marjorie Grene, eds. *Descartes and His Contemporaries*, 1.

（2）Victor Cousin, *Histoire générale de la philosophie depuis les temps les plus anciens*, 359.

（3）バイエが一六九一年に著《あらわ》したデカルトの伝記は、三〇〇年以上経った今でも最も包括的な書物である。この本では、二本の通りのあいだを走る現在のロジエール通りについては記されていない。

序章

（1）Charles Adam and Paul Tannery, *Oeuvres de Descartes* (1974), I : xviii. バイエの本からこの逸話を引用したアダンとタヌリの指摘によれば、バイエのデカルトの伝記は一六八四年にクレルスリエからその文書を受け取ったルグラン神父との共作なので、バイエはこの文書がどうなったのかを正確に知っていたはずだという。

（2）Henri Gouhier, *Les premières pensées de Descartes*, 14 には、ライプニッツが文書を写しはじめた日付（一六七六年六月一日）とこの秘密のノートを写した日付（一六七六年六月五日）が記されているが、これらは、一九世紀にフーシェ・ドゥ・カレイユが再筆写したライプニッツの写しに挿入されていた日付を基にしている。

（3）Pierre Costabel, ed. *René Descartes: Exercises pour les éléments des solides*, ix.

（4）ゴットフリート・ヴィルヘルム・ライプニッツ図書館（ドイツ・ハノーファー）の許可を得て複写。この複写とライプニッツの全文書のコピーに関して、ビルギット・ジムニーに感謝する。

第1章

（1）革命前のフランスは当然ながら民主主義でなかったため、地方議会の役割を、たとえば現在のイギリス議会に似たものだったとは解釈できない。この組織は立法と司法を担《にな》っていたが、王室の権威の支配下にあり、その役割は高等法院に近いものだった。事実、デカルトの伝記の中には、彼の父親が所属していた組織の名前を「レンヌ高等法院」と言い換えているものもある。

（2）デカルト記念館（トゥレーヌ州デカルト）に保管されている資料より。

（3）“Acte de baptême de René Descartes” の写しの閲覧とその翻訳の許可を与えてくれた、デカルト記念館（トゥレーヌ州デカルト）のデイジー・エスポジート女史に感謝する。

（4）アルフレッド・バルビエが一八九一年に作成した家系図に基づく。この家系図を提供してくれたデイジー・エスポジート女史に感謝する。

（5）Descartes to Princess Elizabeth, April 23, 1649, Jean-Marc Varaut, *Descartes: Un cavalier français*, 256 中の引用より。

（6）Varaut, 44. Descartes, *Discours de la Méthode*, edited by Etienne Gilson, 108 も参照。

（7）Geneviève Rodis-Lewis, *Descartes* (Paris, 1995), 18.（『デカルト伝』飯塚勝久訳、未來社、一

九九八）
（8）バイエの本に間違いはあまりなく、現代の学者も、彼が著したデカルトの伝記に記された事実をなかなか否定できない。彼は全体的に見事な仕事をやってのけているようであり、彼の筆による伝記は、デカルトが書いた数多くの現存する手紙とともに、この哲学者兼数学者の生涯に関する一次資料となっている。

第2章

（1）Varaut, 48.
（2）Varaut, 49.
（3）Vittorio Boria, "Marin Mersenne: Educator of Scientists," 12-30.
（4）Descartes, *Discours de la méthode*, Gallimard ed., 83-84, 著者の訳による。
（5）Baillet (1691), I : 22.
（6）バイエは、デカルトがポワティエで過ごした年月には大したことが起こらなかったと考え、伝記の中ではそのことに触れてさえいない。
（7）Baillet (1691), I : 37.
（8）Baillet (1691), I : 36.
（9）F. Alquié, ed. *Descartes: Oeuvres philosophiques*, I : 46-47.

第3章

（1）Adam and Tannery (1986), X : 22.

（2）Adam and Tannery (1986), X : 46-47.
（3）Adam and Tannery (1986), X : 46-47; Beeckman's *Journal*, I : 237, translated in Cole, *Olympian Dreams*, 80.
（4）Descartes to Beeckman, January 24, 1619, in F. Alquié, ed. *Descartes: Oeuvres philosophiques*, I : 35.
（5）Descartes to Beeckman, April 29, 1619, in Alquié, *Oeuvres philosophiques*, I : 42-43.
（6）Frances A. Yates, *The Art of Memory*, 180-84.（『記憶術』玉泉八州男監訳、青木信義ほか訳、水声社、一九九三）
（7）Baillet (1692), 28.（『デカルト伝』井沢義雄・井上庄七訳、講談社、一九七九）
（8）Frances A. Yates, *The Rosicrucian Enlightenment*, 23.（『薔薇十字の覚醒——隠されたヨーロッパ精神史』山下和夫訳、工作舎、一九八六）
（9）In Alquié, *Oeuvres philosophiques*, I : 45.
（10）Adam and Tannery (1986), X : 25.
（11）Adam and Tannery (1986), X : 162.
（12）Adam and Tannery (1986), X : 162. この手紙は一九〇五年にベークマンの日記と一緒に発見された。
（13）現代の研究者の中には、最終目的地を考えるとデカルトの旅程はあまりに長すぎるとして、それに疑問を抱く者もいる。しかしバイエの本は総じて間違っていないようではあるし、一七世紀当時の移動手段を遅いものと決めつける根拠もないだろう。ともかく、デカルト自身が著した『方法序説』（第二部、Gallimard ed., 84）から、デカルトが確かに皇帝の戴冠式に居合わせたことがわかっている。

（14）Baillet (1691), Ⅰ: 63.

（15）Baillet (1692), 30.

第４章

（１）Descartes, *Discourse on the Method*, second part, in Alquié, *Oeuvres philosophiques*, Ⅰ: 578.

（２）Varaut, 69.

（３）Baillet (1691), Ⅰ: 81.

（４）John R. Cole, *The Olympian Dreams and Youthful Rebellion of René Descartes*, 228 n. 14 によれば、デカルトの若い頃に入手可能だった『古代ラテン語詩集』には二つの版があり、そのどちらでも、「この人生で我はいかなる道を進むべきか？」と「然りと否」の二篇の詩は、同じページか見開きになった二ページの中に載せられていたという。これらの詩を読んだ記憶が、夢の中にも現れたのだろう。

（５）Baillet (1691), Ⅰ: 82.

（６）Adam and Tannery (1986), Ⅹ: 7.

（７）Edouard Mehl, *Descartes en Allemagne*, 17.

（８）L. Gäbe, “Cartelius oder Cartesius: Eine Korrectur zu meinem Buche über Descartes Selbstkritik, Hamburg, 1972,” *Archiv für Geschichte der Philosophie* 58 (1976), 58-59.

（９）Mehl, 189 中の引用より。William R. Shea, *The Magic of Numbers and Motion: The Scientific Career of René Descartes*, 105 も参照。

(10) Shea, 105.
(11) Adam and Tannery (1986), X : 23.
(12) この論文は一五九五年七月に書かれたため、一五七一年一二月二七日生まれのケプラーは、この発見のとき二三歳だったことになる。詳細は Mehl, 17 n. 9 を参照。

第5章

(1) これは古代で最も優れた科学的偉業の一つだ。エラトステネスは、アレキサンドリアでは太陽光線が垂直から円周の五〇分の一(約七度)の角をなす一方で、上エジプトのシエネでは影がなくなる(すなわち〇度)ことを観測した。二つの都市は五〇〇マイル(五〇〇〇スタディオン)離れている。ここから彼は、地球の外周を五〇×五〇〇=二万五〇〇〇マイル(二五万スタディオン)と計算した。より詳しくは、Pasachoff, *Astronomy*, 15 を参照。
(2) Heath, *A History of Greek Mathematics*, I : 246-60.(『ギリシア数学史』平田寛・菊池俊彦・大沼正則訳、共立出版、一九九八)
(3) この例でメートルを使ったのは、メートルが古代の単位だからではなく(もちろんそうではない)、一〇〇〇のようなきりの良い数を使って数学的にわかりやすくすると同時に、神殿としてもっともらしい大きさにするには、これが唯一の単位だったからである。

第6章

(1) Baillet (1691), I : 67.
(2) Lipstorp, *Specimina philosophiae cartesianae*, 78-79. この話は Adam and Tannery (1986), X :

252-53 に再録されている。

（3）Kenneth L. Manders, "Descartes and Faulhaber," *Bulletin Cartésien: Archives de Philosophie* 58, cahier 3 (1995), 1-12 を参照。

（4）Mehl, 193.

（5）Kurt Hawlitschek, "Die Deutschlandreise des René Descartes," *Berichte zur Wissenschafts-gechichte* 25 (2002), 240.

（6）Kurt Hawlitschek, *Johann Faulhaber 1580-1635: Eine Blütezeit der mathematischen Wissen-schaften in Ulm*, 13.

（7）Baillet (1691), I : 68.

（8）Baillet (1691), I : 68.

（9）Lipstorp, *Specimina philosophiae cartesianae*, 79. この件を指摘してくれたウルム大学のクルト・ハヴリチェク博士に感謝する。

（10）Baillet (1691), I : 69.

（11）Baillet (1691), I : 73.

（12）Adam and Tannery (1986), X : 22.

第7章

（1）Baillet (1692), 29.

（2）Richard Watson, *Cogito, Ergo Sum: The Life of René Descartes*, 103 によれば、デカルトはドイツへと旅発つ前にも、薔薇十字団の一員と出会っていたという。ワトソン曰く、オランダにいたデカルトの友人コルネリス・ファン・ホーヘランデが薔薇十字団の一員だったそうだ。

（3）Baillet (1691), I : 89.

（4）Baillet (1691), I : 90.

（5）Baillet (1691), I : 92.

（6）Anonymous, *Chevalier de l'Aigle du Pelican ou Rosecroix*, 5-7.

（7）ワトソンは *Cogito, Ergo Sum*, 103-4 において、薔薇十字団は実在しなかったと主張しつづけている学者たちは、秘密結社の本質やその活動方法について何も理解していないと主張している。

（8）Andreä, *Adam Haslmayr, der erste Verkünder der Manifeste de Rosenkreuzer*, 20 を参照。

第8章

（1）Baillet (1691), I : 101.

（2）Baillet (1691), I : 101.

（3）Baillet (1692), 49.

（4）現在でもマレー地区を訪れれば、タンプル（聖堂）通りやヴィエール・デュ・タンプル（聖堂の手回し式バイオリン）通りといった名前を見かける。

（5）Baillet (1692), 55.

（6）マラン・メルセンヌに関する資料の大半は、Vittorio Boria, "Marin Mersenne: Educator of Scientists" による。

（7）Boria, 91.

第9章

（1）Mehl, 31-36.
（2）Mehl, 31.
（3）Mehl, 32.
（4）Descartes to Mersenne, February 9, 1639, in Adam and Tannery (1988), II : 498.
（5）Yates, *The Rosicrucian Enlightenment*, 15-29.（『薔薇十字の覚醒』）
（6）Mehl, 37.
（7）Mehl, 43-45.
（8）Mehl, 104-6.
（9）Boyer and Merzbach, *History of Mathematics*, 320.
（10）ヨハン・レメリン（一五八三－一六三二）によるヨハン・ファウルハーバーの推薦文（一六二〇年ウルムで出版される）。Translated from the German by Kenneth L. Manders, in "Descartes and Faulhaber," *Bulletin Cartésien: Archives de Philosophie* 58, cahier 3 (1995), 2.
（11）Maritain, *The Dream of Descartes*, 18.
（12）Hawlitschek, *Johann Faulhaber 1580-1635: Eine Blütezeit der mathematischen Wissenschaften in Ulm*.
（13）Hawlitschek, "Die Deutschlandreise des René Descartes," *Berichte zur Wissenschaftsgechichte* 25 (2002), 235-38.
（14）Mehl, 43.
（15）Mehl, 194.

(16) Mehl, 212 n. 87.

(17) Ivo Schneider, *Johannes Faulhaber 1580-1635*, 18-19を参照。ファウルハーバーが書いた天文表が収録されている。この逸話はShea, *The Magic of Numbers*, 104にも採り上げられているが、日付は九月一日となっている（グレゴリオ暦でなくユリウス暦では、こちらの方が正しい）。

(18) Mehl, 207.

(19) Mehl, 214.

第10章

(1) Baillet (1692), 56.

(2) Frederic C. Lane, *Venice: A Maritime Republic*, 57.

(3) Boyer and Merzbach, 15-16.

(4) $x_{1,2}=\frac{-b\pm\sqrt{b^2-4ac}}{2a}$

(5) Boyer and Merzbach, 283.

(6) Jean Pierre Escofier, *Galois Theory*, 14.

(7) Escofier, 14.

(8) Escofier, 14.

(9) タルターリアとカルダーノ、そしてフェラーリが編み出した公式は極めて複雑である。ここではその一つ、三次方程式 $x^3+qx-r=0$ の一般解を紹介しよう。解は

$$\sqrt[3]{\frac{r}{2}+\sqrt{\frac{r^2}{4}+\frac{q^3}{27}}}+\sqrt[3]{\frac{r}{2}-\sqrt{\frac{r^2}{4}+\frac{q^3}{27}}}$$

となる。二つの立方根は変化するが、それらの積は常に$-q/3$である。

(10) Florian Cajori, *A History of Mathematical Notations*, I: 300.

第11章

(1) Baillet (1691), II: 501.

(2) Baillet (1691), II: 501.

(3) Baillet (1692), 69.

(4) Baillet (1691), I: 155.

(5) Baillet (1691), I: 157.

(6) Baillet (1691), I: 159.

(7) 包囲戦に関する資料は、ラ・ロシェル・プロテスタント博物館に保管されている文書より。

(8) 今日《こんにち》、ラ・ロシェルは人気の観光地であり、リゾート地として栄えている。一二世紀から一六世紀にかけて作られた旧市街は当時の姿を留めており、港に聳《そび》え塔を戴《いただ》く中世の城壁は現在でも残っている。しかし、フランス全土と同様に大半がカトリック教徒であるラ・ロシェルの人々は、どうやらこの街の歴史を誇りにしていない。一六二八年の大包囲戦を偲《しの》ばせるものはなかなか見つからないし、街の観光案内所でも、この時期の歴史に関するパンフレットや情報は手に入らない。

第12章

（1）Descartes, *Discours de la Méthode*, edited by Etienne Gilson.
（2）Gustave Cohen, *Ecrivains français en Hollande dans la première moitié du XVIIe siècle*, 402-9.
（3）Jean-Marie Beyssade, *Etudes sur Descartes*, 33中の引用より。
（4）Descartes to Mersenne in 1629, Stephen Gaukroger, *Descartes: An Intellectual Biography*, 223中の引用より。
（5）Varaut, 109中の引用より。
（6）Michel Fichant, *Science et métaphysique dans Descartes et Leibniz*, 19中の引用より。
（7）Beyssade, *Etudes*, 33中の引用より。
（8）この日付については、Gilson's edition of *Discours de la Méthode*, 103 n. 3を参照。
（9）Beyssade, *Etudes*, 36.
（10）Beyssade, *Etudes*, 40.
（11）Descartes, *Discours de la Méthode*, Gallimard ed., 111, 著者訳。
（12）Descartes to Mersenne, April 15, 1630, in Adam and Tannery (1974), I: 145, 著者訳。
（13）Fichant, 22.
（14）Fichant, 26.
（15）J. P. Cavaillé, *Descartes: La fable du monde*, 1.
（16）F. Alquié (1997), 492-93.

第13章

（1）ヤンスは彼女の父親の名前だと考えている学者もいる。
（2）Varaut, 139.
（3）Baillet (1691), II: 89.
（4）Gaukroger, *Descartes* (1995), p 333.
（5）Varaut, 141.

第14章

（1）F. Copleston, *A History of Philosophy*, IV: 66-67.
（2）F. Copleston, 67.
（3）F. de Buzon, preface, in Descartes, *Discours de la Méthode*, Gallimard ed., 7.
（4）F. de Buzon in Descartes, *Discours*, Gallimard ed., 9.
（5）F. de Buzon in Descartes, *Discours*, Gallimard ed., 11.
（6）F. de Buzon in Descartes, *Discours*, Gallimard ed., 11.
（7）Descartes, *Discours de la Méthode*, edited by Etienne Gilson, 52.
（8）Descartes, *Discours*, edited by Etienne Gilson, 56.
（9）Descartes, *Discours*, edited by Etienne Gilson, 84.
（10）Mehl, 87.
（11）Descartes, *Discours*, Gallimard ed., 82, 著者訳。
（12）Descartes, *Discours*, Gallimard ed., 78, 著者訳。
（13）F. de Buzon in Descartes, *Discours*, edited by Gallimard, 78 n. 2. Descartes, *Discours*,

Etienne Gilson, 49 n. 2 も参照。
(14) F. de Buzon in Descartes, *Discours*, Gallimard ed., 93 n. 1.
(15) Fichant, 24.

第15章

(1) Adam and Tannery (1982), Ⅵ: 370.
(2) ガロアの生涯に関する物語は、近刊の Simon Winchester, *Fatal Equation* (HarperCollins, 2009) を参照。

第16章

(1) J. -M. Beyssade and M. Beyssade, eds. *Descartes: Correspondence avec Elizabeth*, 24.
(2) Baillet (1691), Ⅱ: 233.
(3) Baillet (1691), Ⅱ: 233.
(4) Gaukroger, *Descartes*, 385.
(5) Baillet (1691), Ⅱ: 231.

第17章

(1) Adam and Tannery (1983), Ⅶ: 214. Gaukroger, *Descartes*, 343 も参照。
(2) Mehl, 92 中の引用より。
(3) Varaut, 235.

第18章

（1）Baillet (1691), II: 242.
（2）Baillet (1691), II: 243.
（3）Descartes to Chanut, from Egmond, Holland, November 1, 1646, in Beyssade and Beyssade, 245-46.
（4）Beyssade and Beyssade, 284.
（5）Varaut, 254.
（6）Beyssade and Beyssade, 281.
（7）Varaut, 258.
（8）Descartes to Elizabeth, from Stockholm, October 9, 1649, in Beyssade and Beyssade, 234-35.
（9）Varaut, 269.

第19章

（1）Baillet (1691), II: 417.
（2）Baillet (1691), II: 417.
（3）Baillet (1692), 49に伝えられている。
（4）Baillet (1691), II: 418.
（5）Baillet (1691), II: 415.
（6）Varaut, 271-81.

（7）Baillet (1692), 268.

（8）Baillet (1691), Ⅱ: 425.

（9）Baillet (1692), 270.

（10）これら詳細は、Geneviève Rodis-Lewis, in John Cottingham, ed. *The Cambridge Companion to Descartes*, 57 n. 74 より。

（11）Berzelius to Cuvier, April 6, 1821, in Adam and Tannery (1983), Ⅻ: 618-19 を参照。

（12）この博物館は、エッフェル塔の向かいのトロカデロ地区にある。二〇〇四年の夏にこの博物館を訪れた際、私は頭蓋骨に書かれた文字を判読しようとした。私にわかったのは、「ストックホルム」という単語と、1660 か 1666 と読める年号だけだった。

（13）Adam and Tannery (1986), Ⅹ: 1, Baillet より。

（14）Adam and Tannery (1986), Ⅹ: 1, Baillet より。

（15）Adam and Tannery (1986), Ⅹ: 3, Baillet より。

（16）Adam and Tannery (1974), Ⅰ: xvii（Lipstorp による）。

（17）Baillet (1691), Ⅱ: 432.

第20章

（1）G. W. Leibniz, *Recherches générales sur l'analyse des notions et des vérités*, 136.（『ライプニッツ著作集［1］論理学』澤口昭聿訳、工作舎、一九八八に「概念と真理の解析についての一般的研究」の題で収録）

（2）E. J. Aiton, *Leibniz: A Biography*, 12.（『ライプニッツの普遍計画――バロックの天才の生

涯』渡辺正雄・原純夫・佐柳文男訳、工作舎、一九九〇）

（3）Jean-Michel Robert, *Leibniz, vie et oeuvre*, 11.

（4）Bertrand Russell, *The Philosophy of Leibniz*, 6.（『ライプニッツの哲学』細川董訳、弘文堂、一九五九）

（5）Marc Parmentier, *La naissance du calcul différentiel*, 15.

（6）W. Hestermeyer, *Paedagogia mathematica*, 51.

（7）Paul Schrecker, ed., *G. W. Leibniz: Opuscules philosophiques choisis*, 31.

（8）Yvon Belaval, *Leibniz critique de Descartes*, 9.

（9）Aiton, 24.

（10）Aiton, 37.

（11）F. Alquié, ed. *Descartes: Oeuvres philosophiques*, Ⅰ : 45. アルキエの説によれば、Gの説明として「ゲルマニア」と書き足したのは、ハノーファーの文書館を訪れた際にライプニッツの写しを手に取ったフーシェ・ドゥ・カレイユであるという。

（12）Aiton, 84.

（13）Yates, *The Rosicrucian Enlightenment*, 154.（『薔薇十字の覚醒』）

（14）Jean-Michel Robert, *Leibniz, vie et oeuvre* 14.

（15）Costabel, *René Descartes*, ⅷ.

（16）Sir Thomas L. Heath in Euclid, *The Thirteen Books of the Elements*, 3: 438 の歴史的記述を参照。

（17）Adam and Tannery (1986), Ⅹ : 259.

第21章

（1）Pasachoff, *Astronomy*, 27を参照。

（2）ノートのこのページの中で、これら二つの数列のすぐ上に記されている二つの数式が、この数列を生成するものである。

（3）ただしこの式は、「病的な」三次元物体であるメビウスの輪には通用しない。

（4）Gaukroger, *Descartes*, 3.

（5）Baillet (1691), I : xxvi.

（6）Leibniz, *Philosophical Papers and Letters*, 223.

（7）Yvon Belaval, *Leibniz critique de Descartes*, 12.

（8）Leibniz to Nicolas Malebranche, Hanover, January 23, 1679, in Leibniz, *Philosophical Papers and Letters*, 209.

（9）Aiton, 56.

（10）Leibniz, *Sämtliche Schriften und Briefe*, Ⅲ.1: 504-16.

（11）Aiton, 65.

（12）Boyer and Merzbach, 391.

（13）E. T. Bell, *Men of Mathematics*, 93.（『数学をつくった人びと』銀林浩・田中勇訳、ハヤカワ・ノンフィクション文庫、二〇〇三）

（14）Carr, *Leibniz*, 9.

二一世紀の結び

（1）観測は、テッサロニキにあるアリストテレス大学天文台長のジョン・セイラダキス教授率いる国際的な天文学者チームによって行なわれた。

（2）Jeffrey Weeks, "The Poincaré Dodecahedral Space and the Mystery of the Missing Fluctuations," *Notices of the American Mathematical Society*, June/July 2004, 610-19.

参考文献

Adam, Charles. *Vie et oeuvres de Descartes*. Paris: Cerf, 1910.

Adam, Charles, and Paul Tannery, eds. *Oeuvres de Descartes*. 12 vols. Paris: Leopold Cerf, 1902-12.

——, eds. *Oeuvres de Descartes*. Rev. ed. 12 vols. Paris: Vrin, 1974-88.

Aiton, E. J. *Leibniz: A Biography*. Bristol, U.K.: Adam Hilger, 1985.（『ライプニッツの普遍計画——バロックの天才の生涯』渡辺正雄・原純夫・佐柳文男訳、工作舎、一九九〇）

Alquié, Ferdinand. *La découverte métaphysique de l'homme chez Descartes*. Paris: Presses Universitaires de France, 1950.

——. *Descartes: L'homme et l'oeuvre*. Paris: Hatier-Boivin, 1956.

——, ed. *Descartes*: *Oeuvres philosophiques*. Vol. Ⅰ, 1618-37. Paris: Garnier, 1997.

Andreä, Johann Valentin. *Adam Haslmayr, der erste Verkünder der Manifeste de Rosenkreuzer*. Amsterdam: Plikaan, 1994.

Anonymous (attributed to Johann Valentin Andreä). *Fama fraternitatis*. Cassel, 1614. Reprint, Stuttgart: Calwer Verlag, 1981.

Anonymous. *Chevalier de l'aigle du pelican ou Rosecroix*. Reprint, Nimes: Lacour, 1998.

Ariew, Roger, and Marjorie Grene, eds. *Descartes and His Contemporaries*. Chicago: University of Chicago Press, 1995.

Arnold, P. *Histoire des Rose-Croix et les origins de la Franc-Maçonnerie*. Paris: Mercure de France, 1990.

Baillet, Adrien. *La Vie de Monsieur Des-Cartes*. 2 vols. Paris; Daniel Horthemels (rue Saint-Jacques), 1691.

——. *Vie de Monsieur Descartes*. Abridged ed. 1692. Reprint, Paris: La Table Ronde, 1972.（『デカルト伝』井沢義雄・井上庄七訳、講談社、一九七九）

Baker, Gordon, and Katherine J. Morris. *Descartes' Dualism*. New York: Routledge, 1996.

Beck, Leslie John. *The Method of Descartes*. Oxford, U.K.: Oxford University Press, 1952.

Beeckman, Isaac. *Journal 1604-1634*. Introduction and notes by C. de Waard. 4 vols. La Haye: M. Nijhoff, 1939-53.

Belaval, Y. *Leibniz critique de Descartes*. Paris: Gallimard, 1960.

Bell, E. T. *Men of Mathematics*. New York: Simon & Schuster, 1937.（『数学をつくった人びと』銀林浩・田中勇訳、ハヤカワ・ノンフィクション文庫、二〇〇三）

Beyssade, Jean-Marie. *Etudes sur Descartes: L'histoire d'un esprit*. Paris: Editions du Seuil, 2001.

——. *La philosophie première de Descartes*. Paris: Flammarion, 1979.

Beyssade, Jean-Marie, and M. Beyssade, eds. *René Descartes: Correspondence avec Elizabeth et autres lettres*. Paris: Flammarion, 1989.

Bitbol-Hespériès, Annie. *Le Principe de vie chez Descartes*. Paris: Vrin, 1990.

Blanchet, L. *Les antécédents historiques du "Je pense donc je suis."* Paris: F. Alcan, 1920.

Bloom, John J. *Descartes: His Moral Philosophy and Psychology*. New York: New York University Press, 1978.

Boria, Vittorio. "Marin Mersenne: Educator of Scientists." Doctoral dissertation, American University, 1989.

Boyer, Carl B. *A History of Mathematics*. New York: Wiley, 1968.（『数学の歴史』加賀美鐵雄・浦野由有訳、朝倉書店、一九八三）

Boyer, Carl B., and Uta C. Merzbach. *A History of Mathematics*. 2nd edition. New York: Wiley, 1991.

Brahe, Tycho. *Opera omnia*. 15 vols. Edited by J. L. E. Dreyer. 1913-26.

Cahné, Pierre-Alain. *Un autre Descartes—le philosophe et son langage*. Paris: Vrin, 1980.

Cajori, Florian. *A History of Mathematical Notations*. Vols. Ⅰ and Ⅱ. New York: Dover, 1993.

Carr, Herbert W. *Leibniz*. New York: Dover, 1960.

Cavaillé, J.-P. *Descartes: La fable du monde*. Paris: Vrin, 1991.

Cohen, Gustave. *Ecrivains français en Hollande dans la première moitié du XVIIe siècle*. Paris: E. Champion, 1920.

Cole, John R. *The Olympian Dreams and Youthful Rebellion of René Descartes*. Chicago: University of Illinois Press, 1992.

Copleston, Frederick. *A History of Philosophy*. Vol. Ⅳ, *Modern Philosophy: From Descartes to*

Leibniz. New York: Doubleday, 1994.（『中世哲学史』箕輪秀二・柏木英彦訳、創文社、一九八一）
Costabel, Pierre. *Démarches originales de Descartes savant*. Paris: Vrin, 1982.
——, ed. *René Descartes: Exercises pour les éléments des solides*. Paris: Presses Universitaires de France, Epiméthée, 1987.
Cottingham, John. *Descartes*. New York: Oxford University Press, 1998.
——, ed. *The Cambridge Companion to Descartes*. New York: Cambridge University Press, 1992.
Cousin, Victor. *Histoire générale de la philosophie depuis les temps les plus anciens*. Paris, 1884.
Couturat, Louis. *La logique de Leibniz*. New York: George Olms Verlag, 1985.
Croll, Oswald. *Basilica chymica*. Frankfurt: G. Tampach, 1620.
Curley, Edwin. *Descartes Against the Skeptics*. Cambridge: Harvard University Press, 1978.
De Sacy, Samuel S. *Decartes*. Paris: Seuil, 1996.
——. *Descartes par lui-même*. Paris: Seuil, 1956.（『デカルト』三宅徳嘉・小松元訳、人文書院、一九六一）
Denissoff, Elie. *Descartes: Premier théoricien de la physique mathématique*. Paris: Louvain, 1970.
Descartes, René. *Discours de la méthode*. 1637. Republished, with notes by F. de Buzon, Paris: Gallimard, 1997.（『方法序説』谷川多佳子訳、岩波文庫、一九九七など）
——. *Discours de la méthode*. 1637. Republished and edited, with notes, by Etienne Gilson, Paris: Vrin, 1999.
——. *Discourse on the Method and Meditations on First Philosophy*. Edited by David Weissman. New

Haven: Yale University Press, 1996.
——. *Philosophical Letters*. Translated and edited by Anthony Kenny. Oxford, U.K.: Clarendon Press, 1970.
——. *The Philosophical Works of Descartes*. Translated and edited by Elizabeth S. Haldane and G. R. T. Ross. Vols. Ⅰ and Ⅱ. Cambridge, U.K.: Cambridge University Press, 1968.
Dunn, Richard S. *The Age of Religious Wars*. New York: Norton, 1970.
Escofier, Jean Pierre. *Galois Theory*. New York: Springer-Verlag, 2001.
Euclid. *The Thirteen Books of the Elements*. Vol. 3; Books Ⅹ-ⅩⅢ. New York: Dover, 1956.（『ユークリッド原論〔縮刷版〕』中村幸四郎ほか訳、共立出版、一九九六）
Faulhaber, Johann. *Arithmetischer Cubicossicher Lustgarten*. Tübingen, Germany: E. Cellius, 1604.
——. *Miracula arithmetica*. Augsburg: D. Francken, 1622.
——. *Numerus figuratus sive arithmetica arte mirabili inaudita nova constans*. Ulm, Germany, 1614.
Fichant, Michel. *Science et métaphysique daps Descartes et Leibniz*. Paris: Presses Universitaires de France, 1998.
Foucher de Careil, Louis-Alexandre. *Oeuvres inédites de Descartes*. Paris: Foucher de Careil, 1860.
Gäbe, Lüder. *Descartes Selbskritik: Untersuchungen zur Philosophie des jungen Descartes*. Hamburg: Meiner, 1972.
Garber, Daniel. *Descartes' Metaphysical Physics*. Chicago: University of Chicago Press, 1992.
——. *Descartes Embodied: Reading Cartesian Philosophy Through Cartesian Science*. New York: Cambridge University Press, 2001.

Gaukroger, Stephen. *Cartesian Logic*. Oxford, U.K.: Oxford University Press, 1989.

——. *Descartes: An Intellectual Biography*. Oxford, U.K.: Clarendon Press, 1995.

Gilder, J., and A.-L. Gilder. *Heavenly Intrigue*. New York: Doubleday, 2004.（『ケプラー疑惑——ティコ・ブラーエの死の謎と盗まれた観察記録』山越幸江訳、地人書館、二〇〇六）

Gilson, E. *Index scholastico-cartésien*. New York: Burt Franklin, 1912.

Gouhier, Henri. *Essais sur Descartes*. Paris: Vrin, 1949.

——. *La pensée métaphysique de Descartes*. Paris: Vrin, 1969.

——. *Les premières pensées de Descartes*. Paris: Vrin, 1958.

Grimaldi, Nicolas. *L'expérience de la pensée dans la philosophie de Descartes*. Paris: Vrin, 1978.

Guenancia, Pierre. *Descartes*. Paris: Bordas, 1989.

Gueroult, Martial. *Descartes selon l'ordre des raisons*. Paris: Aubiers, 1953.

Hamelin, O. *Le système de Descartes*. Paris: Alcan, 1911.

Hawlitschek, Kurt. *Johann Faulhaber 1580-1635: Eine Blütezeit der mathematischen Wissenschaften in Ulm*. Ulm, Germany: Stadtbibliothek Ulm, 1995.

Heath, Sir Thomas. *A History of Greek Mathematics*. Vol. Ⅰ. New York: Dover, 1981.（『ギリシア数学史』平田寛・菊池俊彦・大沼正則訳、共立出版、一九九八）

Hebenstreit, Johann-Baptist. *Cometen Fragstück aus der reinen Philosophica*. Ulm, Germany: J. Meder, 1618.

——. *De Cabbala log-arithmo-geometro-mantica*. Ulm, Germany: J. Meder, 1619.

Heindel, Max, and Augusta Heindel. *Histoire des Rose-Croix*. Lodève: Beaux Arts, 1988.

Hestermeyer, W. *Paedagogia mathematica*. Paderborn: Schöningh, 1969.
Holton, Gerald. *Thematic Origins of Scientific Thought*. Cambridge: Harvard University Press, 1973.
Hooker, Michael, ed. *Descartes: Critical and Interpretative Essays*. Baltimore: Johns Hopkins University Press, 1978.
Judovitz, Dalia. *Subjectivity and Representation in Descartes: The Origins of Modernity*. New York: Cambridge University Press, 1988.
Jullien, Vincent. *Descartes: La Géométrie de 1637*. Paris: Presses Universitaires de France, 1996.
Kepler, Johann. *Harmonices mundi*. Linz: G. Tampachius, 1619.（『世界の調和』島村福太郎訳、『世界大思想全集――社会・宗教・科学思想篇31』河出書房新社、一九六三に収録）
——. *Kanones pueriles*. Ulm, 1620.
——. *Mysterium cosmographicum*. Tübingen, 1596. Translated as *The Secret of the Universe* by A. M. Duncan. New York: Abaris, 1981.（『宇宙の神秘』大槻真一郎・岸本良彦訳、工作舎、一九八六）
Lane, Frederic C. *Venice: A Maritime Republic*. Baltimore: Johns Hopkins University Press, 1973.
Laporte, Jean. *Le rationalisme de Descartes*. Paris: Presses Universitaires de France, 1945.
Lefèvre, R. *La vocation de Descartes*. Paris: Presses Universitaires de France, 1956.
Leibniz, Gottfried Wilhelm. *De arte combinatoria*. Leipzig, 1666.（『ライプニッツ著作集［1］論理学』澤口昭聿訳、工作舎、一九八八に「結合法論」の題で抄録）
——. *Philosophical Papers and Letters*. Edited by L. E. Lömker. 2nd ed. Dordrecht, Holland: D. Reidel, 1970.

——. *Recherches générales sur l'analyse des notions et des vérités*. Edited by Jean-Baptiste Rauzy. Paris: Presses Universitaires de France, 1998.（『ライプニッツ著作集［1］論理学』澤口昭聿訳、工作舎、一九八八に「概念と真理の解析についての一般的研究」の題で収録）

——. *Sämtliche Schriften und Briefe*. Berlin: Akademie Verlag, 1923.

Lenoble, Robert. *Mersenne ou la naissance du mécanisme*. Paris: Vrin, 1943.

Lipstorp, Daniel. *Specimina philosophiae cartesianae*. Leyden, 1653.

Mahoney, Michael Sean. *The Mathematical Career of Pierre de Fermat*. Princeton: Princeton University Press, 1973.

Marion, Jean-Luc. *Sur l'ontologie grise de Descartes*. Paris: Vrin, 1975.

——. *Sur le prisme métaphysique de Descartes*. Paris: Presses Universitaires de France, 1986.

——. *Sur la théologie blanche de Descartes*. Paris: Presses Universitaires de France, 1991.

——. *Questions cartésiennes*. Paris: Presses Universitaires de France, 1996.

McIntosh, Christopher. *The Rosy Cross Unveiled: The Rise, Mythology, and Rituals of an Occult Order*. Northamptonshire, U.K.: Aquarian Press, 1980.（『薔薇十字団』吉村正和訳、ちくま学芸文庫、二〇〇三）

Mehl, Edouard. *Descartes en Allemagne*. Strasbourg: Presses Universitaires de Strasbourg, 2001.

Mersenne, Marin. *Quaestiones celeberrimae in Genesim*. Paris: S. Cramoisy, 1623.

Mesnard, P. *Essai sur la morale de Descartes*. Paris: Boivin, 1936.

Milhaud, G. *Descartes savant*. Paris: Alcan, 1921.

Millet, J. *Descartes, sa vie, ses travaux, ses découvertes avant 1637*. Paris: Clermont, 1867.

Mögling, Daniel (under the pseudonym T. Schweighardt). *Speculum sophicum rhodostauroticum universals*. S.L. 1618.

Moreau, Denis. *Deux cartésiens: La polémique entre Antoine Arnauld et Nicolas Malebranche*. Paris: Vrin, 1999.

Morris, John M., ed. *Descartes Dictionary*. New York: Philosophical Library, 1971.

Naudé, Gabriel. *Instruction à la France sur la vérité de l'histoire des Frères de la Rose-Croix*. Paris: Juliot, 1623.

Parmentier, Marc. *La naissance du calcul différentiel*. Paris, Vrin, 1989.

Pasachoff, Jay. *Astronomy: From the Earth to the Universe*. 5th ed. New York: Saunders, 1995.

Reichenbach, Hans. *The Philosophy of Space and Time*. New York: Dover, 1958.

Robert, Jean-Michel. *Leibniz, vie et oeuvre*. Paris: Univers Poche, 2003.

Rodis-Lewis, Geneviève. *Descartes*. Paris: Calmann-Lévy, 1995.（『デカルト伝』飯塚勝久訳、未來社、一九九八）

——. *Descartes: His Life and Thought*. (English translation of the 1995 book.) Translated by Jane Marie Todd. Ithaca, N.Y.: Cornell University Press, 1995.

——. *Descartes: Textes et débats*. Paris: Poche, 1984.

——. *Le développement de la pensée de Descartes*. Paris: Vrin, 1997.

——. *L'oeuvre de Descartes*. Paris: Vrin, 1971.（『デカルトの著作と体系』小林道夫・川添信介訳、紀伊國屋書店、一九九〇）

Roth, Peter. *Arithmetica philosophica*. Nuremberg: J. Lantzenberger, 1608.

Russell, Bertrand. *The Philosophy of Leibniz*. London: Gordon and Breach, 1908.（『ライプニッツの哲学』細川董訳，弘文堂，一九五九）

Scheiner, Christoph. *Oculus hoc est: Fundamentum opticum*. Innsbruck: D. Agricola, 1619.

Schneider, Ivo. *Johannes Faulhaber 1580-1635: Rechenmeister in einer Welt des Umbruchs*. Berlin: Birkhauser Verlag, 1993.

Schrecker, Paul, ed. *G. W. Leibniz: Opuscules philosophiques choisis*. Paris: Vrin, 2001.

Scribano, Emanuela. *Guida alla lettura della Meditazioni metafsiche di Descartes*. Rome: Laterza, 1997.

Sebba, Gregor. *Bibliographia Cartesiana: A Critical Guide to the Descartes Literature, 1800-1960*. La Haye, 1964.

Shea, William R. *The Magic of Numbers and Motion: The Scientific Career of René Descartes*. Canton, Mass.: Science History Publications, 1991.

Simon, G. *Kepler, astronome, astrologue*. Paris: Gallimard, 1992.

Sorrell, Tom. *Descartes: A Very Short Introduction*. New York: Oxford University Press, 2000.

Sriven, J. *Les années d'apprentissage de Descartes (1596-1618)*. Paris: Vrin, 1928.

Szpiro, George. *Kepler's Conjecture*. New York: Wiley, 2003.（『ケプラー予想——四百年の難問が解けるまで』青木薫訳，新潮社，二〇〇五）

Tannery, Paul, and Cornelius de Waard, eds. *Correspondance du Père Marin Mersenne*. 17 vols. Paris: Centre National de la Recherche Scientifique, 1963-88.

Van Peursen, C. A. *Leibniz*. London: Faber and Faber, 1969.

Varaut, Jean-Marc. *Descartes: Un cavalier français*. Paris: Plon, 2002.
Verbeek, Theo, ed. *René Descartes et Martin Schoock: La querelle d'Utrecht*. Paris: Les Impressions Nouvelles, 1988.
Vrooman, J. R. *René Descartes: A Biography*. New York: G. P. Putnam's Sons, 1970.
Vuillemin, Jules. *Mathématiques et métaphysique chez Descartes*. Paris: Presses Universitaires de France, 1987.
Watson, Richard. *Cogito, Ergo Sum: The Life of René Descartes*. Boston: David R. Godine, 2002.
Williams, Bernard. *Descartes: The Project of Pure Enquiry*. New York: Penguin, 1978.
Wilson, C. *Leibniz's Metaphysics: A Historical and Comparative Study*. Princeton, N.J.: Princeton University Press, 1989.
Wilson, Margaret. *Descartes*. London: Routledge, 1978.
Yates, Frances A. *The Art of Memory*. Chicago: University of Chicago Press, 1966.（『記憶術』玉泉八州男監訳、青木信義ほか訳、水声社、一九九三）
——. *The Rosicrucian Enlightenment*. London: Routledge and Kegan Paul, 1972.（『薔薇十字の覚醒——隠されたヨーロッパ精神史』山下和夫訳、工作舎、一九八六）
Zweig, Paul. *The Heresy of Self-Love*. Princeton, N.J.: Princeton University Press, 1980.

図版クレジット

26頁 A page from Leibniz's copy of Descartes' secret notebook. Courtesy of the Gottfried Wilhelm Leibniz Library, Hanover, Germany.
29頁 The Descartes family mansion in Châtellerault. Courtesy of Debra Gross Aczel.
30頁 Descartes' grandmother's house. Courtesy of Debra Gross Aczel.
73頁 Temple at Delos. Courtesy Tzeli Hadjidimitriou, Athens, Greece.
156頁 Anatomical drawing. Courtesy of the Gottfried Wilhelm Leibniz Library, Hanover, Germany.
179頁 Princess Elizabeth © NTPL/John Hammond/The Image Works.
201頁 Queen Christina of Sweden with Descartes/Dumensil © Réunion des Musées Nationaux/Art Resource.
212頁 Descartes' skull. Courtesy of Debra Gross Aczel.
238頁 Kepler's model of the universe (from Mysterium cosmographicum, 1596), from the collection of Jay M. Pasachoff. Courtesy of Wayne G. Hammond, Chapin Library, Williams College.
240頁 The page from Leibniz's copy of Descartes' secret notebook. Courtesy of the Gottfried Wilhelm

Leibniz Library, Hanover, Germany.

255 - 256頁 Cosmological models of the universe based on Platonic solids. Courtesy of Jeff Weeks.

訳者あとがき

デカルトと言えば、言わずと知れた史上最高の哲学者である。「我思う、ゆえに我あり」という有名な言葉に象徴されるまったく新たな哲学体系を作り上げる一方で、「デカルト座標」という言葉に残されているように、数学の中でも完全に異質な二つの分野であった代数学と幾何学を一つに結びつけ、結果的にあらゆる現代技術の礎《いしずえ》を築いた。そんなデカルトが謎めいた秘密のノートを付けていた、そしてそれをやはり歴史的な数学者であるライプニッツが解読していた、そんな話を聞けば心躍らされずにはいられないだろう。本書は、この風変わりなエピソードをきっかけに哲学者デカルトの生涯とその意外な一面をひもといていく。

われわれ一般人が抱く哲学者のステレオタイプとは、人とほとんど交わらず、山のように本が積まれた薄暗い書斎に籠《こ》もり、四六時中何かを考えている世捨て人《びと》といったものではないだろうか。しかしデカルトは、パリで夜ごと遊びに興じたり、刺激を求めて自ら戦争に志願したり、王族の女性と恋仲になったり、悪党たちと大立ち回りを繰り広げたりと、かなりアクティブな生活を送っていたという。それは、デカルトの哲学の究《きわ》め方がかなりユニークだったことと関係があるようだ。彼は過去の書物から学ぶのではなく、「世界という書物」と自らが呼んだ、人間社会、自然の姿、人生といったものを直接自分の目で見ることで普遍の真理を導こうとした。彼がヨーロッパの隅々まで放浪し、戦争や荒廃した街などをつぶさに観察しつづけたのも、このためである。実はデカルトの哲学体系には歴史や文献学といった過去の事柄は含まれておらず、その根底には数学という〝自然科学〟が位置している。その意味で、デカルトの哲学は自然界や人間社会という現実の世界と密接に繋《つな》がっていると言えよう。彼の不朽《ふきゅう》の名著『方法序説』も、当時の学術書に用いられていたラテン語ではなく、一般の人々に広く読んでもらえるようフランス語で書かれている。さらにその文章の平易さは、現在の日本の大学でもフランス語初級クラスの教材として用いているところがあるほどだ。デカルトは一貫して、哲学を頂点とした学問はまさに人々のためにあるべきだと考えていたのだろう。

一方でデカルトは、当時ヨーロッパの話題をさらっていたある秘密結社と関わり合いを持っていたらしい。薔薇十字団、あるいはローゼンクロイツ友愛団と呼ばれたその神秘主義者の団体は、占星術や錬金術といった今で言う疑似科学を推《お》し進めていた。一説によれば、そもそもこのような団体は実在しなかったという。当初、薔薇十字団の名を騙《かた》る人々が魅力に満ちた数々の書物を書き上げ、ヨーロッパにおける知的雰囲気の高揚に伴ってあまたの人がこの名前を口にしはじめたことで、この団体の存在が徐々に「都市伝説化」していったというのだ。しかし、この名称を象徴として掲げた一種の思想運動が当時巻き起こっていたのはれっきとした事実であり、その意味で薔薇十字団は〝実在した〟と言っても差《さ》し支《つか》えないのかもしれない。著者もこうした意味で、薔薇十字団は実在したという立場を取っているようだ。だが一方で、すべてを疑うことから出発するというデカルトの哲学を考えると、彼とこのような運動とはどうもそぐわない。彼の哲学も数学も理路整然とした体系的なものであり、現代のわれわれから見るとそこに神秘主義の入り込む余地はないように思える。しかし一七世紀当時はこうした神秘的学問も正当な立場を占めており、数多くの数学者や科学者がそれに手を染めていた。このような学問も、真理を追究して人々に資するという目的そのものは数学や物理学と何も変わらなかったのだろう。この目的に対する共感とデカルト持ち前の好奇心、それが彼をこの秘密結社に惹きつけていったのかもしれない。

デカルトの晩年は、それまでの自由奔放な生活に比べればかなり惨《みじ》めなものだったようだ。彼はスウェーデンのクリスティナ女王に哲学教師として半ば強引に招請されたが、凍《い》てつく北国の慣れない生活と周囲の冷たい目に悩まされて病に倒れ、そしてどうやら宿敵にとどめを刺されたらしい。後世に名を残す大哲学者としては、享年五三歳というのは早すぎる死だったといえよう。今から考えれば、この人類にとっての大損失の責はクリスティナ女王が負うべきかもしれない。歴史に「もし」は禁句だが、もしデカルトがスウェーデンに行っていなかったら、彼はさらにどんな偉業を遺《のこ》してくれていたことだろうか。

さて問題の秘密のノートであるが、その詳細は読者の楽しみのために本文に譲るが、そこには、デカルトが自らの身を守るためにどうしても隠さなければならなかった知見が暗号文の形で書き込まれていた。ライプニッツもまた自分の立場を守るためにこのノートを必死で探し出し、何とかしてその内容を解読しようとした。もしデカルトがこの知見を秘密にせず世間に公表していたら、彼は解析幾何学だけでなくトポロジー理論の創始者としても不滅の名声を獲得していたかもしれないそうだ。遊びや旅行に興じながらも、現代数学の根底をなす二つの大きな分野の口火を切ったデカルトは、やはり並々ならぬ人物だったのである。

デカルトに関しては、やはりその偉大さから膨大な数の本が出版されており、伝記もまた数多く書かれている。著者がおもに典拠としているのは、『デカルト伝』という同名の邦題が付けられた二冊の本だ。一冊はデカルトを個人的に知っていたアドリアン・バイエが著《あらわ》したもの（井沢義雄、井上庄七訳、講談社）で、もう一冊は近年の研究成果が織り込まれたジュヌヴィエーヴ・ロディス＝レヴィスによるもの（飯塚勝久訳、未來社）である。著者はこのほかにも数々の文献や最近の研究結果を駆使し、デカルトの知られざる面を詳細に解き明かしている。

著者のアミール・D・アクゼルは現在活躍中のサイエンス・ライターで、おもに科学者や数学者の人生を軽妙な筆致で生き生きと描き出している。主な著書としては、『天才数学者たちが挑んだ最大の難問』（吉永良正訳、早川書房）、『「無限」に魅入られた天才数学者たち』（青木薫訳、早川書房）、『相対論がもたらした時空の奇妙な幾何学』（林一訳、早川書房）、『羅針盤の謎』（鈴木主税訳、アーティストハウスパブリッシャーズ)、『フーコーの振り子』(水谷淳訳、早川書房)などがある。

原書中の引用文のうち著者が他国語から英語に訳した箇所については、一部表現が不明瞭なものがあったため、そうしたものについては諸々の訳文や原文を参考にした。

最後になったが、短期間で原稿を隅々まで丁寧にチェックしていただき、また数々の資料の収集にご尽力いただいた早川書房の伊藤浩氏、および校正の労をとっていただいた石飛是須氏に心から感謝申し上げる。

デカルトの暗号手稿《あんごうしゅこう》
2006年9月20日　初版印刷
2006年9月30日　初版発行
＊
著　者　アミール・D・アクゼル
訳　者　水《みず》　谷《たに》　　淳《じゅん》
発行者　早　川　　浩
＊
印刷所　精文堂印刷株式会社
製本所　大口製本印刷株式会社
＊
発行所　株式会社　早川書房
東京都千代田区神田多町2－2
電話　03-3252-3111（大代表）
振替　00160-3-47799
http://www.hayakawa-online.co.jp
定価はカバーに表示してあります
ISBN4-15-208762-5　C0040
Printed and bound in Japan
乱丁・落丁本は小社制作部宛お送り下さい。
送料小社負担にてお取りかえいたします。